Lacan en el cuarto contiguo

Lacan en el cuarto contiguo

Usos de la teoría
en la literatura argentina de los años setenta

Santiago Deymonnaz

Consejo Editorial

Luisa Campuzano
Adriana Churampi
Stephanie Decante
Gabriel Giorgi
Gustavo Guerrero

Francisco Morán
Waldo Pérez Cino
José Ramón Ruisánchez
Nanne Timmer
Jasper Vervaeke

© Santiago Deymonnaz, 2015
© de esta edición: Almenara, 2015

www.almenarapress.com
info@almenarapress.com

ISBN 978-94-92260-02-4

Imagen de cubierta: Louis Pasteur, room at Ecole Normale Supérieure. Photograph by Giraudon. Wellcome Library, London

All rights reserved. Without limiting the rights under copyright reserved above, no part of this book may be reproduced, stored in or introduced into a retrieval system, or transmitted, in any form or by any means (electronic, mechanical, photocopying, recording or otherwise) without the written permission of both the copyright owner and the author of the book.

Introducción 11

I. Puesta en escena

La flexión literal 27
   Amigos inseparables.. 27
   Una política de la literatura 34
   El lacanismo de combate.. 45
   Contra el delirio realista.. 54
   Cambio de conversación 65
Usos de Lacan 67
   La instancia de la letra en la literatura o la razón desde Lacan 67
   El goce de algunos 76

II. La literatura

La novela de aprendizaje... 91
   Nació en Junín en 1944 93
   Lo otro 95
   Buenos Aires 100
   La formación.. 104
   El parricidio 107
   La novela familiar y el desvío de la literatura..................... 113
La retórica del velo 121
   De indudable raigambre psicoanalítica............................... 122
   El velo, la cortina 126
   El trapo de paño negro entre las piernas 130
   El hombre de la cicatriz 135
   Los adornos.. 137

    Velos encendidos 142
    Pedazo tras pedazo 144
    Las túnicas se han transformado en tumbas 148
    El manuscrito perdido 152
La aventura 157
    La Escuela Fiordiana de Mar del Plata, o la mujer con pene 158
    Un discurso anómalo 162
    Escribir todo el tiempo 167
    Rondando ciertas palabras 172
    Entonces es su madre 180
    Un amor fracasado 187

Apéndice
La literatura en el psicoanálisis 195
    El linaje literario de Freud 197
    Lacan y las flores de la retórica 209

Bibliografía 223

*Para Luciana, cuya palabra, paciencia y belleza
han sido la mejor compañía para la escritura*

Es muy posible que haya nacido en una generación, aunque es cierto que me recluí,
Pero para compartir mejor el ídolo gema, y dos:
Como si al mismo tiempo quisiera adorarlo sin testigos,
Creérmelo y comérmelo solo, la aventura de tenerlo a Lacan en el cuarto contiguo.

Lamborghini

Introducción

> Que no se busque en *El fiord* ninguna piedad, ninguna «humanidad»; se convoca la alucinación, y la pesadilla es terrorista, paranoica. Ese recurso a lo alucinante reengancha, o puede reenganchar, con otra figura primitiva: el chamán, aquél que en el éxtasis inducido lanza interpretaciones oraculares, poéticas, del mundo, de las cosas. Valor, en todo caso, premonitorio de *El fiord*: huele, vislumbra, intuye con lucidez devastadora el torbellino de horror que se preparaba a abalanzarse sobre la Argentina.
>
> Perlongher

> Toda época tiene su álbum fotográfico: Carabineros, Estructuralismo
>
> Lamborghini

A finales de los años sesenta, Osvaldo Lamborghini documentó en *El fiord* el nacimiento de una época y puso en palabras ese torbellino de horror que caracterizó a la Argentina de la década siguiente. Para ello, echó mano de un lugar común de la teoría psicoanalítica, convertido en motivo literario: el mítico asesinato del padre por parte de la horda salvaje. Por su ubicación en el tiempo y por su poder para captar los discursos de su época, *El fiord* nos sirve de introducción simbólica al problema literario e histórico que quiero abordar en este libro: la relación entre la literatura argentina y el psicoanálisis en los años setenta, leída en la obra literaria de un grupo de escritores –que fuera también un grupo de amigos– y en su obra crítica plasmada principalmente las páginas de la revista *Literal*.

Este breve relato de ficción, *El fiord*, publicado en 1969 pero fechado dos años antes, se ofreció desde su aparición como una alegoría, como un texto en clave que ponía en escena la coyuntura política que atravesaba el país. En 1966, el gobierno de facto de Juan Carlos Onganía inauguraba una nueva época de represión. Perón seguía operando en la política nacional desde el exilio, alentando a la resistencia civil y a la rebeldía. 1969 fue el año del Cordobazo. La ferocidad y la violencia que contenía el relato de Lamborghini –física, verbal, literaria, cultural, familiar, sexual–, que despertó tanta resistencia en sus primeros lectores, ponía en sintonía –en una nueva sintonía– a la literatura con el presente y –más tarde se sabría– con el futuro de un país que vería en muy poco tiempo un brusco recrudecimiento de la violencia política institucional.

Al mismo tiempo, el texto reconocía el lugar que en la cultura argentina de la época ocupaba el psicoanálisis, aunque dicho reconocimiento no pueda ser separado de la perspectiva creada por la publicación, circulación y recepción de la obra, es decir, por su contexto de producción. Como señala Julio Premat, no fue sólo que *El fiord* entró en resonancia con el discurso psicoanalítico de la época sino que el psicoanálisis se convirtió en un verdadero «vector de circulación» tanto para este como para otros textos del período (2008: 140). La resonancia, cabe señalar, ya estaba jugando en el enigmático título de este relato. En él, Josefina Ludmer –por aquel entonces compañera ocasional de escritura de Lamborghini– encontró un anagrama de Freud, pero en la oralidad y no en la escritura: *Froid-fiord* (2000: 156).

Envuelto en esta trama, *El fiord* actualizaba la secuencia mítica narrada por Freud en *Totem y tabú* en la cual los hermanos de la horda primitiva se unían para asesinar y comer al padre[1]. Esta secuencia, que en el texto del psicoanalista se convertía en el origen del totemismo y de las religiones, en el relato de Lamborghini era calcada y transportada a un presente político «levemente» cambiado: mediante este cuadro primigenio *El fiord* ponía en escena los códigos que atravesaban la cultura política argentina de aquellos años, convocando allí los fantasmas del sindicalismo, las organizaciones políticas de base, la militancia, la violencia, el personalismo. Los «salvajes caníbales» de Freud eran los actores políticos del presente en el desquiciado universo del relato[2].

Ya en noviembre de 1969, en una reseña publicada en la revista *Los Libros*, Oscar Steimberg apuntaba en esta concurrencia de discursos un rasgo particular

---

[1] «Los hermanos expulsados se reunieron un día, mataron al padre y devoraron su cadáver, poniendo así un fin a la existencia de la horda paterna. Unidos, emprendieron y llevaron a cabo lo que individualmente les hubiera sido imposible...» (Freud 1981d: 1838).

[2] *El fiord* se abría con la narración de un alumbramiento: «Arremetía, descansaba; abría las piernas y la raya vaginal se le dilataba en círculo permitiendo ver la afloración de un huevo bastante puntiagudo, que era la cabeza del chico» (Lamborghini 1969: 5). Todo el relato transcurría entre el nacimiento del hijo y el asesinato del padre, con la posterior ingesta de los restos

de la escritura de Lamborghini. Casi veinte años más tarde, Ludmer presentaba una breve lectura de *El fiord* –en una nota de *El género gauchesco*– en la que también rescataba esta confluencia de voces populares y palabras ritualizadas de la política y la literatura de la época, señalando especialmente la subversión o la transgresión de sus fronteras. *El fiord* se convertía así en un cataclismo de voces, cada una de las cuales continuaba respirando su individualidad, fuera de quicio y distorsionada por el conjunto caótico.

En esta aglomeración se encontraba, como una de las voces de aquellos años, el discurso psicoanalítico. Ya sea por efecto de la época, ya sea por la naturaleza del texto, la crítica no tardó en reconocer –o en establecer– este encuentro. El propio Steimberg señalaba –en la citada reseña– cómo en *El fiord* se articulaba la toma de conciencia política con uno de los motivos típicos del psicoanálisis, «el terror a la castración» (1969: 24). Por su parte, Ludmer, respaldada por la teoría psicoanalítica de Jacques Lacan, descubría el funcionamiento de «la política simbólica de la letra» en el juego de las iniciales y los anagramas que recorría todo el texto (2000: 156)[3]. A esto se sumaba el remedo de la secuencia mítica narrada por Freud. El psicoanálisis contribuía así a la producción de sentido del relato. En la medida en que *El fiord* se ofrecía como

de su cuerpo: «Con impecable y despersonalizada técnica organizó el descuartizamiento del hombre que acababa de morir... [...] Ella se comió los ojos. Cagreta la cabeza entera. Yo, una mano crispada. El Basti lamió en su rincón trozos irreconocibles, y unas hormigas invasoras liquidaron el resto» (1969: 25-26). En el centro, se sucedían una serie de actos que remedaban fantásticas figuras sadianas, una orgía ritual de la cual no estaban excluidos el incesto, el sadismo y otras prácticas que convencionalmente llamaremos perversión: «Yo estaba preso en la cárcel formada por los brazos del Loco y con la cabeza sumergida en el bajo vientre de mi cajetoidea Alcira. Mi gran amor se desbordaba. Sentí en el centro en el cero de mi ser las vibraciones eyaculatorias del pijón del Loco, mientras el clítoris de Alcira Fafó, enhiesto y rugoso, me hacía sonar la campanilla» (1969: 9-10). Como vehículo de la narración se levantaba una cadena de signos y voces existentes en la época pero fuera de contexto. Allí confluían, en un relato apoteósico, el habla baja y popular con expresiones de una prosa culta: «Y así, cuando advirtió que la fiestonga se iniciaba, la fiestonga de garchar, se entiende, empezó a arrastrarse con la jeta contraída hacia el camastro donde Alcira y yo nos refocilábamos» (1969: 8). Allí se vertían fórmulas estereotipadas de la política partidista: «¡Viva el Plan de Lucha!» (1969: 7). Todo ello tamizado por un estilo novedoso: «¡Qué importaba que viviera entre vómitos de sangre, molestando incluso nuestro sueño porque cada una de sus arcadas era una especie de alarido sin fe! ¡Qué importaba qué!» (1969: 9). El texto se imponía como un pastiche.

[3] El juego al que hace referencia Ludmer introduce en el relato a determinados agentes del movimiento sindical argentino, utilizando para nombrar a los personajes las iniciales o las letras de sus respectivos nombres: C. G. T. por Carla Greta Terón, Augusto Timoteo Vandor por Atilio Tancredo Vacán, Andrés Framini o América Scarfó por Alcira Fafó, las «bases» por Sebas, etcétera

una interpretación *sui generis* de los modos de la política en la Argentina de los años sesenta, se puede decir que el psicoanálisis participaba en esa lectura aportando una ficción fundacional. En definitiva, la literatura entraba en un nuevo diálogo con el psicoanálisis, haciendo uso de él, convirtiéndolo en archivo de imágenes, generador de sentidos, matriz cultural. Este uso, que se expandía en *El fiord* y en su recepción –sobre todo en su recepción–, anunciaba un nuevo alumbramiento.

¶

Es cierto que tanto la alusión al discurso psicoanalítico y otros artefactos teóricos de la época –como su deleitarse en una estética de la transgresión y en un contenido pornográfico– ubicaron a *El fiord* en relación con los años precedentes, con las revoluciones políticas y literarias de los sesenta (Ludmer 2000: 156). Sin embargo, la irrupción en el relato de la violencia y la perversión llevadas hasta un grado desconocido y presentadas como constitutivas de todo tipo de vínculo parecía apuntar más bien hacia el final abrupto de esos discursos revolucionarios o hacia su endurecimiento y cristalización en grupos armados, de izquierda o de derecha. *El fiord* signaba el fin de un época y el comienzo de otra.

Esta nueva etapa argentina –que empezaba con el golpe de estado de Onganía– estuvo determinada, como ya he señalado, por un *crescendo* de la represión, y por el establecimiento de un sólido operativo de censura. De hecho, en el momento de su edición, de no ser por su circulación informal, casi secreta, *El fiord* habría sido prohibido. Otros textos sí corrieron esa suerte. A fines de los sesenta y los primeros años de la década siguiente, la persecución y la censura que prohibía todo aquello que atentara contra la moral y las buenas costumbres –con su consiguiente autocensura– tuvieron sus efectos sobre la literatura y sobre la escena cultural. Ciertas voces ya no aparecieron. Otras habrían de aparecer ora disimuladas, ora cubiertas con un velo de ficción.

En 1973, Lamborghini publicaba junto con Germán García, Luis Gusman[4] y Lorenzo Quinteros el primer número de la revista *Literal*, y en su segundo volumen, mayo de 1975, aparecía un artículo dedicado justamente a la censura. Este examen de la cuestión era más que pertinente. Unos años antes, García y Gusman habían sufrido la censura en sus propias obras –*Nanina* y *El*

---

[4] Existe una cierta ambivalencia sobre la ortografía del apellido Gusman, la cual fuera objeto de reflexión para el propio autor. He intentado uniformar esta ortografía, optando por la variante sin tilde. He mantenido, sin embargo, la variante «Gusmán» cuando así figura en el título o en el interior de algunos trabajos críticos.

frasquito respectivamente–. Pero si me refiero aquí a este artículo no es tanto por la experiencia de estos autores con la censura como por el carácter ejemplar de este texto en la participación que tuvo el psicoanálisis en las páginas de *Literal*, en su manera de pensar la literatura. En este artículo, el concepto freudiano de censura servía como lente para comprender la prohibición que imponía el estado y el mercado editorial sobre ciertos materiales culturales[5]. El psicoanálisis aparecía como matriz o clave interpretativa para «comprender» este fenómeno político y cultural. Como sucedería en toda la revista, el marco teórico psicoanalítico permitía, a quienes hacían *Literal*, colocarse en la escena política –contra la censura del estado– y, sobre todo, en la escena cultural –contra la literatura consagrada por el mercado–. Esta operación se repitió con insistencia en sus páginas y la destacó precisamente de otras propuestas literarias. La revista entera estuvo marcada por una fuerte impronta psicoanalítica, específicamente lacaniana[6].

Como veremos, los usos de la teoría que hicieron la revista y sus autores fueron variados y de distinta índole. En primer lugar, el psicoanálisis les ofreció una posición –autoasignada o asignada por otros– en la escena literaria: a finales de los años sesenta, los *lacanianos*, bajo la enseñanza de Oscar Masotta, hacían su aparición en la cultura argentina. Les ofreció también un lente –que para algunos críticos hostiles a la revista se convirtió en «coartada»– para comprender la realidad: una forma de intervenir sobre la literatura, la cultura y el presente político desde un ámbito muy específico, en un momento histórico marcado por un fuerte debate ideológico. Se presentó también –el psicoanálisis– como

---

[5] El artículo concluía trazando un paralelismo entre la censura política y la censura intrapsíquica, citando expresamente la teoría de Freud. Pero la inscripción psicoanalítica no se limitaba a esta mención. Todo el artículo rezumaba psicoanálisis, lo que se podía observar en la centralidad otorgada a la categoría de deseo: «El artículo del Código Penal prohíbe una *circulación*, intenta sustraer un objeto de un grupo social determinado: quiere hacer desaparecer una verdad desagradable, cuya fuente no puede extinguir, ya que es el deseo de los otros (que gustan de *eso*) lo que hace posible la circulación del objeto en cuestión. La destrucción del objeto es, de revés, la prueba de la indestructibilidad del deseo: *los otros siguen gustando de eso*» (L2/3: 16; énfasis del original). La publicación sin firma de las notas era una práctica habitual de la revista. Para facilitar su ubicación, citaré los textos sin firma de *Literal* (L) indicando solamente el número y la página. Para los textos firmados, seguiré utilizando el sistema autor fecha.

[6] En el primer número, después de un texto entre editorial y manifiesto con el que abría la revista, el lector se encontraba con una lectura en clave lacaniana del poema «Elena Bellamuerte» de Macedonio Fernández. El mismo volumen de 1975 en el que aparecía el artículo dedicado a la censura estaba encabezado por un soneto de Lacan –«Hiatus Irrationalis»– acompañado con una traducción de Oscar Masotta. El propio Gusman ha señalado el «soporte del discurso de Lacan como fundamento teórico» de la revista (Gusman 2008: 35).

un saber legitimante: la procedencia «marginal» de los responsables de *Literal* convirtió el recurso a la teoría en la construcción de una «autoridad». Finalmente, otros usos de la teoría habrían de aparecer. Estos usos constituyen el tema de este libro.

Posición, lente y autoridad, el psicoanálisis podía también servir como velo. En 1978, a menos de diez años de la publicación de *El fiord*, Luis Gusman publicaba *Cuerpo velado*. En ese entonces, otro gobierno de facto dirigía el país. En medio de un nuevo clima de opresión y persecución, y en el marco de una política sistemática de desaparición de personas, la novela de Gusman —como el texto de Lamborghini— volvía a poner en sintonía a la literatura con el presente, aunque de una manera, si se quiere, más velada. Los cuerpos —o el cuerpo de la nación— estaban siendo velados, y la violencia «política», si ya no aparecía expuesta —y mucho menos con la crudeza de *El fiord*—, no dejaba por ello de producir resultados visibles: los cadáveres en la novela ocupaban las calles y los hogares[7].

Junto a este «velo» de ficción que caía sobre el presente, otro velo caía sobre el autor. En la contratapa de su primera edición, Gusman era posicionado deliberadamente en una tendencia psicoanalítica: se lo señalaba como miembro de la Escuela Freudiana de Buenos Aires y como codirector de las *Notas de la Escuela Freudiana*. Se apuntaba también la raigambre psicoanalítica de los temas, imágenes y argumentos de la novela (Gusman 1978). Esta inscripción de la obra en el universo del psicoanálisis añadía espesor al velo de ficción que cubría el texto, y añadía otro uso del psicoanálisis por parte de la literatura.

Entre un texto y el otro habían pasado casi diez años. En la Argentina, había vuelto y había muerto Perón. Las dictaduras habían cambiado de nombre. Y en ese tiempo el psicoanálisis había pasado de una manera novedosa por la literatura argentina. La historia de ese pasaje define mi tema.

¶

Lo que me interesa también son los «usos». Por una lado, el uso del psicoanálisis por parte de la literatura —un uso no siempre literario—. Por el otro, el uso de la literatura por parte del psicoanálisis —un uso no siempre psicoanalítico—. En todo caso, se trata siempre de un uso, de una manipulación que, en primer lugar, supone una determinada relación con el otro. La

---

[7] «Con qué palabras poder explicar la calamidad de este momento; con qué, las muertes […]. Derrumbada cae la ciudad. Cadáveres yacen extendidos por las calles y las casas y hay algunos que han ido a morir a los umbrales religiosos de los templos» (Gusman 1978: 13-14).

idea la tomo de Ludmer: «Se trata del uso de la voz, de una voz (y con ella de una acumulación de sentidos: un mundo) que no es la del que escribe» (2000: 17). La literatura y el psicoanálisis serán aquí –como ya lo señalaba Oscar Masotta a propósito de otra pieza literaria de 1969– «menos un discurso sobre lo real que la utilización, o la "cita", de discursos ya existentes» (Masotta 2000: 12).

No habrá encuentro desinteresado, aproximación generosa, entre la literatura y el psicoanálisis. Habrá más bien una relación de empleo de las voces, la cual deriva de la condición instrumental de los discursos: el discurso –el psicoanálisis, la literatura– convertido en un bien, del cual se desprende un beneficio, una ganancia. La categoría de uso recrea así una singular escena de producción de valor.

Pero el uso también funciona como un mecanismo de traducción. El uso de la voz del otro es lo que hace posible la migración de temas, sentidos y rasgos escriturarios. Es el uso el que permite la renovación de los discursos: en especial dentro de la literatura, pero también en el psicoanálisis. A decir verdad, estos desplazamientos están ya en el centro de la productividad de todo discurso. Lo particular del caso, del objeto de este libro en particular, es que por momentos el uso se vuelve remedo, imitación casi burlesca que convierte la traducción en parodia, en pastiche, y que transforma la escena de lucro en una escena de goce. Pero estas escenas no son excluyentes. El uso de los discursos reporta beneficios, pero también produce restos.

En este sentido, el objeto de este libro no serán tanto los discursos en sí como sus usos. Estos discursos, por otra parte, no pueden ser recortados de manera clara y distinta. No son homogéneos. No podemos pensar el psicoanálisis o la literatura como cuerpos uniformes, ni como compartimentos estancos.

Es proverbial la heterogeneidad del psicoanálisis. Me refiero a las distintas vertientes de la teoría psicoanalítica, a sus «escuelas», a la variedad de autores que participaron en su erección, desarrollo y múltiples reescrituras. Me refiero también al carácter de proyecto inacabado que uno encuentra en los aportes de muchos de estos autores, el cual impide alcanzar una síntesis sistematizada de sus contribuciones personales. Cada propuesta esclarece una faceta de una verdad que no puede sino ser fragmentaria o, usando la terminología de Lacan, que no puede sino «medio decir». Lo que, dicho de paso y de acuerdo con lo que sostenía Freud, entorpece la posibilidad de que el psicoanálisis se presente como sistema. Lo entendamos como teoría, saber, discurso, escritura, práctica clínica o género literario, el psicoanálisis desde siempre careció de unidad. Y de cada una de sus vertientes y sus escuelas, de cada uno de los «momentos» de estos autores, podemos identificar —esto es lo que me interesa, no una visión de conjunto— diferentes cruces con la literatura, con consecuencias y alcances diferentes.

Asimismo, la literatura no ingresa en este libro como una entidad. Cuando digo «la literatura», me refiero a determinados agentes —revistas, escritores, críticos— que se inscriben en la escena literaria de un espacio y un tiempo específicos, conformando dicha escena y adoptando en ella una colocación que no es inmutable y que deriva no de su naturaleza sino de sus intervenciones y de sus relaciones con otros agentes. La evolución, los cambios, las mutaciones que se puedan percibir en estas intervenciones serán las que den consistencia a dicha colocación. En este sentido, no se puede generalizar una actitud de la literatura hacia el psicoanálisis —aunque en esta línea se hayan llevado a cabo varios intentos—. Ni siquiera podemos generalizar la actitud de una revista, de un autor, sin contemplar los cambios en el tiempo y la relación con otros agentes de la escena.

Por eso, más que los discursos, lo que me interesa aquí son los usos que se hacen de ellos, usos entendidos como mecanismos de producción de valor, como secuencias de traducción, y como operaciones específicas que definen una posición en una determinada escena literaria. En última instancia, el objeto de este libro serán estas posiciones definidas por los usos de una época, sedimentadas en la mirada crítica que hoy vuelve sobre ellas. Así, la posición de los escritores que convergen en estas páginas estará delimitada por el uso del psicoanálisis que veremos en sus intervenciones, hasta el punto de que en ellas ambas categorías se confunden: la posición es el uso.

La noción de uso, por otra parte, no debe dar la idea de la manipulación de un objeto acabado. Si digo que la literatura y, dentro de ella, determinados escritores usaron la voz del psicoanálisis, debemos evitar concluir por ello que el psicoanálisis se presentaba como un objeto inmediato y cerrado. Los escritores que me interesan construyeron ese objeto, en un modo de conocerlo al usarlo. Las diferencias que emergen entre ellos pueden definirse a partir de los distintos modos empleados.

Asimismo, no debemos pensar el uso como una relación unidireccional sino más bien como una cadena de intercambios. El psicoanálisis del cual hacen uso estos escritores ha hecho uso él mismo de la literatura, montando una escena de traducción anterior en la que también circularon temas, sentidos y rasgos escriturarios. Este uso se remonta a las primeras formulaciones de la teoría psicoanalítica, hacia fines del siglo XIX, y se proyecta hasta nuestros días. Ya en las cartas que Freud escribió a Wilhelm Fliess en 1897, en el momento en que estaba formulando su teoría sobre el complejo de Edipo, uno encuentra, dispersas entre los materiales con los que el médico trabaja, repetidas referencias a la obra de Sófocles, al *Hamlet* de Shakespeare, y a otros textos literarios de su época. Conforme se desarrolló la teoría en las primeras décadas del siglo xx, la literatura volvió a aparecer entre sus páginas. El interés por el texto literario que Freud manifestó en obras como «Lo siniestro» o *El delirio y los sueños en la «Gradiva» de W. Jensen* es muestra de esto. No debemos pensar el uso «literario» del psicoanálisis, sin tener en cuenta este uso «psicoanalítico» de la literatura. En estas relaciones recíprocas, los discursos deben confundirse, sus límites deben enredarse. El escritor que hoy se resiste a la superposición de su doble condición de escritor y psicoanalista es víctima de esta confusión.

Finalmente, no se debe pensar en un uso libre y soberano de los discursos. Todo uso se encuentra limitado por sus propias condiciones de posibilidad. Para los fines de este libro, podemos esbozar cuatro series que delimitarían el uso del psicoanálisis por parte de este conjunto de escritores. La primera serie está constituida por una «posición» anterior de los propios agentes: una posición marginal, excéntrica dentro de la institución, tanto literaria como psicoanalítica. La procedencia –en algunos casos del interior del país, es decir, de fuera de la metrópolis– y la genealogía literaria y familiar de estos autores, urdidas ambas al interior de sus obras, serán el primer límite del uso.

La segunda serie está dada por una «política» contra la cual el uso se ofrece como ruptura, impugnación: se trata de una política que es presentada como dominante en la época y que gravita alrededor de las nociones de compromiso y revolución. El uso no se puede desentender de los debates políticos del momento.

La tercera serie está compuesta por una «moda» o un *air du temps* de la escena literaria e intelectual que engloba al psicoanálisis, pero que va más allá. No se puede considerar la irrupción de Lacan en dicha escena sin atender a la circulación de otros textos. Pienso en Barthes, Althusser, Lévi-Strauss. En este sentido, el uso no opera sobre los discursos como sobre compartimentos estancos. Lo que hace el uso es capitalizar algunas de estas tendencias, convirtiendo en este caso al psicoanálisis –en especial, al de orientación lacaniana– en un bien.

Por último, la cuarta serie que delimita el uso es una suerte de «voluntad polémica», un afán de ruptura, de irreverencia, que está dado en parte por los discursos y sus transmisores, y en parte por el propio espíritu de la época. La transgresión o la oposición, tomadas por estos autores como verdaderos recursos de producción textual, condicionan el uso. De este modo, atendiendo a estas cuatro series –por mencionar algunas, puesto que siempre pueden ser más–, el uso en estas páginas no se pensará como un acto libre, independiente o autónomo. Al contrario, el uso será inconcebible al margen de estas series, y es por eso que ellas estarán siempre presentes a lo largo del libro, intentando dar espesor a esta noción y a las intervenciones que conforman el corpus, diferenciando a su vez la actuación de cada uno de los agentes.

La procedencia de estos agentes y la búsqueda de una nueva colocación en la escena literaria, la incorporación de los debates de la política, la participación en un nueva «moda» intelectual, la «voluntad polémica», todos estos factores hacen al uso solidario de la construcción de un espacio novedoso, de un lugar de enunciación propio. En 1970, en uno de los primeros libros dedicados enteramente a las teorías de Lacan que se publicaran en Buenos Aires, Oscar Masotta llamaba la atención sobre lo que él denominaba una «etapa de reorganización intelectual»:

> Estas humildes –hay que decirles así– páginas sobre Lacan están dedicadas a quienes reconocen en el vértigo de ciertas modas la profunda verdad de este período que parece abrirse ante nosotros, una verdadera etapa de reorganización intelectual. (Masotta 1974: 10)

El uso, en lo que hace a su deseo de abrir un nuevo lugar en la literatura de la época, hace eco de estas palabras: reorganizar la escena, para encontrar allí un espacio propio.

¶

Hay en los textos de estos autores una cierta insistencia en la noción de uso. Se trata, fundamentalmente, de un uso de los cuerpos. Es decir, de una manipulación y de un goce físico que determina cierto carácter material e instrumental del cuerpo humano, pero que encuentra su correlato en la cultura –en el uso de la cultura y, con ella, de los discursos–. No remite esta insistencia de manera directa al uso que del psicoanálisis pudiera hacer la literatura, pero no obstante configura una constelación en la que podemos hacer descansar el empleo de dicha categoría. Quiero ilustrar esto con algunos ejemplos.

En 1969 aparece el uso por partida doble en la prosa de Germán García. En su novela *Cancha rayada* nos encontramos con el uso del cuerpo de una mujer, de una india. El hombre blanco intentaba hacer uso de ese cuerpo, intentaba dominar a ese otro cultural que es la mujer y que es la india, para casualmente terminar siendo «usado» por esa otra cultura.

> Elsa explica que su padre, fogonero de un barco de carga, corrió a una india, excitado la tiró entre las plantas. La había corrido durante toda la tarde, cuando la alcanzó y tiró ya estaba en ¿plena? selva. Usted comprenda (se conmueve Elsa) comprenda a un pobre fogonero seis meses separado de su esposa. Cuando estaba *por hacer uso*, al final era una india (justifica Elsa), aparecieron indios desaforados, en quince minutos se lo comieron. (García 1969: 30; énfasis del original)

Podemos decir que aquí el deseo de «hacer uso» se traducía en una suerte de voluntad de dominio, control y goce sexual del otro, convertido en objeto. Esto no hacía más que confirmar el sentido común del término. Lo curioso aquí es el carácter reversible y, en cierta medida, frágil de la relación. El hombre que estaba «*por hacer uso*» terminaba siendo objeto de otro uso: «en quince minutos se lo comieron».

En el mismo año, en el epílogo que acompañaba la primera edición de *El fiord* de Osvaldo Lamborghini, García volvía a utilizar —bajo el seudónimo de Leopoldo Fernández— esta idea de un uso entendido como dominio y como vínculo reversible. A diferencia del caso anterior, el uso ahora se volvía sobre la cultura de manera directa. Fernández/García apuntaba —como un característica del relato de Lamborghini— el plagio azaroso de voces, ecos y «*restos* (los lugares comunes) de una realidad vivida y acumulada en la experiencia de la cultura» (Fernández 1969: 41). Y en esta confluencia distendida de otros textos y otras voces, en este pastiche, encontraba una actitud novedosa, o al menos destacable, de la prosa de Lamborghini, diferente de esa otra actitud que simplemente intentaba «usar» dicha cultura, como herramienta, como fuente de autoridad, como medio de producción de valor.

> Si una actitud frente a ella [la cultura] es valerse de la autoridad de ciertos nombres, ser *usado* por la cultura que se intenta usar, esta mezcla sin explicitación [*El fiord*] implica, por el contrario, un hacerse cargo de aquello que hacemos existir en nuestro acto de lectura. (1969: 41; énfasis del original)

El uso aparece nuevamente como un vínculo reversible: aquel que quiere usar la cultura termina siendo usado por ella. La alternativa aquí parece ser la negación de un uso semejante, que se daría cambiando el «hacer uso» por el «hacerse cargo». Este último tendría lugar en *El fiord* gracias a la «con-fusión» de las voces: el camino que sugiere el texto de Lamborghini consistiría en «estructurar nuestro acto imaginario en con-fusión [sic] con *toda* la escritura» (1969: 41). Habremos de volver sobre esta cuestión. Lo que me interesa aquí es que el uso, reversible, adquiere connotaciones negativas y revela una cosificación de la cultura, signada –como sugiere el epílogo más adelante– por «su ser mercancía» (1969: 47).

Un uso muy semejante aparecía años más tarde en *Literal*. En un texto sin firma con el que abría el primer número –documento que se podía leer como una suerte de editorial o manifiesto de los integrantes de la revista– volvía a aparecer la idea de uso. «El poder *hace uso* de la palabra con el fin de someter la supuesta libertad del otro» (L1: 13; énfasis del original). La palabra, como antes la cultura, se convertía a través del uso en un instrumento, en una cosa utilizada para otros fines. El uso otra vez como voluntad de dominio, de sometimiento, aunque ahora dicho dominio se extendiera no sólo sobre el objeto, el instrumento, sino también sobre un tercer elemento, en este caso, «la supuesta libertad del otro». Como en el epílogo a *El fiord*, se ofrecía una alternativa. Frente al uso, el texto proponía, por un lado, la literatura como «palabra para nada» (L1: 13), una palabra que escapaba al uso, y por el otro, cierto poder corrosivo de la misma palabra que podía nuevamente hacer reversible el vínculo establecido por el uso, señalando así otra vez la fragilidad de las posiciones por él asignadas. Quien escribe era desplazado por la palabra, quien «usa» la palabra podía terminar siendo usado por ella:

> *Ninguno, por el hecho de escribir, sabe todo lo que está diciendo, aunque en parte no deje de entenderlo.* […] Una palabra lleva a la otra –como en las discusiones de borrachos– cuando todas juntas llevan a un juego de manos el inscriptor ya está en otro lugar y sólo queda lo inscripto. (L1: 8; énfasis del original)

Finalmente, el último ejemplo que quiero consignar data del mismo año que el primer número de *Literal*. En 1973, Gusman publicaba *El frasquito*. Al final del texto, es el padre del narrador quien hablaba y preguntaba al médico, después de una cirugía que comprometía el funcionamiento su miembro viril:

> ¿Voy a poder hacer uso?
> ¿Voy a poder hacer uso?
> ¿Voy a poder hacer uso? (Gusman 1973: 85)

La insistencia revelaba el temor a una posible pérdida de virilidad que estaba asociada a la incapacidad de «hacer uso». De este modo, el uso se manifestaba nuevamente en su fragilidad, y adquiría en esta oportunidad un papel decisivo en la definición de una identidad masculina.

Carlos Montana murió en la cama. Lo operaron de próstata, lo abrieron, le volaron todo y lo volvieron a cerrar. Le pusieron huevitos plásticos, él se los tocaba y no se daba cuenta, le preguntaba al médico cuándo iba a poder hacer uso. Me aguanto dos o tres meses y vuelvo a hacer uso –le decía a la madrecita–. Me llama desde el baño, la saca y orina, ves, con la misma fuerza que cuando era joven, estoy salvado –me dice– y sigue jugando con los huevitos, que le quedaron un poco más chicos, «y si no para qué sirvo, si ustedes se van acá mismo hago uso, porque tu madre me enloquece, su piel, su voz». (Gusman 1973: 85)

Al igual que en la primera cita, la de la novela de García, aquí el «hacer uso» volvía a estar dirigido a la materialidad de los cuerpos. El uso se define como un goce físico, ya sea tanto un goce del cuerpo de la mujer –en este punto el texto es ambiguo– como un goce del propio miembro masculino. En todo caso, se trata de un «hacer uso» fálico, un «hacer uso» en el que parece descansar la seguridad, el poder y la identidad del personaje –«y si no para qué sirvo»–, y el cual se presenta, sino reversible, al menos en toda su fragilidad e inconsistencia. El uso revelaba en estos textos no sólo el poder sino también la fragilidad del hombre.

Observando esta constelación de citas, podemos ver como el uso se ubica entre el cuerpo y la cultura, es decir, entre el goce sexual y la producción de valor; es él precisamente la operación o el procedimiento donde se cruzan ambos, goce físico y lucro. El uso también se ubica entre lo propio y lo ajeno, en la medida en que puede definir una identidad, una posición, pero siempre a través del cuerpo o la voz del otro. Y por último, se nos presenta el uso como una relación de sometimiento –de reducción de aquello que se usa–, caracterizada por una diferencia de fuerzas, pero también por una fragilidad y una inestabilidad amenazantes que en cualquier momento la podrían hacer reversible, intercambiando los términos que la componen, como en 1973 se intercambiaban los sujetos del goce en la prosa de Osvaldo Lamborghini:

Y él se ríe con su risa argentina completando, así, mi goce de furor al desflorarlo. Mi verga adentro cubierta de limo, era la verga de él que me penetraba hasta los límites, hasta el rincón donde el arpa ya no ríe. (Lamborghini 2003c: 55)

El uso de los cuerpos y de los miembros será trasladado, en este libro, al uso de los discursos, a su goce y usufructo. Un uso doble que es el que Ludmer rastreaba ya en *El fiord*, aquel texto inaugural de Lamborghini (Ludmer 2000: 156). Será este uso, precisamente, el que defina en las páginas que siguen la relación que este grupo de escritores estableció en los años setenta entre la literatura y ciertos conceptos del psicoanálisis, especialmente de la teoría de Lacan. Y será este uso también el que permita al lector precisar, a medida que avance en la lectura, el vínculo más amplio que en aquellos años se instauró entre literatura, política y psicoanálisis.

I.
Puesta en escena

Como su nombre lo indica, esta primera parte se presenta como una puesta en escena. Al igual que la didascalia de un texto dramático, pretende describir el escenario en el que aparecieron los personajes de esta historia, con todo el atrezo teórico y político de la época.

Estará centrada en torno a la revista *Literal*, proyecto en el que confluyeron García, Gusman y Lamborghini, los autores que hoy me interesan. A pesar de su modesta factura y su limitada circulación, *Literal* ha llegado a ocupar un lugar significativo en la literatura argentina, en parte precisamente por su característica impronta lacaniana. Estudiaré por tanto los modos en que la teoría y el estilo de Lacan participaron en su propuesta literaria, tomando la ruptura intelectual que supuso el pensamiento lacaniano como su condición de posibilidad.

La flexión literal

Amigos inseparables

> Como todo mito, y Literal lo es, los relatos se suman y distorsionan, las versiones se multiplican y resulta que ahora Literal fue fundada por un polo de la crítica de vanguardia de comienzos de los 70. Nada de eso fue así. En principio, por el estilo subversivo de Literal, por su manera de intervenir en el campo de la política cultural de su época y por los recursos teóricos con que practicaba esa intervención, que se podrían reducir a tres puntos: su escritura, su manera de leer e interpretar ciertos acontecimientos de su tiempo y por el soporte del discurso de Lacan como fundamento teórico.
>
> Gusman

Raymond Williams –en su artículo «The Bloomsbury fraction»– ha destacado la importancia, en la cultura de los dos últimos siglos, de los círculos, grupos y movimientos culturales. Más allá de la marginalidad o el carácter efímero que en muchos casos puedan detentar, sus logros y maneras de llegar a ellos, sus intercambios con otros grupos, sus debates y controversias, es decir, sus modos de intervenir en la cultura, hablan no sólo de una concepción particular de la literatura y el arte, sino que dicen también algo sobre la sociedad en la cual emergieron (2005: 148-149).

Al estudiar la comunidad de escritores que confluyeron fugazmente en la revista *Literal*, intento con ello acercarme, por un lado, a la propia intervención de estos autores y, por el otro, de manera más amplia, a las maneras de la literatura y la cultura de la Argentina de los años setenta, a los debates de la época. Me interesa aquí especialmente el papel que tuvo el psicoanálisis lacaniano en una nueva lectura de la literatura o, lo que es igual, en la gestación y gestión de un nuevo flujo escritural que trastocó la relación de la literatura con sus contornos. Es por ello que, en un primer momento, no me detendré en una descripción de los postulados o principios defendidos por la revista ni en su manera de pensar la literatura en términos abstractos, sino que abordaré −como sugiere Williams− las relaciones reales del grupo con el sistema social como un todo, es decir, las relaciones de los modos y las propuestas de la revista con los discursos y las estéticas de la época, lo cual por otra parte, dado el talante de sus artículos, resulta inevitable. Estudiaré, por tanto, los usos que la revista hizo de los discursos y saberes de aquellos años, especialmente del discurso psicoanalítico.

Pero antes de emprender dicha tarea cabe hacerse una pregunta: ¿existió un grupo *Literal* como tal, como pudiera haber existido un grupo de Bloomsbury? Lo más probable es que no. Si lo que buscamos en un grupo −entre sus miembros− es una coherencia estética, teórica o política, la respuesta es definitivamente no. En todos los grupos o movimientos hay disidencias y desacuerdos, pero en *Literal* abundan las tensiones y conviven −según palabras de uno de sus miembros− discursos absolutamente antagónicos[1].

Los mismos integrantes reniegan de la existencia de un supuesto grupo *Literal*. Leyendo hoy los testimonios de los principales miembros de la revista, la idea de un grupo parece más producto del azar, la amistad, la circulación por los mismos espacios y la recepción, que de una verdadera vocación colectiva, un claro objetivo común, una estética o ideología compartida, o algo que podríamos llamar conciencia grupal. En una extensa entrevista, Germán García −quizás el principal impulsor de *Literal*− reconocía esta inestabilidad o inconsistencia del grupo en los orígenes de la publicación: «Entonces no firmábamos y creábamos el efecto de que éramos una banda, pero no era, no había ninguna banda al comienzo» (García & González & Rinesi 1994: 30). Había, en cambio, algo del orden de la afinidad. Se podría decir que la revista duró lo que duró la amistad[2]. Luis Gusman −la segunda pata de las

---

[1] «*Literal* en realidad siempre fue una idea de Germán García, él era el ideólogo. Podría decir que Osvaldo [Lamborghini] tomaba el rol de quien pretendía imponer una estética de escritura y yo, con mi incipiente *El frasquito*, trataba de situarme como podía en medio de dos discursos absolutamente antagónicos y dominantes, como se demostró con el tiempo y el destino de *Literal* y de nosotros» (Gusman 2008:34).

[2] El último número de la revista, *Literal 4/5*, editado por Germán García después de la ruptura del triángulo, da cuenta de esto con sus diferencias respecto a los números anteriores.

tres que «hicieron» *Literal*– lo señalaba en un artículo dedicado al tercero en cuestión, Osvaldo Lamborghini:

> [...] hoy sí me voy a referir a cómo conocí a Osvaldo. Fue a mediados de 1969. Él acababa de publicar *El fiord* y me lo presentó Germán García. Posiblemente en el café El Paulista de la calle Corrientes. Por entonces yo ya tenía una amistad cercana con Germán y en muy poco tiempo los tres nos hicimos amigos inseparables. Andábamos todo el día de a tres. La amistad con Osvaldo duró, creo, hasta 1977 y de ella surgieron entre otras muchas cosas la revista *Literal*.
>
> [...] Como dije alguna vez, la revista duró con nosotros tres en la dirección mientras la intriga literaria estuvo dirigida hacia los otros, probablemente hasta que Osvaldo tomado por su propia conspiración volvió esa intriga hacia adentro. (Gusman 2008: 33-34)

La amistad se presenta aquí como la condición de posibilidad de la revista. Y el dato no es menor puesto que la lógica de esta amistad dejó una impronta en *Literal*, complejizando su ubicación estética e ideológica en la escena cultural. Si bien no faltan en sus páginas textos con tono programático, es difícil determinar una línea común que vaya más allá de esa intriga que mencionaba Gusman y que no responda al «efecto –señalado por García– de que éramos una banda».

No había detrás un grupo coherente, había en cambio tres amigos –y por momentos un cuarto–. Tal como lo narran sus miembros, los textos sin firma –firmados supuestamente por la revista y que al principio constituían el grueso de sus páginas– no eran la consecuencia de una escritura común o de una concienzuda discusión anterior. «Incluso la idea de no firmar fue porque había tres cosas escritas por mí [García], dos por Lamborghini, porque éramos tres» (García & González & Rinesi 1994: 30).

No había, entonces, un grupo detrás de la revista, y sin embargo ella ofrecía –y ofrece todavía hoy– dicha imagen. Los efectos de impersonalidad producto de los artículos no firmados, el aire de manifiesto que se puede apreciar en algunas de sus páginas, y la tendencia a la provocación que de manera permanente contraponían un «nosotros» a un «ellos» –herencia del «polémico» Masotta o de Lacan o de los tiempos– indudablemente contribuyeron a crear esta imagen. En este sentido, ya los definamos como grupo, comunidad, banda o simple confluencia pasajera en mesas de bares, comités de redacción y grupos de estudio, los miembros de *Literal* se recortaban del contexto cultural de su época, aunque más no fuera como un «efecto» creado por la recepción. Y la revista adquiría así una coherencia y una unidad aparente que no condicen con las discontinuidades que encontramos en sus escasas apariciones, producto ya sea de las desavenencias entre sus integrantes o de una coyuntura política siempre convulsa pero muy variable en sus convulsiones.

Finalmente, cabe señalar que si *Literal* todavía hoy se distingue en la crítica como una entidad –más allá de los importantes cambios que sufriera en su breve vida y de los diferentes caminos que siguieran luego cada uno de sus miembros– se debe en parte a las pequeñas dimensiones del proyecto. La corta duración de la revista –cinco números distribuidos en apenas tres volúmenes– hace más fácil el trazado de los límites entre sus opiniones y las de otras publicaciones y tendencias, tarea mucho más ardua en empresas de mayor envergadura.

Antes de continuar, creo necesario introducir una pequeña digresión para presentar algunos aspectos formales de las distintas apariciones de *Literal* que servirán para entender mejor el carácter divergente del proyecto. Como ya he señalado, la revista tuvo sólo tres apariciones. El primer número está fechado en noviembre de 1973, pocos días después de que Perón asumiera su tercer mandato como Presidente de la República. El volumen está compuesto como una recopilación de textos de distinta índole. Con excepción de los literarios, todos los artículos carecen de firma: editoriales, textos programáticos, reseñas, críticas. La dirección está a cargo de un «Comité de Redacción» compuesto por Germán L. García, Luis Gusman, Osvaldo Lamborghini y Lorenzo Quinteros –el término «comité», con sus connotaciones políticas, sostiene en el paratexto el tono «combativo» de sus artículos–. El segundo número se edita junto al tercero y está fechado en mayo de 1975, muerto Perón y tres meses después de que se hiciera oficial la «guerra contrarrevolucionaria» del gobierno de María Estela Martínez contra los «elementos subversivos». A grandes rasgos, la revista continúa con la misma imagen que en su número anterior. Hay un gran porcentaje de textos anónimos y se mantiene la vocación polémica. El «comité» se convierte en «Consejo de Redacción» y en él sólo se produce un cambio: Jorge Quiroga reemplaza a Lorenzo Quinteros. El último volumen –números 4 y 5– está fechado en noviembre de 1977, durante el gobierno de facto de la junta militar, y aparece en un escenario cultural signado por un silencio mayor que en los contextos anteriores. En este volumen se producen los cambios más importantes. La revista pasa a tener un «Director», Germán L. García, figura impensable en el contexto de los efectos de impersonalidad buscados en los números anteriores. Como afirma Alberto Giordano, «*Literal* [en su último volumen] ya no se presenta como una suerte de artefacto único, como la articulación de una serie de intervenciones fragmentarias en torno a un centro virtual, sino bajo la apariencia más convencional de un conjunto de ensayos literarios» (Giordano 1999: 63-64). Desaparece la sección «Documento literal» –de carácter programático– y Osvaldo Lamborghini, antiguo integrante del consejo de redacción, ya no figura entre los colaboradores.

Más allá de estas escasas y mutables apariciones, la revista ofreció siempre la imagen de un grupo orgánico gracias a su carácter polémico e impersonal que definía un ellos y un nosotros. Fue precisamente este carácter el que contribuyó a otorgarle una apariencia de «revista literaria», tal como la definen Carlos Altamirano y Beatriz Sarlo. Alberto Giordano (1999) ha señalado esta convergencia, al pensar en *Literal* como revista «de vanguardia». Cito la definición ofrecida por Altamirano y Sarlo:

> Espacio articulador de discursos de y sobre la literatura, la revista [literaria] tiende a organizar su público, es decir el área de lectores que la reconozca como instancia de opinión intelectual autorizada. […] Toda revista incluye cierta clase de escritos (declaraciones, manifiestos, etcétera) en torno a cuyas ideas busca crear vínculos y solidaridades estables, definiendo en el interior del campo intelectual un «nosotros» y un «ellos», como quiera que esto se enuncie. Ético o estético, teórico o político, el círculo que una revista traza para señalar el lugar que ocupa o aspira a ocupar marca también la toma de distancia, más o menos polémica, respecto de otras posiciones incluidas en el territorio literario. (1983: 96-97)

Literal parece adecuarse expresamente a esta definición. Así, las dos principales operaciones que caracterizarían a una revista literaria –por un lado, la construcción de un oponente, de un «ellos», es decir la toma de distancia respecto de otras posiciones; por el otro, el trazado de un nuevo lugar, la necesidad de una nueva perspectiva o un nuevo lenguaje– están presentes de manera explícita en sus páginas desde el mismo comienzo. La crítica no ha dejado de señalarlo, llegando a sintetizar en estas dos maniobras la intervención de la revista en la escena cultural. *Literal* se coloca, entonces, en este choque, en esta escena de ruptura que da cuenta –como ha sugerido Giordano– de una voluntad de negatividad, de un «ir en contra» que –como veremos– no carecía de un soporte teórico.

> *Literal* no se propone persuadir, convencer o seducir, tal como se lo proponen las «políticas de las felicidad»: lo que la revista intenta producir es un efecto de choque, de desconcierto, incluso de decepción, que sea a la vez un efecto de *resistencia* a la circulación de cualquier doxa, y en particular a la doxa en la que las demás se sostienen: la humanista. (Giordano 1999: 62)

Este efecto de choque, que Giordano utiliza para su caracterización de *Literal* como «revista vanguardista», era indudablemente central en la producción y en la colocación de sus miembros en la escena cultural, por lo menos en sus dos primeros volúmenes, *Literal 1* y *Literal 2/3*[3]. Y es este mismo efecto, esta actitud discrepante, lo que permitía la gravitación alrededor de la revista de una marca crítica hacia cierta literatura ya institucionalizada, convirtiendo a esta publicación en uno de los principales canales para un nuevo intento de renovación estética.

Por otra parte, este efecto de choque –en las dos operaciones que suponía: construir un oponente, enunciar la necesidad de un nuevo lugar en la literatura– es un medio que nos permitirá llegar al punto que me interesa aquí, es decir, a la presencia concreta de la política y el psicoanálisis, a la evolución, las transformaciones y los usos de dicha presencia, en las diferentes apariciones de la revista.

¿De dónde provenía este carácter rupturista? La época, la juventud de sus miembros, la necesidad de hacerse un lugar en la escena, todos estos elementos estaban seguramente presentes, como han estado en tantos otros proyectos literarios. Pero uno puede ser aquí más preciso e intentar identificar las fuentes de las cuales emanaban el tono polémico y la retórica de *Literal*. En este sentido, el antagonismo que establecía la revista se puede leer, en primer lugar, como un efecto de la gravitación que tenían entre sus editores las enseñanzas de Masotta y Lacan, y el carácter provocador de ambos. En segundo lugar, y fuera ya del ámbito del psicoanálisis, la propia literatura también participaba en esta inflexión de la revista. El principal referente literario que establecía *Literal* era Macedonio Fernández, y este se presentaba como una figura de difícil asimilación. Si bien en los años sesenta era redescubierto e insertado en el sistema literario, su colocación marginal y su actitud provocadora seguían funcionando como los ejes de su lectura, favorecidos por las intenciones de la propia obra[4]. Esta «voluntad de negatividad» macedoniana fue trasladada a

---

[3] La denominación de «revista vanguardista» aplicada a *Literal* no deja de ser problemática. Si pensamos la vanguardia en aquella época como lo haría García años más tarde–«¿Qué era, entonces, la vanguardia? Una actividad disolvente –se decía– que acompañaba el proceso revolucionario» (García 2005:227)–, indudablemente *Literal* no era vanguardista, aunque se pudiera considerar su empresa como una «actividad disolvente». En el epígrafe de esta sección podemos leer también la resistencia de Gusman ha considerar al proyecto como «un polo de la crítica de vanguardia».

[4] Su obra *Museo de la novela de la Eterna* –publicada póstumamente en 1967– instauraba en sus cien páginas de múltiples prólogos una hostilidad declarada a cierta literatura «per-

la revista, pero atravesada por los enunciados de una teoría definida en otra parte, y fue a partir de estos enunciados que se especificarían sus oponentes.

El antagonismo de *Literal* aparecía, como se ha dicho, desde el comienzo. El tono polémico, en su primer número, se manifestaba antes de abrir la revista, en un texto incluido en la tapa que luego se expandía en el interior, y en el cual ya se definía un claro adversario:

> Toda política de la felicidad instaura la alienación que intenta superar. Toda propuesta de un objeto para la carencia no hace más que subrayar lo inadecuado de la respuesta a la pregunta que se intenta aplastar. No se trata del Hombre, ese espantapájaros creado por el liberalismo humanista del siglo pasado: lo que se discute son sus intercambios. (L1: texto de tapa)

Es decir, desde la misma tapa se hacía explícita esa voluntad de «patear el tablero», y de construir un otro. En este caso, los oponentes eran las «políticas de la felicidad» y el «liberalismo humanista», que no por ser del siglo pasado se declaraba desterrado. Ambos confluían luego en ese «ellos» contra el cual se definía *Literal* a lo largo de sus páginas: «los Otros con los que polemiza, la red de valores estéticos e ideológicos impuestos como evidencias» (Giordano 1999: 63), que se pueden sintetizar en aquella «doxa humanista», soporte último de una actitud ante la literatura, la cultura y la política, y principal objeto de su crítica.

Ahora bien, aunque ya desde la propia cubierta se planteaba un antagonista, por momentos parecía difícil establecer fronteras claras en esta red de valores, en esta doxa. En efecto, Giordano ha señalado en primer lugar, como condición para la aparición de la revista, cierta «unificación del campo intelectual»: en esa red confluían diferentes tendencias y opiniones, que *Literal* unificaba al establecer con todas ellas una relación antagónica. En este sentido, el gesto resultaba necesariamente reduccionista. Pero este supuesto reduccionismo en realidad no era tal, sino que era el efecto de un estilo de escritura apoyado en referencias veladas, no siempre transparentes

---

fecta»: «No hay peor cosa que el frangollo, si no es la fácil perfección de la solemnidad. Éste será un libro de eminente frangollo, es decir de la máxima descortesía en que puede incurrirse con un lector, salvo otra descortesía mayor aún, tan usada: la del libro vacío y perfecto» (M. Fernández, 17). Contra este libro «vacío y perfecto» se levantaba este proyecto literario, que hacía descansar su «gloria» en la resistencia que produciría: «Ésta será la novela que más veces habrá sido arrojada con violencia al suelo, y otras tantas recogida con avidez. ¿Qué otro autor podría gloriarse de ello?» (M. Fernández, 17).

para el lector actual. La revista y posteriormente sus miembros defendieron siempre la particularidad de sus intervenciones y el intento por complejizar más que simplificar el campo intelectual (empezando quizás por la propia noción de «campo intelectual»).

En todo caso, más allá de esta unificación general que ofrece la visión de conjunto, se vuelve necesario identificar, entre esos «otros», los diferentes rostros que los componen. El dibujo de sus facciones y de sus gestos nos permitirán leer con más precisión la intervención y las propias transformaciones de *Literal* –no son los mismos «otros» los de *Literal 1*, los de *Literal 2/3* y los de *Literal 4/5*; no son los mismos en 1973, en 1975 y en 1977–. Las siguientes páginas estarán dedicadas a esta tarea: intentar delimitar los oponentes contra los que se construyó la intriga *Literal* en los ámbitos de la política, el psicoanálisis y la literatura.

Una política de la literatura

> Desde 1970 el país se ha visto estremecido por una violencia política sin precedentes o, al menos, inesperada...
>
> Rouquié

Para entender la intervención de una revista como *Literal* conviene reponer parte del contexto político de aquellos años, sobre todo teniendo en cuenta que nos referimos a una época en la que la discusión política atravesaba prácticamente todos los ámbitos de la vida pública, una época cuyo telón de fondo era el conflicto social y en la que cualquier debate estaba teñido por la violenta represión de las fuerzas del Estado y sus choques con grupos armados.

Uno podría fechar el comienzo de esta época en 1966. El 28 de junio tuvo lugar el golpe de Estado que interrumpió el gobierno de Arturo Illia y que desembocó en la dictadura militar autodenominada Revolución Argentina y en el nombramiento del general Juan Carlos Onganía como Jefe de Estado[5].

---

[5] Si bien no se puede impugnar de manera definitiva el carácter democrático del gobierno de Illia, es importante señalar que el peronismo, tal vez la mayor fuerza política del país, se encontraba proscrito en el momento de las elecciones.

Este golpe marcó un cambio cualitativo con la larga tradición de interrupciones del orden constitucional en la Argentina.

> Los golpes de Estado no eran algo raro. Desde 1930 había habido muchos, pero solían presentarse como una interrupción: las Fuerzas Armadas detectaban un supuesto «vacío de poder» y lo ocupaban con el propósito supuesto de volver a llamar a elecciones y reponer el orden constitucional. La legitimidad seguía estando en la Constitución. El golpe de Onganía no fue así: los militares presentaron un proyecto de país y decidieron que, para ponerlo en marcha, se quedarían en el poder el tiempo necesario. Era un planteo nuevo. Y buscaba su legitimidad en la validez de sus objetivos. Compartía con otro tipo de revoluciones esa característica de creer y proclamar que la grandeza de sus fines alcanzaba para justificar el empleo de cualquier medio. En realidad, era una idea muy difundida en esos días –no sólo entre la izquierda–, como cada vez que un sector social supone que aquello que propone es tan importante, está tan de acuerdo con el sentido de la historia, o las verdades últimas de la religión, la filosofía, que hay que ponerlo en marcha como sea. Así empezó, el 28 de junio de 1966, la Revolución Argentina. (Anguita & Caparrós 1997: 22)

Estas observaciones de Eduardo Anguita y Martín Caparrós coinciden con otros análisis que establecen en 1966 la irrupción de un nuevo período político. La novedad estaría dada en parte por una serie de medidas oficiales que marcarían el carácter del nuevo gobierno, tanto en el ámbito de la política como de la cultura.

Un mes después de su llegada al poder, el 29 de julio, el gobierno de Onganía promulgó una ley que ponía fin a la autonomía universitaria, dejando las universidades a disposición del Ministerio del Interior, anticipando los alcances que tendrían la represión y la persecución política en los años siguientes. Esa misma noche, la guardia de Infantería tomó por asalto las facultades de Ciencias Exactas y de Filosofía y Letras de la Universidad de Buenos Aires. A propósito de esta jornada, Miguel Bonasso señaló un antes y un después:

> La noche del 29 de julio de 1966 se destaca en el profuso calendario de la represión argentina como «la noche de los bastones largos». No por lo cruenta, ya que afortunadamente no produjo víctimas fatales, sino por ser un punto de inflexión entre dos épocas claramente diferenciadas. Entre 1956 y 1966, los gobiernos militares y civiles habían respetado la autonomía universitaria. [...] A partir de los bastones largos, los estudiantes comenzaron a conocer en carne propia la violencia padecida por la clase trabajadora en la última década. (Bonasso 2002: 166)

La «noche de los bastones largos» tuvo un gran impacto en la comunidad intelectual. En el ámbito universitario tuvo como consecuencia una gran deserción. En los días siguientes, alrededor de la mitad de los docentes de la Universidad de Buenos Aires presentó su renuncia como protesta ante la intervención del nuevo gobierno. Como veremos más adelante, esta renuncia masiva tuvo consecuencias en los modos de circulación del saber, específicamente en la creación de canales alternativos a la institución universitaria.

Estos acontecimientos estuvieron acompañados de otros que también daban cuenta de los modos del gobierno de la Revolución Argentina. La represión y la censura se extendieron. La proscripción de la actividad política, la mencionada intervención de las universidades y, con ellas, de Eudeba –la editorial universitaria más importante de Argentina–, el cierre de la revista de humor *Tía Vicenta*, y la prohibición en el país del semanario uruguayo *Marcha* son algunas de las resoluciones, de alto valor simbólico, que definieron desde su comienzo, ya en 1966, el carácter que tendría el onganiato, indicando también el comienzo de una nueva época.

Los últimos años de la década de los sesenta no sólo vieron un incremento en la represión y el control de la vida política por parte del Estado, sino también –tal vez como una de sus consecuencias– un mayor grado de movilización y un aumento de las protestas sociales contra el nuevo orden. El 29 de mayo de 1969 tuvo lugar en la ciudad de Córdoba una manifestación popular marcada por la violencia que sería conocida como el Cordobazo. La protesta y el choque de aquellas jornadas entre los manifestantes y las fuerzas policiales y militares son señalados habitualmente como otro punto de inflexión en la historia política del país, y como el comienzo de una serie de explosiones de masas que caracterizaron los primeros años del período. Sindicatos, sectores estudiantiles y estamentos de la burguesía confluyeron en esta protesta y en las que se desarrollarían en los años siguientes, sumándose el campesinado y los pequeños productores. El Rosariazo (1969), el Vivorazo (1971) y el Mendozazo (1972) son algunas de las «pobladas» –tal como fueron denominadas estas movilizaciones– que siguieron a los enfrentamientos de Córdoba. Considerando sus repercusiones en el campo intelectual, su efecto multiplicador de manifestaciones violentas y el incentivo que significó para el crecimiento de agrupaciones peronistas y de izquierdas –algunas de las cuales derivarían en organizaciones armadas y se convertirían en relevantes actores políticos en los años siguientes– el Cordobazo puede ser considerado como otro de los acontecimientos inaugurales de la política de los años setenta en la Argentina. Es decir, la violencia no era una novedad en el escenario político nacional, pero a partir del Cordobazo aumentaría el número de movilizaciones y enfrentamientos, los cuales serían interpretados como consecuencia de un sistema de gobierno –el instaurado por la Revolución Argentina en 1966– que excluía toda posibilidad de transformación pacífica.

En esta línea, cabe destacar que fue también en los últimos años de la década de los sesenta que se consolidó en la Argentina el fenómeno guerrillero, experiencia que llevaba años en otras regiones de Latinoamérica. Aunque se puede remontar su historia hasta 1959, la «guerrilla argentina fue, esencialmente, un producto de la década del 70» (Gasparini 1999: 17).

A lo largo de los años sesenta –sostiene Juan Gasparini– ya habían intentado instalarse en el norte del país tres experiencias de lucha armada rural. Sin embargo, el fenómeno no se consolidaría hasta los últimos años de la década.

> Socialmente, el fenómeno guerrillero emerge de lo que se conoce como la radicalización y peronización de los sectores medios, fomentada por la denominada «Revolución Argentina» de 1966. (1999: 43)

Hacia finales de los años sesenta dieron sus primeros pasos e hicieron sus primeras apariciones públicas las agrupaciones guerrilleras que, en buena parte, definirían el escenario político nacional de la década siguiente. Gasparini contabiliza, hacia 1970, siete grupos armados claramente estructurados actuando en la Argentina: las Fuerzas Armadas Revolucionarias (FAR), peronistas-marxistas; las Fuerzas Argentinas de Liberación (FAL), marxistas-leninistas; el Ejército Revolucionario del Pueblo (ERP), trotskistas-guevaristas; la Guerrilla para el Ejército de Liberación (GEL), chinoístas-nacionalistas; y tres caracterizados como peronistas de izquierda: las Fuerzas Armadas Peronistas (FAP), Descamisados, y Montoneros (Gasparini 1999: 23)[6].

El accionar de estas organizaciones y su intento por modificar de raíz las relaciones sociales establecidas se desarrollaron a lo largo de los setenta, incluso durante el breve interregno democrático entre los años 1973 y 1976, que representó la vuelta del peronismo al poder –un peronismo signado por las luchas internas–. Durante aquellos años, tanto en el gobierno de Perón, que moría en 1974, como en el de María Estela Martínez, quien fuera su esposa y vicepresidenta, las tensiones, la represión oficial, las actividades guerrilleras de izquierda y de derecha continuarían más allá de la naturaleza o la apariencia democrática

---

[6] Esta proliferación de agrupaciones armadas y de iniciales constituyen uno de los «lenguajes» o de los «restos» de la cultura sedimentados en obras como *El fiord*.

del nuevo sistema. Tomaría protagonismo la Alianza Anticomunista Argentina (Triple A), organización parapolicial fundada en 1973 encargada del trabajo sucio del gobierno. Finalmente, la inestabilidad política y económica, el clima de violencia, los secuestros y asesinatos, los enfrentamientos entre grupos armados y las fuerzas del orden desembocarían en un nuevo golpe de estado y en una nueva proscripción de la actividad política en 1976.

A partir de marzo de dicho año una junta militar detentó el poder. La represión clandestina por parte del ejército se volvió masiva, en un intento por poner fin no sólo al accionar de las agrupaciones guerrilleras –muy debilitadas ya a fines de 1976– sino también a la protesta política, sindical e incluso cultural. «No se preocupó [el nuevo gobierno] por respetar la ley ni los derechos humanos. Presuntos "sospechosos" desaparecieron por millares, sin que los propios jefes militares llevaran la cuenta» (Rouquié 1987: 135-136). En estos años la figura del «desaparecido» se hizo tristemente famosa. Los últimos años de la década estarían signados por los nuevos modos de la junta militar.

En este contexto, y en consonancia con el crecimiento de los grupos guerrilleros en los primeros años de la década, se produciría un cambio en los discursos ideológicos dominantes entre los círculos intelectuales considerados progresistas. Si en la primera mitad de los años sesenta se había consolidado la figura del intelectual comprometido, a finales de esta década el modelo sufriría una transformación.

Claudia Gilman se ha ocupado extensamente de este cambio en el contexto latinoamericano en su libro *Entre la pluma y el fusil*. Allí la autora registra que hacia mediados de la década del sesenta «la conversión del escritor en intelectual *tout court*, es decir, situado fundamentalmente en relación con la dimensión pública, ya era un proceso enteramente consumado» (2003: 143). Las figuras del crítico, el ideólogo, el buen escritor o el militante podían representar, entonces, al intelectual comprometido. En aquellos años, la noción de «compromiso» se había convertido en el concepto clave para articular el trabajo intelectual con las demandas de una posición política atenta a la coyuntura y las necesidades de la sociedad. En este contexto, el «compromiso» del intelectual legitimaba su lugar de enunciación. Sin embargo, dados los nuevos acontecimientos de la escena política, a finales de la década del sesenta o en los comienzos de unos largos años setenta, el concepto perdería legitimidad.

> La noción de compromiso funcionó como un concepto-paraguas bajo el que se agruparon los demás atributos. Esta complementariedad de figuras diversas configuró un momento particular de la historia intelectual del continente latinoa-

mericano que puede darse por terminada hacia 1966-1968 cuando, a partir de una nueva constelación de coyunturas, la legitimidad de la figura del intelectual fue disputada, ya en favor del intelectual como conciencia crítica de la sociedad (una suerte de ideal residual), ya en favor del intelectual-revolucionario. Esta segunda figura de intelectual emergente comenzó a cuestionar la legitimidad de la agenda cultural que había sido productiva y hasta exitosa en la primera mitad de los años sesenta. (Gilman 2003: 143-144)

Siguiendo esta lectura, a finales de los sesenta, la idea de un intelectual revolucionario venía a desplazar el modelo del compromiso. En una de las tantas veces que escribiera sobre el legado intelectual de Oscar Masotta, Germán García leería esta misma transformación ideológica a través de la trayectoria de su maestro. En el recorrido de Masotta, que estaría mediando una lectura de Sartre, García percibía el cambio de «léxico» que tenía lugar en la cultura:

> Para los que se inspiraban en Sartre había una exigencia marcada por el término «denuncia», que luego se articularía con el «compromiso». La denuncia y el compromiso eran actos performativos. En 1960 la *Crítica de la razón dialéctica*, libro sobre el que Oscar Masotta escribió un extenso comentario, inclinaba la balanza hacia el marxismo. Y eso, en la Argentina de entonces, consistía en «saber hacer la revolución». La denuncia y el compromiso no eran más que tonterías frente a ese nuevo absoluto: la revolución. (García 2005: 227)[7]

Este nuevo absoluto –la revolución– tuvo efectos sobre las prácticas de los intelectuales y sobre su manera de concebir la política. Si en los sesenta ésta ya se había convertido en la dimensión totalizadora que otorgaba sentido a las demás áreas de la vida pública –como sostenía Gilman a propósito de los escritores: «El compromiso no era un componente entre otros de la litratura sino su *función de ser*» (Gilman 2003: 146)–, a partir de los setenta la política no perdería esta característica sino que ganaría en «urgencia» por la presión del nuevo horizonte revolucionario. Esto es lo que señala Antonio Oviedo en un artículo sobre las vanguardias literarias en la ciudad de Córdoba, comentario que se podría hacer extensible a otras regiones del país:

---

[7] El «extenso comentario» al que hace referencia García es el artículo «Destrucción y promoción del marxismo contemporáneo», publicado en dos números del semanario uruguayo *Marcha*, en el mismo año en el que se publica el libro de Sartre. A fines de los años sesenta, en 1968, este artículo sería objeto de relectura al formar parte del libro *Conciencia y estructura*.

Otro aspecto a no perder de vista será justamente el de que a partir del *cordobazo* y a lo largo de los años posteriores, las prácticas surgidas de una concepción de la política paulatinamente tributaria de la acción revolucionaria exasperan sin pausa esta adquisición y sus contenidos y los van adecuando a ritmos de urgencias cada vez mayores. (1999: 407)

Los intelectuales, interpelados por el clima político de la época y por estas transformaciones ideológicas que ponían en cuestión sus prácticas, buscaron respuestas a aquellos interrogantes que venían a problematizar su lugar en la sociedad. ¿Cuál era el papel del intelectual en el cambio social? ¿Cuál tenía que ser su tarea? ¿Cómo debía participar en los acontecimientos? ¿Qué podía aportar a los procesos revolucionarios? Los debates que se abrían a partir de estas preguntas fueron productivos para la colocación de los autores de *Literal*, sobre todo a partir de su participación en la revista. La pérdida de legitimidad de la noción de compromiso, por ejemplo, encontraría eco en sus páginas, aunque no lo haría –cabe aclarar– en beneficio de un modelo de intelectual revolucionario.

¿Cómo se posicionó *Literal* ante estos debates? ¿Contra qué discursos dirigió su voluntad de negatividad? En el ámbito de la política, queda claro que el principal enemigo que se perfila en sus artículos es el populismo, o cierta manera simplista, bienpensante de entender el populismo. No se trataba de una crítica a todo discurso que viniese del peronismo. De hecho, varios de los integrantes de la revista eran cercanos a algunos sectores del movimiento. El enemigo estaba más bien definido por las ilusiones populistas que la revista planteaba como dominantes en el debate político, unas ilusiones atravesadas por los conceptos de «realidad», «restitución» y «compromiso» y que colocaban al intelectual en un lugar cómodo. El «populismo latinoamericanista» de la revista *Crisis*, publicación que sería muy influyente entre los intelectuales argentinos durante los cuatro años de gobierno peronista en la década de los setenta, fue señalado como uno de los posibles antagonistas en este ámbito (Rosano 2008: 203).

Se trataba, en definitiva, de aquellas «políticas de la felicidad» que aparecían ya enunciadas en la cubierta del número uno, las políticas que –como ha señalado Giordano– «instituyen como valor superior la verdad de lo real, la conveniencia de adecuarse a un referente cierto, dado y aceptado como verdadero» (1999: 63). Una frase mítica del peronismo –«la única verdad es la realidad»– resumía el punto de partida de estas políticas al tiempo que afianzaba sus vínculos con la estética realista.

La definición de este oponente, por supuesto, debía mucho a la coyuntura. Recordemos que el primer número de *Literal* aparecía pocos meses después de que el esperado «retorno» de Perón a la Argentina se hiciera realidad. Inmersa en este escenario, la revista criticaba las ilusiones que en muchos intelectuales pudiera despertar esta vuelta del peronismo al poder y las fantasías que soñaban con la restitución de un «Orden perdido» que suponía la unidad y la completud de la sociedad, y que eran solidarias –otra característica de este «otro»– de una «ideología anti-intelectual» (L1: 41, L1: 57; L2/3: 13-14). Para *Literal*, el «discurso de la restitución» encarnaba en una «utopía cívico-cuartelera, meramente restitutiva de un ayer tan imaginario como la "potencia" que se proyecta en el futuro» (L1: 42-44), y se equivocaba en la aceptación de aquellas nociones de unidad y completud, en nombres de las cuales se instituía un Orden. Con un *calembour* tan típico de su estilo, la revista describía este proceso que sintetizaría el funcionamiento de las políticas populistas.

> Veamos esta operación utilizada por la abortera de la historia para dificultar el trabajo del parto. Una imagen del pueblo toma el lugar del pueblo. La otra cara de esa imagen es el Orden que toma el sitio que se le promete al pueblo. El orden, en el lugar del pueblo, pone al pueblo en el lugar del orden. (L1: 37)

Junto a las ilusiones populistas despertadas por el retorno de Perón, el «otro» político de *Literal* englobaba también al discurso del «compromiso» que, por un lado, se sostenía sobre las «buenas intenciones» –¿por qué no somos puros y buenos?, se preguntaba Lamborghini– y que, por el otro, suponía un imperativo moral, el de la militancia. A través de esta noción, se vehiculizaba una crítica que excedía el horizonte del peronismo bienpensante y alcanzaba todos los discursos progresistas de la izquierda. En este sentido, *Literal* no era una revista militante, aunque compartiera el tono urgente y combativo de las revistas más politizadas de la época.

Tiempo después, Germán García describiría aquellos años como una suerte de dilema.

> Por un lado estaba el imperativo de la militancia, hacerte matar por lo que decís, y del otro lado estaba el imperativo del silencio, callarte la boca. Entonces uno se callaba la boca, mataba la palabra, no podía hablar. Y si no tenías que ir a poner la cabeza por lo que decías. (García & González & Rinesi 1994: 30)

Podríamos decir que ante estas dos opciones, *Literal* optaba por el imperativo del silencio, sin dejar de buscar al mismo tiempo algo que pudiera pasar por una tercera alternativa.

El primer artículo del primer número de la revista llevaba por título «No matar la palabra, no dejarse matar por ella». Allí, la alternativa se caracterizaba —siempre en oposición a ese otro literario y político— por un planteo supuestamente distinto de la relación entre literatura y política, en el que la primera ya no estaría subordinada a la segunda (L1: 5-13). Como una consecuencia de ello, de este ir en contra de una subordinación del texto literario ante las necesidades de la política, se puede leer la crítica a la censura que aparecía en el segundo volumen de la revista (L2/3: 15-22) y que estaba dirigida tanto al aparato censor del Estado como a otras formas de censura —ejercidas por los medios de comunicación y por la industria editorial—. La censura suponía un sometimiento de la palabra —de la literatura— a un «bien» externo, diseñado en el campo de la política, que era definido como totalitario en la medida en que «no soporta al otro».

De hecho, *Literal* colocaba en el centro de su intervención la relación de la literatura con la política, presentando ambos términos no como dominios heterogéneos sino más bien como espacios integrados. Se puede decir que en sus páginas *Literal* proponía, en lugar de una literatura política, una *política de la literatura*, expresión ya utilizada por Giordano para referirse al aporte de la revista. Esta expresión, convertida hoy en un clisé de la lengua teórica, puede dar cuenta, más allá de su carácter formulario, del gesto político de *Literal*. Por una parte, porque la definición de una *política de la literatura* reconoce que toda actuación en la escena literaria y cultural, toda perspectiva sobre la literatura, incluso aquella que se resiste a utilizar los términos propios de la política de una época, no deja de tener por ello efectos políticos, y por otra parte, porque dicha expresión «parece referirse a la eficacia intrínseca y específica de la producción simbólica y artística en tanto que tal, a los modos de ser políticos de la literatura y el arte, *independientemente de sus formas históricas de institucionalización*» (Gilman 2003: 354; énfasis del original). Es esta eficacia de la literatura la que intentaba proclamar *Literal* desde sus primeros artículos, incluso cuando la propia idea de eficacia —entendida en términos de eficiencia— se encontrara cuestionada.

¿Pero cómo se vehiculizaba esta *política de la literatura*? «En sus momentos más intensos —ya lo dijimos— *Literal* se propone como una crítica política de la cultura desde una *perspectiva literaria*» (Giordano 1999: 64; énfasis mío). Pues bien, es esta «perspectiva literaria» la que primaba en su visión de la cultura y en la construcción de su antagonista. El desmontaje de los lugares comunes de la política —los estereotipos tanto del peronismo oficial como de la «izquierda»— era literario. En sus lecturas del presente se ponían en uso un conjunto de procedimientos literarios que buscaban dislocar los discursos dominantes de la política. Como escribiera uno de sus miembros, «se trataba de un ejercicio de lenguaje» (Quiroga 1994: 40).

La sencillez que era criticada en ciertas estéticas realistas era la primera damnificada. Como ya lo sostuviera Giordano, *Literal* no cultivaba un lenguaje didáctico, «a la manera de cierta crítica ideológica interesada en la "revelación" de lo verdadero, ni apelando a la neutralidad de algún saber con pretensiones científicas» (Giordano 1999: 69-70). Al contrario, se planteaba ante la coyuntura política instrumentando una batería de procedimientos literarios (alusiones, juegos de palabras, paralelismos, golpes de ironía y de humor) que desmantelaban el lenguaje alienado o cosificado de la lógica partidista.

En este sentido, se puede pensar la creación de *Literal* en parte como una respuesta a la omnipresencia de la política, convertida en aquellos años en esa región dadora de sentido para las demás prácticas. La voluntad de negatividad de la revista aparecía nuevamente en esta presunta pretensión de establecer una posición por fuera de los discursos dominantes de la escena intelectual.

Años más tarde, en una entrevista, Germán García presentaba el nacimiento de *Literal* en estos términos.

> ...ya me había ido de *Los Libros*, porque *Los Libros* habían pasado a la política. A partir del número 20, más o menos [...] Bueno, y entonces ahí se rompió. O sea: me fui de *Los Libros*, y hago *Literal*. Con Lamborghini, Guzmán, Lorenzo Quinteros, yo qué sé: un montón de gente que estaba por ahí, que éramos amigos, hacemos *Literal*. Y empezamos a escribir cosas que tenían la idea más bien de romper con esta... digamos: con este... no sé... avance de lo político sobre lo cultural que nos juntaba a todos. (García & González & Rinesi 1994: 27)

Para García, *Literal* respondía entonces a este avance –propio de la época– de las prácticas políticas sobre las prácticas de la producción simbólica y cultural. Y en la posibilidad de revertir esta tendencia, o simplemente de ir a contrapelo de ella, enfatizando cierta autonomía de la serie literaria, se jugaba el carácter crítico de la revista. Así, a través de la política, *Literal* se separaba también de su «otro» literario.

En un momento en el que «para los escritores latinoamericanos, la posibilidad de pensar el carácter crítico de la literatura estaba garantizada por la concepción del Estado como "el otro" natural del escritor» (Gilman 2003: 355), *Literal* buscaba escapar a esa lógica que en cierto modo seguía subordinando la literatura a la política. Según explica García, *Literal* entendía «la literatura como algo que no obedecía ni al Estado ni al Contraestado, ni a nada» (García & González & Rinesi 1994: 25). Es decir, la literatura se proponía como soberana. E ir en contra de esta soberanía –solidaria de la soberanía del significante que se podía desprender del corpus lacaniano, y sobre la que habremos de volver– era una forma de «matar la palabra».

Y sin embargo, la política estaba allí. Los modos y debates presentados por la revista hacían que su intervención operase sobre la escena intelectual con algo más que una nueva teoría de la literatura limitada a la administración y el cultivo del huerto literario. En cuanto a los modos –el registro y el tono–, ya dijimos que *Literal*, aunque no fuera una revista «militante», participaba en el estilo combativo de las revistas más directamente politizadas de la época o, dicho de otro modo, como señalara Víctor Pesce, la revista poseía «la pasión, el sonido y la furia que poseen otras revistas de esos años. Las intervenciones y documentos de *Literal* tienen el igual tono urgente y militante que los textos performativos, por decirlo así, de las revistas más directamente politizadas» (1994: 46).

En cuanto a los debates, no era difícil encontrar, entre los destellos de una determinada visión de la literatura, una posible «teoría» –no siempre en estado latente– del sujeto y del lenguaje, deudora del psicoanálisis y portadora de una reflexión sobre el sujeto político. Es más, se podría decir que esta teoría del sujeto –en la cual la relación del individuo con la política no ocupaba un papel menor– era el punto de partida y de llegada de su particular visión de la literatura –pero sobre esta «teoría» volveré al estudiar el papel de ciertos conceptos lacanianos en las páginas de *Literal*.

Finalmente, ya la misma construcción de su lugar de enunciación a partir de un «otro» definido en términos políticos –el populismo, las «buenas intenciones» de la izquierda, las políticas de la felicidad, el compromiso, el aparato de censura del Estado, etcétera– suponía una reflexión concreta en el terreno de la coyuntura política y de sus discursos, y alejaba cualquier idea de una literatura despolitizada. En este sentido, como mejor puede medirse la presencia de «la política» en los debates y en los modos de los dos primeros volúmenes de *Literal* es a través de su borramiento en el tercer y último volumen. Publicado después del golpe de 1976 y durante el gobierno de la junta militar, en un ambiente signado por una mayor represión y persecución política, en *Literal 4/5* se matiza el tono polémico y urgente de los volúmenes anteriores, y se opera un repliegue de las implicaciones que su visión de la literatura pudiera tener de forma directa sobre el conjunto de la sociedad o sobre la lógica del poder reinante.

El lacanismo de combate

> Pero hay otro elemento importantísimo: el lacanismo
> de combate, el lacanismo en su edad heroica...
>
> Perlongher

En lo que hace al ámbito del psicoanálisis, se puede destacar un fenómeno que caracterizó a estos años setenta, cuya irrupción se remontaría al segundo lustro de la década anterior. Me refiero, por supuesto, a la entrada en la escena intelectual argentina del pensamiento de Jacques Lacan. Considerando la centralidad que sus teorías ocuparon en las propuestas de *Literal*, un breve comentario sobre la introducción, divulgación y consolidación del lacanismo en Argentina es necesario para comprender los nuevos modos de leer introducidos por la revista, y para identificar ese oponente que también tendría un rostro particular en los pasillos del psicoanálisis.

Hay un acontecimiento que, con mayor o menor acierto, ha sido considerado como la llegada de Lacan no sólo a la Argentina sino a la lengua castellana. El 12 de marzo de 1964, Oscar Masotta dio en el Instituto Pichón Riviére de Psiquiatría Social una conferencia –«Jacques Lacan y el inconsciente en los fundamentos de la filosofía»– que pasaría por ser la primera lectura pública sobre Lacan en esta lengua (Plotkin 2003: 283). En la medida en que la recepción temprana del lacanismo en la Argentina ha quedado asociada al nombre de Oscar Masotta, la fecha de esta conferencia o la de su publicación al año siguiente, en la revista *Pasado y presente*, se vuelven aquí relevantes[8]. En los años siguientes a este artículo, en el cual las ideas de Lacan todavía eran presentadas a través de cierta fenomenología existencialista francesa –Sartre, Merleau-Ponty–, Masotta se iría acercando cada vez más a las propuestas lacanianas y en poco tiempo se convertiría en su principal difusor. Los últimos años sesenta y los primeros setenta fueron testigos de esta operación intelectual[9].

La importancia de su nombre para nuestro estudio está dada no sólo por el hecho de ser el principal referente de la divulgación de las teorías de Lacan

---

[8] El artículo aparecería más tarde como un capítulo de *Conciencia y Estructura*.

[9] Algunas intervenciones de Masotta en esta línea: en 1969, creó el Grupo Lacaniano de Buenos Aires, «una agrupación de intelectuales de izquierda dedicada a la lectura de la obra de Lacan» (Plotkin 2003: 312); en 1970 prologaba la edición castellana de *Las formaciones del inconsciente*, y ese mismo año, en la revista *Los Libros*, presentaba a un público más amplio la teoría de Lacan respondiendo a tres preguntas: ¿quién es Lacan?, ¿qué relación existe entre

en Argentina sino también por haber detentado durante algunos años la condición de «maestro» para los escritores que hicieron más tarde *Literal*. Las características particulares de su trayectoria intelectual lo habían convertido, en varios aspectos, en un modelo a seguir[10]. Por otra parte, la trayectoria pública de Masotta era indisociable de su personal estilo intelectual, un estilo que llegó a determinar la propia evolución de su pensamiento, que se podría concebir como causa y consecuencia de su colocación marginal con respecto a las instituciones tradicionales, y que dejaría su impronta en el cruce entre literatura y psicoanálisis llevado a cabo por la revista.

La evolución intelectual de Masotta ha sido estudiada en repetidas ocasiones, convirtiéndose ésta en un lugar común de la crítica cultural argentina y en una pieza central para la comprensión de su figura de autor. Casi no se puede hablar de Masotta sin hablar de sus «tres etapas»: sartreana, estructuralista, lacaniana. Este interés por la evolución de su pensamiento está dado, en parte, por su capacidad para aglutinar las vicisitudes de algunos de los principales debates intelectuales de la época, en los cuales participaron, por cierto, de manera más o menos orgánica, los miembros de *Literal*. Pero también –como sugiere Oscar Steimberg– el interés por su evolución intelectual estaría promovido por su propia obra, y por la figura de autor que de ella se desprende.

Steimberg reconoce entre las propiedades enunciativas y retóricas de la obra de Masotta la insistencia en «una noción de compromiso expresada, además, en una búsqueda de libertad con respecto a los propios dispositivos de repetición», lo que recortaría «la figura de un autor modelo que debe mostrarse desprendiéndose de cada versión consolidada de sí mismo» (Steimberg 1999:

Lacan y el psicoanálisis actual? y ¿cómo leer los *Ecrits*? (S/F 1970); en mayo de 1971, editaba el primer número de *Cuadernos Sigmund Freud*; en 1974, en una continuación de la École Freudienne de Paris, fundada en 1964 por Lacan, fundó la Escuela Freudiana de Buenos Aires, la primera institución de psicoanálisis lacaniano en la Argentina.

[10] Ricardo Strafacce señaló de este modo el papel que jugó Masotta en el recorrido personal de Osvaldo Lamborghini, papel que con ciertas modulaciones puede hacerse extensible a otros integrantes de la revista: «La figura del autor de *Sexo y traición en Roberto Arlt* a quien, al igual que García y Gusman, se había acercado en la segunda mitad de 1969 y cuyos dictámenes los tres amigos seguirían durante el lustro siguiente como se siguen las recomendaciones de un maestro, tuvo durante todos estos años un peso decisivo para Lamborghini, no tanto por alguna forma de adhesión al pensamiento de quien, entregado cada día más al psicoanálisis, se desinteresaba ya casi por completo de la literatura, como por el magnetismo que emanaba de un trayectoria intelectual que, meteórica, se había ido construyendo casi de la nada, al modo de la de las por entonces nacientes estrellas de rock nacional» (Strafacce 2008: 214).

73)[11]. Esta figura de autor se definía no por un sistema estático de pensamiento sino por un movimiento constante de búsqueda, que dejó su impronta sobre el lacanismo argentino de aquellos años.

Este tipo de búsqueda, este estilo intelectual de Masotta, junto con la carencia de una inscripción institucional[12], convertía a las instituciones tradicionales en un territorio poco propicio para su desarrollo personal. Esto llevó a Masotta a la adhesión y creación de nuevos espacios. Es precisamente a través de estos espacios alternativos que se realizó la primera transmisión del pensamiento lacaniano en la Argentina, lo que nos permite decir –con Steimberg– que las proposiciones teóricas que vehiculizaban esta enseñanza se convirtieron, dada su procedencia, en un referente para-institucional.

Las teorías de Lacan eran presentadas por Masotta en estos mismos términos: su enseñanza no circulaba en la periferia de las instituciones argentinas depositarias del saber psicoanalítico por una simple coyuntura, sino porque su propia naturaleza la enfrentaba a estos grupos. Así lo señalaba en su prólogo a *Las formaciones del inconsciente*.

> No podría sorprender –a quien conozca el destino oficial de una enseñanza como la de Lacan, que denuncia las encrucijadas teóricas e ideológicas del psicoanálisis actual– que la traducción de sus textos no fuera auspiciada con anterioridad –ni en última instancia– por los grupos que detentan los emblemas de la práctica y de la clínica psicoanalítica. (Masotta 1996d: 63)

La enseñanza de Lacan, parecía decir Masotta, no se avenía muy bien con los emblemas.

Cabe señalar, por otra parte, que en aquellos años la transmisión de saber en circuitos «marginales» no era un fenómeno exactamente marginal. La participación en grupos de estudio privados era una práctica habitual:

> Eran los tiempos de los *grupos de estudio*, cuando el vínculo entre formación y pertenencia era el efecto político del ejercicio de una socialidad intelectual reiventada, agónicamente, en cada espacio disciplinar. […] no eran en general el sustituto

---

[11] No debe confundirse esta idea de un compromiso fiel a la propia marcha del pensamiento con aquella noción de compromiso político comentada en el apartado anterior. Si bien ambas acepciones no son necesariamente excluyentes, una estrategia intelectual diferente se desprende de cada una de ellas.

[12] «Al no concluir sus estudios en la Facultad de Filosofía y Letras, no tiene credenciales ni títulos universitarios, y prefiere el camino autodidacta o la formación extraacadémica» (Longoni 2004: 27-28).

de una educación formal desarticulada o degradada por el poder político (con la que de todos modos debían coexistir), sino más bien un complemento conflictivo o un polo de resistencia que, según los casos, se instalaba dentro o fuera de las instituciones. (Steimberg 1999: 66)

Si bien su vigencia venía de antes, estos grupos privados habían crecido notablemente a partir de la intervención de la universidad por parte del gobierno militar en 1966. La degradación de la vida académica había potenciado estos ámbitos de formación, y uno se puede preguntar hasta qué punto la trayectoria «meteórica» de Masotta no sería una consecuencia de esta coyuntura.

Con respecto a este fenómeno de los grupos, cabe aclarar que si bien se trataba de una «alternativa» a los circuitos tradicionales de transmisión del saber, por su posible carácter conflictivo y su efecto de resistencia, no por ello implicaba necesariamente –como recordara Germán García– la producción de un nuevo discurso.

> Algunos, de manera precipitada, pensaron que allí [en los grupos de estudio privados] se encarnaba la oposición entre la verdad y el saber. Pero Oscar Masotta aclaró que esos grupos eran privados *de* Universidad y por lo mismo *bien* universitarios: «La paradoja es que yo [...] –dice– tuve un día que asumir el discurso universitario fuera de la universidad». (García 2005: 234)

El funcionamiento y las características de estos grupos –nuevos canales para la transmisión y la legitimación del saber a través de un discurso no menos *institucionalizable* que los ya consagrados– marcarían la difusión del lacanismo en sus primeros años.

Otro factor decisivo del estilo intelectual de Masotta, que dejó una impronta en los modos del primer lacanismo en Argentina y que, en última instancia, estaba asociado a su colocación «marginal» con respecto a las instituciones, fue su gesto impugnador. Ya en sus primeras intervenciones, antes de «descubrir» la obra de Lacan, Masotta había adoptado la posición belicosa del polemista. Alberto Giordano, en su artículo «Elogio de la polémica (a propósito de los ensayos literarios de Oscar Masotta)», ha desarrollado esta cuestión.

> Una obra que se quiere crítica, desmitificadora, que se resiste a aceptar a lo evidente como valor, una obra de búsqueda como la del joven Masotta encuentra en la intervención polémica la condición propicia y el recurso justo para su realización. (Giordano 1990: 25)

En este sentido, podemos decir que desde sus comienzos, la polémica participó en la obra de Masotta no sólo como una consecuencia de la elaboración teórica o de la definición de la escena intelectual, sino también como un verdadero recurso de producción textual –función de la polémica que tendría una clara continuidad en la revista *Literal*.

Las teorías de Lacan, por otra parte, se adaptaban muy bien a este estilo impugnador y belicoso. Ellas se presentaban, ante todo, como una «ruptura», tanto en relación con otros discursos y saberes, como al interior del propio psicoanálisis. Néstor Perlongher definió este primer período del lacanismo en Argentina como su «edad heroica». En su artículo dedicado a *El fiord*, Perlongher incluía al «lacanismo de combate» entre las circunstancias de aparición del relato de Lamborghini.

> Pero hay otro elemento importantísimo: el lacanismo de combate, el lacanismo en su edad heroica, cuando aún no se había tornado –como posteriormente sucedió– predominante en la Argentina, lacanismo que alzaba las [v]hestes del deseo (aunque regado de Falos, Carencias y Faltas) en el pantano del edipismo mamario, a la Melanie Klein, que ataba a los hiperpsicoanalizados argentinos a los sopores de una, aunque refinada, ineluctable adaptación. (Perlongher 1995: 132)[13]

Este carácter combativo y contestatario, por otra parte, no era exclusivo del lacanismo sino que participaba del *air du temps*. Como señalara Plotkin, «es importante recordar que la emergencia de esta corriente en la Argentina coincidió con el cuestionamiento de las instituciones analíticas ortodoxas, al tiempo que estuvo estrechamente relacionado con la politización de finales de los 60» (Plotkin 2003: 336). En el ámbito psicoanalítico, esta politización quedó reflejada en las disidencias que sufrió, a principios de los setenta, la principal institución de psicoanálisis del país, la Asoasiación Psicoanalítica Argentina (APA). Dos grupos –Plataforma y Documento– se abrirían de la institución oficial «acuciados por la experiencia popular del Cordobazo», como sugería un artículo periodístico de la época (Ressel & Rodríguez 1972: 26). Este cuestionamiento de la APA, dirigido en parte a la rígida estructura jerárquica de la institución, atacaba principalmente su escasa o nula implicación política, que estaba lejos de ser considerada neutral. El freudomarxismo de Wilhelm

---

[13] Este estilo impugnador del lacanismo quedó registrado con humor en las páginas del semanario *Primera Plana*. «Los pupilos del satánico Dr. Freud» se titulaba la nota que cubría la visita a la Argentina en 1972 del matrimonio Mannoni, discípulos en Francia de Jacques Lacan (S/F 1972).

Reich y la lectura *althusseriana* de Lacan, que alcanzarían una buena difusión en aquellos años, participaron de esta aventura.

En este contexto de crisis interna de la APA, los *lacanianos* se colocarían en una tercera posición: ni el Freud de la APA, ni Marx, sino Lacan. «En 1972, 1973, la polémica es constante; el psicoanálisis oficial habla en nombre de la experiencia, los disidentes en nombre de la dimensión política del psicoanálisis y los "lacanianos" responden a unos y otros con el saber de Jacques Lacan» (García 2005: 238).

Otra característica del lacanismo relevante para este estudio, y que ha sido marcada ya por la crítica, es su particular «descubrimiento» de la literatura. Esto no significa que, hasta la entrada de las teorías de Lacan, el psicoanálisis en Argentina no se hubiera detenido en los textos literarios ni los hubiera convertido en objeto de estudio. De hecho, la ortodoxa *Revista de la Asociación Psicoanalítica Argentina* incluía ya entonces una gran cantidad de trabajos que se ocupaban fundamentalmente del hecho literario. Sin embargo, la enseñanza de Lacan introdujo una nueva perspectiva para el trabajo con estos materiales.

El crítico Nicolás Rosa –en buena medida lacaniano– comentaba en 1982 este cambio. El psicoanálisis anterior a la irrupción de Lacan, sino se olvidaba de la literatura, tenía hacia ella un interés marginal.

> Preocupados por afianzar una teoría y una práctica que subvertía los saberes instituidos, los psicoanalistas no tuvieron oportunidad de ocuparse del discurso literario. Por otra parte, el empirismo kleiniano, si bien no excluía la aproximación a los textos (recordemos que M. Klein se ocupó en muchas oportunidades de buscar modelos paradigmáticos en la literatura), los ubicaba precisamente, siguiendo una línea trazada por el mismo Freud, como objetos secundarios en relación a la teoría global. (1982: 385)

La literatura entraba, principalmente, como «prueba» universal de la estructuración edípica o como espacio donde anida lo psicopatológico. Incluso para psicoanalistas que manifestaban un interés más explícito por la literatura –como Enrique Pichon-Rivière o Emilio Rodrigué– esta no aportaba más que una confirmación para la teoría, a la manera de la *Gradiva* en la obra de Freud (Jitrik 1999: 22).

La difusión de la enseñanza de Lacan, junto con la aparición de otros modelos interpretativos, cambiaría este panorama. En este sentido, Noé Jitrik ha señalado la importancia de ciertos textos, como «El seminario sobre La carta robada», para la inauguración de un nuevo lenguaje crítico y una nueva relación entre literatura y psicoanálisis (Jitrik 1999: 22-23). Rosa encontraría aquí el comienzo de una nueva etapa para esta relación:

> A partir de la década del 60, reactivado el interés por la teoría analítica a partir de nuevos modelos fenomenológicos, estructurales y semiológicos, comienza una nueva etapa: aparecen lecturas psicoanalíticas comprehensivas de escritores argentinos y simultáneamente el modelo psicoanalítico se «infiltrará» en otros modelos (el sociológico, el estilístico), tratando de fundar lecturas críticas más totalizadoras. (Rosa 1982: 385-386)

Hacia el final del período, el fenómeno del lacanismo en Argentina sufriría grandes cambios. En primer lugar, perdía la presencia de su maestro en 1975, cuando Masotta –tras recibir una amenaza– decidía abandonar Buenos Aires y se instalaba definitivamente en Barcelona. Las cosas cambiaron desde aquel año. En los meses anteriores y posteriores al golpe de estado de 1976, la política represiva oficial llevó a un repliegue de las voces más públicas: «Durante el Proceso los analistas lacanianos, del mismo modo que otros intelectuales, perdieron espacios para debatir y confrontar posiciones teóricas» (Plotkin 2003: 336).

El tono contestatario se iría perdiendo. Esto se debió, en parte, a la nueva realidad política, pero también al hecho de que sus propuestas fueron ganando posiciones más estables en la lucha institucional. Con el tiempo, su lugar en la escena psicoanalítica argentina se consolidaría de manera definitiva.

> Como resultado de la dinámica interna generada durante el Proceso y también de una política agresiva dirigida a la «ocupación de espacios», el psicoanálisis lacaniano se convirtió en la corriente hegemónica del psicoanálisis y la Argentina es hoy uno de los centros mundiales de este tipo de psicoanálisis. El castellano es uno de los lenguajes «oficiales» del movimiento lacaniano. (Plotkin 2003: 339)

Esta consolidación se vería reflejada, entre otros aspectos, en su cada vez mayor inscripción en ámbitos como la universidad, la prensa y la salud pública –un ejemplo de esto es el ingreso de las teorías de Lacan a la Facultad de Psicología de la Universidad de Buenos Aires tras las reformas llevadas a cabo con la llegada de la democracia.

Atrás quedarían los años del «lacanismo de combate». Como enunciara la revista *Cuadernos Sigmund Freud*, en la contratapa del número 5/6 de 1977: «La institución es el acto fallido que permite pasar del saber del goce (que flota en la práctica) al goce de un saber (que habla en la transmisión)» (Aa.Vv. 1977:

241). Ese paso, de un saber del goce a un goce del saber, es el que realizó el lacanismo en los últimos años del período que me ocupa.

Pero fue a principios de los setenta, en el momento más intenso de aquel lacanismo de combate, que *Literal* supo construirse a sí misma también a partir de un «otro» definido en la escena psicoanalítica. Si desde su primer número se puede rastrear una presencia fuerte del paradigma lacaniano, lo que implicaba un desacuerdo con otras posiciones dentro del psicoanálisis, no es hasta su segundo volumen que este enfrentamiento se hizo más explícito y dirigido.

Aunque las críticas a otros modelos psicoanalíticos y las consecuencias que esta oposición tuvo a la hora de pensar la literatura y la cultura recorrían todas sus páginas, la construcción de este oponente se concentró en un artículo sin firma, «Documento Literal», el cual se presentaba como texto central y como una declaración de principios de la revista. En cuanto al posicionamiento que se desprendía de este artículo en concreto, ya desde su apertura un epígrafe de Oscar Masotta era revelador de la ubicación marginal o para-institucional que adoptaba *Literal*. «Todo aquí es diferencia. Un autor sospechoso que escribe sobre temas de psicoanálisis sin ser un psicoanalista...» (L2/3: 93). Este lugar de enunciación «sospechoso», ubicado por fuera de toda institución, que retomaba el posicionamiento intelectual de su maestro, es el que se desarrollaba luego en el artículo.

Desde el margen, se arremetía contra el centro. En primer lugar, el «otro» encarnaba lo que hubiera de normativo en saberes que tradicionalmente compartían el objeto del psicoanálisis. Así es como la crítica estaba dirigida, por un lado, hacia aquella psiquiatría que «introduce una taxonomía donde la nosografía se transforma en fichero policial», es decir, la psiquiatría pesada de los aparatos sanitarios del estado, «tan "peronista" como el estado que la soporta y del que seguirá siendo un soporte», y por el otro, hacia la psicología de «los prejuicios del desarrollo que introducen diques de maduración y criterios "conductistas" de adaptación impensables desde el psicoanálisis» (L2/3: 95-99). Estos saberes, que no compartían el acercamiento psicoanalítico, no podían por definición dar cuenta de la realidad que este otro saber ponía sobre la mesa.

Por otra parte, el propio psicoanálisis –ciertas corrientes dentro de él– también estaba en tela de juicio. Se trataba, por supuesto, de un psicoanálisis distinto al de orientación lacaniana, un psicoanálisis «de cuarta» –tan normativo y tranquilizador como la psiquiatría–, un psicoanálisis que cumplía «la función policial de someter los *valores* del goce a los *bienes* sociales de la reproducción» y que perseguía la «eficacia» antes que la «verdad» (L2/3: 116-117)[14].

Más allá de los usos particulares del saber, la primera institución contra la que arremetía *Literal* era, lógicamente, aquella que representaba al psicoanálisis oficial. La APA, con su psicoanálisis de corte kleiniano, siempre «*velando* (por) la subjetividad» del analista, era definida como una autoridad que se imponía y reprimía el saber, como una institución que «siempre está con el bien» y que no toleraba «la inhumanidad de la *posición* lacaniana». Dentro de la APA, el analista debía «identificarse con las teorías oficiales, con el estilo de control, con las ideas del didacta, con los colegas de éxito, con el pasado y el futuro de la Institución, con los blasones desplegados por la clase» (L2/3: 102-112).

Aparecido este artículo en 1975, se habrían podido escuchar en estas críticas un eco de las rupturas que pocos años antes habían tenido lugar en el interior de la APA. No obstante, *Literal* ya había dejado en claro que su propuesta se separaba también de las nuevos grupos (Plataforma, Documento) que renegaban de la asociación. Su acre invectiva también iba dirigida hacia «quienes pretenden adoptar una posición revolucionaria en psicoanálisis» mediante «el suplemento del marxismo» pero «no se han detenido a sacar las consecuencias de la subordinación del mismo [el psicoanálisis] a la medicina», es decir, hacia esa «militancia de extramuro que no modifica para nada el campo institucional donde los bien pensantes realizan sus hazañas» (L2/3: 95-96). Estos nuevos grupos –sostenía *Literal*– pretenden superar la práctica individual del psicoanálisis pero no saben que «fundar nuevos privilegios no implica, de por sí, una ruptura con la jerarquías: las licencias de *unba* no son más revolucionarias que las insignias de *apa*, desconocer el psicoanálisis no es ni mejor ni peor que conocerlo mal» (L2/3: 97-98).

Las siglas –deliberadamente en minúscula, como para descolocar lo que hubiera de blasón en ellas– encarnaban la jerarquía y la disciplina de las que renegaban los miembros de *Literal*. En definitiva, como ya sostuvo Perlongher, «estos literatos entraban en choque con la exigencia de una disciplinante formación en los pupitres de las sociedades psicoanalíticas oficiales» (Perlongher 1995: 132). Y así como sucedía en la escena literaria, la manifestación de estos oponentes

---

[14] En «La palabra fuera de lugar» se hacía una «sugerencia» para una mejor comprensión de la obra de Osvaldo Lamborghini: «Los *profesionantes* de un psicoanálisis de cuarta pueden consultar el rubro analidad en el catálogo general del buen Fenichel» (L2/3: 25). Un año antes se había publicado en Buenos Aires la *Teoría psicoanalítica de las neurosis* de Otto Fenichel, donde se incluía una extensa clasificación de las neurosis. Este autor volvería a ser atacado de manera indirecta en las críticas dirigidas al freudomarxismo.

permitía a *Literal* sostener su enunciado desde una colocación marginal, la cual era solidaria de su aparato teórico y de cierto discurso intelectual de la época.

Si bien es cierto que en los primeros años setenta Jacques Lacan distaba de ser un autor marginal en el medio intelectual francés, es cierto que su teoría sí lo era en las instituciones psicoanalíticas argentinas. Y esto fue lo que, siguiendo los pasos de Masotta, le permitió a *Literal* utilizar su nombre –el de Lacan, ya consagrado– para irrumpir en escena, legitimando allá lejos el propio discurso y manteniendo su voluntad de negatividad, su efecto de choque, en el ámbito local.

Contra el delirio realista

> La multiplicidad de las escrituras instituye una Literatura nueva en la medida en que inventa un lenguaje sólo para ser proyecto: la Literatura deviene utopía del lenguaje. – (Barthes)
>
> Fernández

En lo que atañe a la literatura, también nos encontramos con un fenómeno que nos puede servir para definir un período, enmarcar la intervención de *Literal* en los debates de su época, e identificar sus oponentes estrictamente literarios. No se trata de un hecho tan fácil de delimitar como pueden ser, vistas en perspectiva, la aparición de agrupaciones políticas y la irrupción del lacanismo en la escena intelectual –la literatura es más refractaria que la política y el psicoanálisis al orden doctrinal y las formaciones institucionales–. No obstante, es posible señalar la aparición, hacia fines de los años sesenta, de una serie de textos que, sin establecer necesariamente una complicidad o un diálogo expreso, compartían ciertos rasgos formales y una misma orientación hacia la literatura consolidada de la época; son estos textos los que constituyen el fenómeno literario que intento señalar. Me refiero a obras como *Sumbosa* (1967) de Anibal Ford, *Memoria de aventura metafísica* (1968) de Oscar del Barco, *El fiord* (1969) de Osvaldo Lamborghini, *Cancha rayada* (1969) de Germán García, *Cuerpo sin armazón* (1970) de Oscar Steimberg o *El frasquito* (1973) de Luis Gusman.

Esta breve lista, de carácter ejemplar más que exhaustivo, reúne textos que, aun siendo muy disímiles entre sí, manifiestan un mismo empeño, una búsqueda que pasaría tanto por la experimentación con nuevos modelos narrativos como por un cambio en el modo de hacer e incluso de pensar la literatura. Son obras que se pueden incluir entre aquellas que, en palabras de Noé Jitrik, «imprimieron una marca crítica muy fuerte en un sistema que navegaba en la plena euforia del "boom" latinoamericano, la novela histórica y la denuncia social» (1999: 23). Se trataba de una «Literatura nueva».

Pero si estos textos compartieron esta «marca crítica» y un cierto grado de experimentación narrativa, hay que reconocer que lo hicieron cada uno a su manera. En cierta medida, la convergencia de dichos autores se puede justificar, antes que por un proyecto estético común, por una perspectiva creada por la propia circulación y recepción de sus textos. Esta circulación –que tuvo lugar en espacios y ámbitos tan heterogéneos como librerías, revistas, bares o grupos de estudio– podía resumirse en la participación de la mayoría de ellos en *Literal* –con la excepción de Anibal Ford, todos los mencionados en la lista anterior participaron en esta publicación, ya sea como editores o colaboradores ocasionales–. Sin embargo, la mera coincidencia de sus nombres en las páginas de la revista no da cuenta de todas las afinidades o reverberaciones que sus textos provocaban entre sí. Había algo más.

En su comentario sobre el *El fiord* citado anteriormente, Perlongher señalaba en los alrededores del texto de Lamborghini «un movimiento o flujo escritural que llegó a nuclearse en las páginas de la revista *Literal*» (1995: 131). Este «flujo escritural» –esta «vibración secreta», como la llamaría más adelante Noé Jitrik– establece el hecho literario que quiero destacar y es el resultado del roce de diferentes cuerdas. Una de estas cuerdas es sin duda la noción –tan años setenta, tan en correspondencia con las formulaciones teóricas de la época– de «escritura».

Tomándola como categoría descriptiva, se puede asignar, en mayor o menor medida, a cada uno de los textos. Ya en su prólogo a la primera edición del libro de Steimberg, *Cuerpo sin armazón*, Oscar Masotta notaba en la obra «una saludable degradación de la *literatura* en *escritura*» (Masotta, 1969:10). Esto consistía en la soberanía otorgada a la palabra en detrimento de los elementos «fuertes» de la narrativa, como el referente, la representación, la moral, la estructura, la retórica o la recepción (Jitrik 1999: 26). Esta degradación, esta apuesta por la «escritura», es lo que puede hacerse extensivo a los otros textos, ya sea por la lógica interna de cada relato, ya sea sólo por efecto de una recepción en la que vibraban los ecos de las nuevas teorizaciones acuñadas en Francia, por Jacques Derrida, Roland Barthes o Jacques Lacan, entre otros.

Los ecos de estos autores serán importantes; ellos nos darán la medida del uso del psicoanálisis o de la teoría por parte de la literatura de aquellos años. Jorge Panesi ya ha enunciado este intento, en la década del setenta, «de incorporar al terreno de la producción literaria rasgos que pertenecen a la teoría» (2000a: 35). En relación con esta incorporación, Noé Jitrik señala precisamente el papel que –a través del trabajo de Masotta– jugaron estos «rasgos» en la literatura:

> Se advierte, entonces, que Masotta habla de otra cosa respecto de lo que hablaba antes y que ese hablar convoca a escritores que, tal vez preparados para eso, cortan ciertas amarras con un modo de hacer literatura y comienzan a internarse en zonas que la palabra literatura, al menos en su sentido y alcance corriente e institucionalizado, no comprende; toman distancia respecto de sus propias hablas y entran en el dominio de la escritura (1999: 25).

Este nuevo «dominio», entonces, es el que está operando en estas obras del período. Pero lo hace, cabe aclarar, con un matiz peculiar. «Lo particular de esta hinchazón teórica tachada de elitista –continúa Panesi– es que no desdeña fuertes elementos de la cultura popular, al contrario, se nutre de ella con un gesto de implícita revaloración» (2000a: 36). La puntualización de Panesi es fundamental. La presencia de estos elementos de la cultura popular será uno de los rasgos distintivos de estos escritores, como Luis Gusman, en cuya obra se ha observado «la vinculación de una escritura hiperliteraria, de compleja elaboración formal, a un referente marginal» (Amar Sánchez & Stern & Zubieta 1982: 665). Esta caracterización se podría hacer extensible a otros. La literatura deviene escritura, pero escritura plebeya.

Esta «Literatura nueva» –como la llamaba Germán García a través de la cita de Barthes– se caracterizaba por su fuerte componente de negatividad. Si no había un consenso formal ni un panteón de autores con el que todos estos nuevos escritores pudieran comulgar, sí había en cambio un claro consentimiento en la definición de sus oponentes.

En este sentido, esta literatura se presentaba fundamentalmente como un «ruptura» con los modelos convencionales. De allí la «condición marginal» que le asignara la crítica, que haría referencia tanto a su posición en la escena literaria como, en un sentido más amplio, a su relación con la cultura oficial.

> Esta tónica de la marginalidad autoriza a agruparlos, en un sentido amplio, por su enfrentamiento a todo lo que constituye la cultura oficial y por su alejamiento de los circuitos consagratorios. La marginación asume diversas inflexiones: elección

de una temática «popular» o de una lengua voluntariamente degradada y alejada de todo «buen decir», destrucción de códigos o géneros prestigiosos, por medio de una escritura constituida a partir de la elaboración de los logros formales de la vanguardia. (Amar Sánchez & Stern & Zubieta 1982: 665)

Esta «marginalidad», en la medida en que era intrínseca a la operación literaria que realizaban estos autores, exigía −como he sugerido− la clara definición de un centro, es decir, de un oponente. Estaban allí, en las palabras de Jitrik, los autores consagrados por el «boom» y aquellos otros que apostaban, en cambio, por una estética realista, que navegaban entre la novela histórica y la denuncia social.

Esta última vertiente −«la estética del realismo tradicional que se impone, por estos años, en la fabricación de best-sellers»− fue fundamental para la construcción y definición formal de una nueva literatura que rechazaba justamente las técnicas narrativas de fácil decodificación, la voluntad testimonial y el matiz ideológico coyuntural que se podía traducir en una adscripción al populismo (Amar Sánchez & Stern & Zubieta 1982: 667). Frente a este modelo realista −en el que se inscribían autores como Enrique Medina o Jorge Asís− se levantaban las propuestas antirrepresentativas de esta nueva literatura. La obra de Osvaldo Lamborghini funciona aquí como un buen ejemplo. Si *El fiord*, con sus excesos y su hecatombe lingüística producía una resistencia en sus primeros lectores −lo opuesto a una narrativa de fácil decodificación−, «El niño proletario» se podía leer como una mordaz parodia de esa literatura testimonial cercana al populismo[15].

Además de esta escritura plebeya, otra de las cuerdas que podía provocar aquella «vibración secreta» que animaban estos textos era la sexualidad. Perlongher identificó «como un rasgo común, una tendencia a la sexualización de la escritura» (Perlongher 1995: 132). La narración de escándalos eróticos, placeres pornográficos, iniciaciones sexuales, perversiones, fantasías y escenas de masturbación confluían, con mayor o menor insistencia, en los textos de estos autores. *El fiord* y prácticamente toda la escritura de Lamborghini son nuevamente un buen ejemplo de ello, siendo tal vez el refinamiento de esta tendencia. El escándalo que produjo *Nanina*, de Germán García, gracias a sus abultadas ventas, fue una de las primeras consecuencias de este fenómeno.

---

[15] La crítica lo ha leído efectivamente como «una parodia de la literatura de Boedo, fundamentalmente de *Larvas* y *Vidas proletarias* de Castelnuovo» (Amar Sánchez & Stern & Zubieta 1982: 667).

Esta sexualización de la escritura, de todos modos, debe inscribirse en un marco más amplio que el estrictamente literario. Teniendo en cuenta la visibilidad y la exposición de la sexualidad en aquellos años, y su papel en los procesos de rebelión juvenil tanto en Argentina como en gran parte del mundo occidental, esta tendencia a la sexualización no puede pensarse como exclusiva de un grupo de escritores. En relación con *Cuerpo sin armazón*, Masotta la colocaba, de hecho, entre los flujos de la época:

> ...esa irrupción repentina del lujoso tema del sadismo sexual y su iconografía instrumental, la sempiterna y profunda conexión entre literatura y mal, o la conexión real entre sexo y sadismo o sexo y tortura, cuya reaparición actual al nivel de la ropa femenina y de la moda, como su potencial estético revelado una vez más por las películas de Andy Warhol y las historietas del italiano Guido Crepax, no permite olvidar su inherencia política o histórica. (Masotta 2000: 13-14)

Producto de un *air du temps*, en el que desembocaban Freud, Bataille y la Coca Sarli, esta «irrupción repentina del lujoso tema del sadismo sexual» en la escritura será, no obstante, un elemento importante para acercar las obras de estos autores.

Finalmente, y en relación estrecha con la noción de «escritura» y con esta tendencia a la sexualización, otra clave para leer la complicidad postulada entre estos textos –si no entre todos, entre algunos de ellos– era aquello que Perlongher llamaba el «lacanismo de combate», o mejor dicho, el descubrimiento de aquel lacanismo como un referente válido o un sustrato fértil para la búsqueda literaria.

Como señaló Jitrik, «algunos que quieren escribir descubren hacia mediados de los sesenta en el psicoanálisis lacaniano un discurso que valida la escritura y, aun más, que permite comprender el alcance y el sentido de la letra» (1999: 25). El psicoanálisis lacaniano se convirtió, entonces, si no en fuente de inspiración directa –cosa dudosa y de difícil comprobación–, sí en «una especie de horizonte de inteligibilidad» para estos autores, en un «sistema explicativo que, a falta de normalizar, parece autorizar una expresión transgresiva –sexual y discursivamente–» (Premat 2008: 122).

Este fenómeno tuvo efectos sobre la literatura, y por tanto también los tuvo sobre la crítica. No se trataba sólo de que el psicoanálisis, renovado por el aliento de Lacan, había descubierto –como señaláramos antes– una nueva productividad en el hecho literario, sino que la crítica también había encontrado en el psicoanálisis lacaniano un nuevo discurso para reformular sus posiciones.

Nicolás Rosa describió los efectos del lacanismo en la crítica de la siguiente manera:

> La entrada de la línea lacaniana, su fragor, sus luchas, su política, reacomoda ostensiblemente el campo de circulación de la teoría psicoanalítica en nuestra cultura. La pasión lacaniana por las palabras –que según alguna herejía postlacaniana conduce del consultorio a la biblioteca– debía tener efectos sobre la crítica literaria; es más, recomponiendo la relación lengua-sujeto, escritura-objeto y saber (crítico), deseo y deseo de saber, privilegiando el *goce* frente al *placer*, entronizando a *escena-otra* (el inconsciente) como eje central de la teoría y arrumbando el preconsciente en las fronteras nunca precisas de la tópica freudiana, debía necesariamente invertir la relación del discurso crítico y la obra literaria. (1982: 390)

Títulos que se inscribían en esta variación del discurso crítico eran, por ejemplo, los publicados por Josefina Ludmer en la década de los setenta –*Cien años de soledad: una interpretación* (1972) y *Onetti: los procesos de construcción del relato* (1977)–, o *Macedonio Fernández: la escritura en objeto* (1975) de Germán García, libros cuyo eje privilegiado era el psicoanálisis.

Literatura degradada en escritura, estética antirrepresentativa, sexualización de los textos, uso del discurso psicoanalítico. Estas notas comprenden el acorde que reúne esta serie de textos, textos que provocaron un torcimiento en la escena literaria hacia fines de los años sesenta y durante la década siguiente. Es en este sentido que la aparición de estos textos –en 1967, en 1968, etcétera– marcaron el comienzo de un período que nos sirve como trasfondo para la intervención de *Literal*.

Se trata de un comienzo artificial, indudablemente, diseñado más bien por el estudio retrospectivo, puesto que en literatura es muy difícil hablar de verdaderas rupturas, verdaderos comienzos. De hecho, tanto el proyecto estético de Julio Cortázar como la relectura, en otros casos, de Macedonio Fernández estarían haciendo juego en algunas de estas prosas, trazando así una red de continuidades que se podría extender a otros autores. Y sin embargo, no estaríamos ante epígonos de Cortázar, lugar ya ocupado por otros contemporáneos –por ejemplo, Néstor Sánchez–, ni de Macedonio Fernández, aunque su nombre fuera moneda de gran valor para algunos. Estos escritores estarían efectivamente inaugurando un nuevo espacio en la literatura, un nuevo espacio que se puede definir tal vez a partir de aquella noción de «escritura», en la que –para volver al prólogo de Masotta– «no son las ideas las que permanecen, sino la materialidad de las formas» (Masotta 2000: 10), un nuevo espacio que está definido desde el comienzo por una gran impronta teórica, si no siempre en la gestación sí en las instancias de circulación y recepción de los textos[16].

Fue en este escenario donde apareció *Literal* y donde encontró las palabras para definir a su gran antagonista literario, la estética realista. A lo largo de todos los números de la revista –incluso en el último volumen– resonaba constantemente una crítica al realismo, a un realismo entendido como «literatura metonímica» apoyada con fuerza en el contexto, e interpretado como «sufrimiento realista», es decir, un realismo que suponía una realidad siempre «dura», un realismo que se convertía en «imperialismo de la representación realista», en el «delirio realista de duplicar el mundo» que «mantiene una estrecha relación con el deseo de someterse a un orden claro y transparente donde quedaría suprimida la ambigüedad del lenguaje; su sobreabundancia, mejor dicho» (L1: 6, 27, 57-59; L2/3: 10-11, 13-14, 19, 145, 148).

El realismo, por supuesto, tenía una multiplicidad de vertientes. En este caso, el modelo se especificaba a través de elementos que iban más allá de lo estrictamente formal. Quiero decir, el realismo contra el que conspiraba *Literal* era una estética que no podía pensarse por fuera de una ética determinada y que establecía una idea de la literatura como «denuncia» o «testimonio», asociada siempre al periodismo, literatura que se sostenía en una ilusión de realidad y que asignaba al texto literario una «función social» (L1: 6-7, 43; L2/3: 13-14). Por detrás, sobrevolaba la moral del compromiso que imponía al escritor una «misión», un «sacrificio» (L1: 7, 58; L2/3: 19), esa moral que se leía como correlativa de la «negación de una separación insoportable» de la madre, de la naturaleza, del otro (L2/3: 30), y que llevaba a «mimar» lo social y evitar lo que hay de «proyecto antisocial» en la literatura (L2/3: 61, 148).

De acuerdo a esta actitud hacia lo social, el compromiso de esta literatura realista estaba lejos de un proyecto realmente revolucionario. Al contrario, este compromiso era entendido por *Literal* como un pacto con «la escritura burguesa de los medios de comunicación» y era solidario de una identificación con el proletariado que no era más que un regodeo «con los sufrimientos de los oprimidos mediante la coartada masoquista de sentirlos, como diríamos: "en carne propia"» (L2/3: 147).

Esta estética realista, esta manera de entender la literatura, ocupaba –como ya hemos señalado– un lugar destacado en la literatura argentina de la época,

---

[16] Esta circulación de todos modos estuvo moldeada por los propios textos, en parte a través de guiños –teóricos o simplemente literarios– dirigidos al lector, reafirmados en algunos casos por la presencia de prólogos y epílogos, en parte por la colocación del autor en la escena literaria.

lo cual daba más fuerza al efecto de choque que la revista intentaba provocar. En un análisis posterior, pero en los mismos términos que los de entonces, Jorge Quiroga, colaborador y miembro de la *Literal*, presentaría dicha estética como la matriz de una época:

> ...en *Literal* mantuvimos una feroz controversia con la época en la que nos tocó actuar. *Literal* negó de manera contundente las lecturas del imaginario de su tiempo. Cuestionó la visión realista/populista de entender a la Literatura como una noticia que mima lo real. (Quiroga 1994: 40)

De esta forma, el ataque no estaba dirigido a un autor o a un grupo determinado, sino a «la porción mayor de la literatura y la crítica que hoy se escribe en la Argentina», una literatura «afirmada en la tradición derivada de la humanística antropoide de los Derechos del Hombre: un progresismo perruno y tartajeante, componente inseparable de la "lealtad a la época", siempre desgarrada» (L2/3: 61). Así, todo el escenario literario quedaba organizado por una reducción dicotómica que enfrentaba a *Literal* y a las propuestas afines –verbigracia Macedonio Fernández– con unos «funcionarios de la literatura» caracterizados por una vocación oblativa que los obligaba «a satisfacer siempre –y de cualquier forma– el deseo del prójimo», unos escritores que no se olvidaban nunca «de narrar al lector en el momento de comprar el libro», que hacían de la posteridad el certificado de «buena conducta» que los justificaba y que convertían a la literatura en un «parque nacional» donde el lenguaje iba de vacaciones en los momentos que le dejaban el comercio, la guerra, la ciencia, la política, la moral y las buenas costumbres (L2/3: 23-26). En definitiva, *Literal* buscaba definir así a los escritores del «bien», autores de libros vacíos y perfectos, contra los que se proponía una escritura del «mal».

Finalmente, cabe señalar una continuación en lo estilístico de este antagonismo. Si lo que dominaba era la crítica al realismo entendido como «denuncia», puesto que implicaba una subordinación de la literatura a la coyuntura del momento, esta crítica alcanzaba al dominio de la escritura. La literatura de las «buenas intenciones», del «tanguito de obrero, pueblo, pan y justicia», era al mismo tiempo la literatura de la sencillez, de la transparencia, características que tendrían que ver con la vocación militante de tales escritores que «gustan del alucinatorio compromiso con el llamado hombre concreto: estas buenas intenciones los conducen hasta el altar y la celebración de un sagrado matrimonio con los dictados del poder en materia de escritura» (L2/3: 61-62). Frente a este modelo de escritura «sencilla» se levantaba *Literal*.

En un poema publicado en el segundo volumen, Osvaldo Lamborghini se preguntaba retóricamente:

> ¿Por qué no somos sencillos
> por qué no somos transparentes
> por qué no somos puros y buenos
> como el pueblo
> como las buenas gentes? (Lamborghini 1975: 140)

Lamborghini ofrecía una posible respuesta a esta pregunta en el mismo poema. Venía por el lado de la ambigüedad irreductible del lenguaje, por la insistencia en la rima y el juego de palabras, y por el goce lingüístico que abría un nuevo campo del saber, elementos todos que para los «otros» –para los autores del realismo– se limitaban –en el poema– al «improperio»[17].

> Iris irisente iris de arco
> de un solo violín al pelo
> al introducir ella la mano en la pecera
> juguetea con ardor
> abre un campo del saber y un magisterio:
> desabrocha este botón y demuestra
> la existencia de un solo color de goce en la palestra
> pero que todo el mundo limita al improperio. (Lamborghini 1975: 144)

Estas funciones del lenguaje que he señalado en el poema –ambigüedad, rima, juego de palabras, goce lingüístico–, y que estaban en tensión con la estética realista que la revista impugnaba, funcionan como un resumen de los argumentos presentados por *Literal* como obra colectiva ante su oponente literario, ese «orden claro y transparente donde quedaría suprimida la ambigüedad del lenguaje».

Junto a este gran oponente, podemos encontrar –ocupando tal vez un papel menor pero confirmando su voluntad de ruptura en todos los frentes– la construcción de un adversario en la crítica literaria de su época. En este ámbito, la revista realizaba en sus primeros números una unificación desmedida de las distintas líneas que discurrían por aquel entonces. La exclusión de los circuitos de edición de aquellos textos literarios que la revista venía a publicar era el pretexto de un ataque generalizado.

---

[17] ¿El goce lingüístico abría un nuevo campo del saber o era este nuevo campo del saber el que abría el goce lingüístico?

En «El resto del texto», un artículo de *Literal 1* en el que resonaban algo más que ecos lacanianos y barthesianos, la revista condenaba a aquella crítica literaria entendida como mera «descripción o explicitación estructural» que no podía dar cuenta de los «restos» de la literatura, de sus «residuos». El ataque estaba dirigido al trabajo crítico «tal como lo conocemos en la actualidad (con sus variantes psicoanalíticas, lingüísticas, antropológicas, sociológicas, que brindan cada vez más pobreza y dejan cada vez más restos)» (L1: 49-50). Era difícil identificar allí un oponente particular, y hacia el final del mismo número, se ampliaba el espectro y se arremetía ahora contra la crítica comprometida, la crítica de la «conciencia moral» y el doble sacrificio que, en nombre de la ciencia, «escribió una novela tediosa y actancial, temerosa siempre de caer en el desrigor o de ser sorprendida con las manos en la masa de la complacencia autoerótica» y que, en nombre de los proletarios, se ocultaba detrás de la máscara de la política (L1: 121).

Si en un principio los oponentes enmarcados en el ámbito de la crítica no tenían un rostro claramente definido –aunque sus lectores, en ese momento, pudieran reconocerlos–, hubo un debate en aquellos años –originado fuera de la revista pero que tuvo continuidad en sus páginas– que terminó por precisar uno de dichos oponentes. Me refiero al debate entre el psicoanálisis lacaniano y la lingüística estructural, saberes que en el ámbito argentino fueron representados por Oscar Masotta y Eliseo Verón, respectivamente[18]. En «La palabra fuera de lugar», una reseña de Germán García de *Sebregondi retrocede* –publicada sin firma en el segundo volumen de la revista–, era desaprobado el lente crítico ofrecido por la lingüística estructural para el análisis de la obra literaria, por su incapacidad para ver aquello que el psicoanálisis, precisamente, venía a mostrar. La influencia de Masotta era directa.

> Cuando el lingüista corta la barra del signo con la elipsis de una ilusión de autonomía, de una mónada cerrada –aunque haya afirmado que sólo hay diferencia–, instituye una etiqueta (digamos, científica) que nos dice que la relación entre significante y significado es contractual, aunque su ciencia no le permita sospechar que todos los contratos son masoquistas. (L2/3, 28)

En el mismo artículo, *Literal* se levantaba contra aquellos que «recomiendan usar las palabras con prudencia, ligar cada significante a un significado»

---

[18] Véase «Massota/Verón en 1970: Una escena polémica entre psicoanálisis y semiótica» de Oscar Steimberg.

y que estarían sometidos a una «compulsión al "sentido"», aquel sentido que «organiza la realidad» (L2/3: 27-31). En el volumen siguiente, un artículo del propio Masotta –«Del lenguaje y el goce»– retomaba una vez más esta polémica.

Con la misma lógica con la que eran atacadas distintas corrientes de la crítica literaria, la invectiva se hacía extensible al «circuito del consumo de la literatura» y «el parloteo de los medios masivos de comunicación» que con su silencio reprimían la circulación de ciertos textos (L1: 105-106; L2/3: 14-24). De hecho, en el último número, el ataque se concentraba en la mala lectura de que habían sido objeto tanto la revista como sus integrantes –a través de sus participaciones en libros publicados, antologías, etcétera–. Esta mala lectura se concentraba en las páginas de diversos medios gráficos: *Todo es historia*, *Panorama*, *Redacción*, *La Opinión* (L4/5: 9-18); lista a la que podemos añadir el semanario *Siete Días*, contra el cual ya se había escrito a propósito de su mala lectura de *El fiord* (L2/3: 23).

En cierta forma, se puede decir que a través de la construcción de este oponente *Literal* –además, por supuesto, de defender las estéticas y la línea teórica que proponía en sus páginas– pretendía encarnar en aquellos años una determinada manera de concebir la función crítica, aquella según la cual el crítico escribe desde «un lugar de permanente incomodidad». Panesi supo condensar esta forma de pensar la crítica:

> ...si algo tiene la función crítica, la función política de cierta crítica que no se deja adormecer en la seguridad ilusoria del confort, de la conformidad y la confortación, es su lugar permanente de incomodidad. La crítica debe descolocarse, desacomodarse para descolocar y desacomodar, por ejemplo, las artes de la colocación, o la posición, de aquello que solemos llamar «una posición política». (2000b: 65)

Esta voluntad de desacomodar las artes de la colocación parece presidir la postura polémica de *Literal*. Queda por evaluar si efectivamente, en su propio trabajo crítico, en sus irregulares intervenciones en este terreno, la revista consiguió encarnar la «función crítica» que propone Panesi. La permanente gravitación de un aparato teórico tomado del discurso lacaniano, con mayor o menor estabilidad, nos hace pensar que, al menos en el ámbito de la crítica, este terminó por convertirse en un lugar «cómodo» desde el cual ejercer su presión y su particular ruptura. Y puede que la percepción de esta comodidad contribuyese a su disolución.

CAMBIO DE CONVERSACIÓN

Si resultaba difícil establecer un comienzo preciso para aquel «flujo escritural» o «vibración secreta» que acompañó la intervención de *Literal* y su polémica con los discursos dominantes de la época, más difícil resulta establecer un final. Desde el momento en que estamos ante una serie de ecos y resonancias, más que ante un grupo consolidado, se puede decir que este flujo se irá cerrando de a poco, en la medida en que se irán apagando las voces que lo componen, en la medida en que la escena se irá desdibujando. La misma revista, con su frecuencia de publicación errática y sus cambios en el comité editorial, parece desdibujarse en lugar de tener un cierre claro.

Viejas intrigas anularían ciertos lazos de amistad. Decisiones personales cancelarían algunas grafías. En otros casos, intervendría la muerte. El endurecimiento de la política, por otra parte, habría contribuido a una modulación de las aristas más provocativas de estos textos. O al contrario, la vuelta de la democracia con su optimismo y su renovado crédito a las instituciones habría dejado fuera de juego algunas posiciones.

Si nos atenemos a los autores que nos ocupan, ya en 1975, después de publicar su novela *La vía regia*, Germán García daba un paso al costado, abandonando la ficción por unos cuantos años, para dedicarse de lleno al psicoanálisis. En una entrevista publicada en el diario *Clarín*, García cuenta los motivos de esta decisión:

> Cuando publiqué *La vía regia*, en 1975, tuve cierto trauma. Salió la crítica: era un comentario elogioso pero, de pronto, paso dos páginas del diario y veo la noticia de Monte Chingolo, con los muertos. Eso me alejó; no había contexto para hacer literatura. Ahí pensé: hay que cambiar. Porque, como dice Joyce: Si no se puede cambiar de país, cambiemos de conversación. Me quedé aquí un tiempo más y escribí *La entrada del psicoanálisis en la Argentina*. Y después, en España, libros de ensayos». (García & Costa 2002)

En 1980, Osvaldo Lamborghini publicaba su último libro –*Poemas*– y moría cinco años más tarde.

En 1983, Luis Gusman publicaba *En el corazón de junio*, novela que funciona como gozne en su obra, como un puente entre aquellos textos –*El frasquito*,

Brillos o *Cuerpo Velado*– que participan más claramente de esta vibración y los de su trabajo posterior[19].

Las otras voces desaparecieron más tarde o más temprano. Debido en parte al eclipse del mismo «vector de circulación» que lo había instaurado, a fines de los años setenta o comienzos de los ochenta este «flujo escritural» se silenció por completo, o cambió tanto que resultaría irreconocible.

---

[19] Esta función de bisagra, esta doble ubicación de la novela, está relacionada con su doble edición. *En el corazón de junio* se publicó por primera vez en 1983. Al reeditarla, en 1999, Gusman realizó una serie de cambios en el texto. En la «Nota de autor» de la segunda edición, reconocía en la primera una «incógnita temática», una «ausencia de trama» y «un exceso de confianza, más en los signos dirigidos al lector que en la literatura» (Gusman 1999: 9-10). Algunos de estos signos –que se pueden sintetizar en las referencias y guiños literarios del texto, los cuales llevaron a Nora Catelli a pensar la novela como una «imposición teórica» (Catelli 1983: 46)– son los que serían corregidos en la edición de 1999. La confianza, en la obra de Gusman, había pasado de «los signos dirigidos al lector» a la literatura misma.

Usos de Lacan

La instancia de la letra en la literatura o la razón desde Lacan

> Todo es cuestión de lenguaje o el lenguaje está fuera de cuestión y la literatura es imposible.
>
> *Literal*

Como ya ha sido sugerido, la reflexión que *Literal* introdujo sobre la literatura no puede separarse de la dimensión que adquiriera la materialidad del lenguaje en el corpus lacaniano. La supremacía del significante y la noción de letra fueron en buena medida los carriles por donde circuló esta reflexión, y las consecuencias que estas ideas suponían para los modos de pensar el sujeto, para la posibilidad o imposibilidad de una comunicación plena, transparente, fueron –entre otras cosas– volcadas por la revista en su crítica al modelo de una literatura comprometida, voluntariosa o bienpensante, y en su afirmación de una literatura levantada no tanto sobre una moral propia como sobre lo que podríamos llamar una ética de la letra.

La letra –o la carta– ha circulado por todos los números de *Literal*[1]. Apareció en distintos momentos, con diferentes funciones y matices, pero siempre con la marca que reenviaba el término al terreno lacaniano. Para ese entonces, la carta ya circulaba en Buenos Aires de mano en mano desde hacía unos años: entre julio y agosto de 1969, Masotta había dictado en el Instituto Torcuato Di Tella un seminario sobre el seminario de Lacan sobre el cuento de Edgar Allan Poe «La carta robada». Al año siguiente era publicado un resumen escrito de

---

[1] Aunque la bibliografía escrita sobre la obra de Lacan en castellano ya lo señala, creo importante recordar la imposibilidad de traducir a esta lengua el término «lettre», que hace referencia tanto a la letra como a la carta, y que nos recuerda –a través de esta última– los recorridos y la ineludible materialidad del mensaje. Utilizo en castellano el término «letra» por ser el adoptado por dicha bibliografía y, por supuesto, por los autores de *Literal*.

estas lecciones en *Introducción a la lectura de Jacques Lacan*, uno de los primeros libros escritos en la Argentina enteramente dedicados a la teoría de Lacan. La traducción al castellano de los *Écrits* todavía no se había publicado.

En su exposición, Masotta ponía sobre la mesa una cuidadosa lectura de la obra lacaniana a través de un comentario del texto que abría los *Écrits*, «Le séminaire sur "La lettre volée"». En este comentario, la supremacía del significante sobre el significado adquiría desde el principio un papel central. Para Masotta, Lacan proponía volver al lenguaje, vale decir, al lenguaje verbal, y con esta salvedad ponía el énfasis sobre el soporte material de dicho lenguaje (1974: 17). Más adelante, en una nota al pie, enunciaba la centralidad del significante tanto en el cuento de Poe como –de más está decir– en la teoría de Lacan, convirtiéndolo en su verdadero protagonista: «En verdad el "personaje" central del cuento, según la interpretación de Lacan, no es otro que el significante, esto es, la carta: sus avatares, su destino, sus transformaciones, sus fachadas, sus correlaciones con la articulación de cada escena, sus cambios» (1974: 34). La vuelta al lenguaje se daba mediante esa nueva colocación del significante. Y luego resumía: «el freudismo no es una teoría sobre las funciones del significado, sino una teoría sobre las articulaciones del significante» (1974: 62). Todo el desarrollo del libro consistía, de hecho, en el estudio de estas articulaciones.

Esta supremacía del significante que enseñaba Masotta en 1969, con sus consecuencias sobre el sujeto y sobre las funciones del lenguaje, era retomada años más tarde por *Literal*. Caber señalar –aunque pueda resultar obvio– que el propio título de la revista derivaba de esta enseñanza.

Masotta en sus lecciones señalaba una «operación de literalización» en la lectura de Lacan del cuento de Poe, que consistía en leer todo mensaje *a la letra*, de manera *literal*, atendiendo a la dimensión significante del mensaje y buscando con ello socavar el sentido común, dejando así entrever una nueva verdad[2]. Por su parte, *Literal* proponía, desde la literatura, una operación semejante. Se trataba de acentuar la función crítica de la palabra –función condensada en la palabra literaria– que pasaría, precisamente, por la descomposición del

---

[2] En la lectura de Masotta, la «operación de literalización» venía a confirmar en el texto de Poe la fórmula de Lacan según la cual el emisor del mensaje recibe del receptor su propio mensaje de forma invertida. Recordemos que en el cuento, el Ministro –para esconderla de posibles robos o investigaciones policiales– dejaba una carta a la vista de todos, pero en un nuevo sobre que lo tenía a él como destinatario. Masotta, entonces, sostenía que «sólo tomando las conductas del Ministro *a la letra* (y esto es todo lo que Lacan quiere decir) es posible decir que es él quien emite el mensaje cuando escribe su propia dirección sobre el reverso del sobre; y decir que esa dirección, siempre a la letra, lo convierte en receptor de su propio mensaje» (1974: 113).

sentido común. Como ya lo señalara Giordano: «En *Literal* se lee *al pie de la letra*, es decir, en el olvido del sentido común y del buen sentido, en el olvido de los lugares comunes» (Giordano 1999: 66).

Este olvido voluntario del sentido común de las palabras conducía a una crítica hacia la función instrumental del lenguaje. Desnaturalizada la relación del significante con su «buen sentido», con el significado que le asignaba el «sentido común», la palabra se volvía radicalmente ambigua, sobreabundante. La crítica de *Literal* a la estética realista, a un realismo solidario de una ética del compromiso y de una identificación con el proletariado, pasaba en buena medida por la voluntad que se asignaba a este modelo de «terminar con los juegos de palabras».

> …el delirio realista de duplicar el mundo mantiene una estrecha relación con el deseo de someterse a un orden claro y transparente donde quedaría suprimida la ambigüedad del lenguaje: su sobreabundancia, mejor dicho. (L2/3: 148)

Esta sobreabundancia, condición del modo de leer la literatura propuesto por *Literal*, negaba justamente la función instrumental del lenguaje, y así la literatura adquiría su valor crítico.

> *Cuando la palabra se niega a la función instrumental es porque se ha caído de la cadena de montaje de las ideologías reinantes, proponiéndose en ese lugar donde la sociedad no tiene nada que decir.* (L1: 12-13; énfasis del original)

A diferencia del periodismo y del género testimonial, para *Literal*, la literatura no tenía nada que decir, nada que comunicar. Al contrario, la literatura aparecía allí donde la comunicación era imposible, donde el lenguaje fallaba, y por tanto se hacía visible (L1: 20). *Literal* atendía a este volverse visible del lenguaje, justamente porque «la literatura insiste en el lenguaje, en la *mediación* que la palabra instituye, afirmando la imposibilidad de lo real» (L1: 6). Y en tanto visibles, las palabras para *Literal* no eran transparentes, como no lo eran —en la enseñanza de Masotta— ni en el estilo ni en la teoría de Lacan. «En la prosa de Lacan las palabras no son transparentes. Pero tampoco las palabras eran transparentes para Freud; y por lo mismo, tampoco lo son en la teoría lacaniana» (Masotta 1974: 16).

La ilusión de transparencia —sostenía *Literal*— dominaba la relación cotidiana con la palabra, la instrumentalidad de todos los días «donde el lenguaje aliena sus posibilidades en una comunicación irrisoria» (L1: 20). La transparencia suponía así una alienación, que describía la relación entre el sujeto y el lenguaje –«*Ninguno, por el hecho de escribir, sabe todo lo que está diciendo*» (L1: 8)– y que se completaba con la centralidad del significante y sus efectos sobre el sujeto –centralidad y efectos que, en la enseñanza de Masotta, eran precisamente los de la letra.

Es la letra la que, circulando en forma de carta, determina al sujeto, decía Masotta. «La carta no olvida y quien la posee *se trueca en sujeto*, se convierte en el sujeto que deberá soportar los efectos que la carta trasporta» (Masotta 1974: 33). En otras palabras, es la carta la que «rige las entradas y los roles de los personajes» en el relato de Poe y, por extensión, en la teoría lacaniana. Una carta que –en el Lacan de Masotta– aparecía ligada al registro de lo Simbólico o, lo que es lo mismo, al orden de la estructura.

> En tres renglones Lacan enuncia así el todo de su análisis: «es el orden simbólico que, para el sujeto, es constituyente, demostrando a ustedes en una historia la determinación mayor que el sujeto recibe del recorrido de un significante» (LV, p. 12). No es necesario traducir. Se trata de los efectos de determinación que vienen de la estructura, del sujeto sobre el que recaerán esos efectos y del significante, esto es, de aquel que por su recorrido hará posibles tales efectos. En el cuento, el significante es la carta. (Masotta 1974: 29)

Y más adelante, concluía: «En resumen, el sujeto en tanto parte "activa" en el interior de cada escena, está "pasivamente" ligado al registro de lo Simbólico o, lo que es lo mismo, al orden de la estructura» (Masotta 1974: 30).

Literal tomaba esta sujeción pasiva del sujeto para cuestionar cualquier actitud voluntariosa por parte de una literatura comprometida. ¿Cómo intentar hacer el bien a través de la literatura cuando lo que la distingue, precisamente, es el juego insistente con estos efectos de la estructura sobre el sujeto, es decir, con los efectos del lenguaje sobre quien pretende dominarlo y en realidad está ligado a él «pasivamente»?

> La literatura (en todas sus manifestaciones) es una variante infinita de esa ironía que explica de qué manera detrás de la postura de amos del lenguaje, aparece la sumisión a una palabra que siempre se anticipa. (L1: 13)

Las palabras siempre querían decir algo más. El sentido buscado por el autor aparecía siempre desviado por los efectos del lenguaje; y negar esto era negar la literatura: «La satisfacción que produce la escritura no puede ubicarse fuera de ella, en alguna finalidad, en la impensable teología de un *sentido*» (L2/3: 9; énfasis del original). En cambio, la satisfacción se encontraba en el movimiento mismo de sus formas, en el azar de sus conexiones, en «el juego determinado −pero incierto− de sus inclusiones y exclusiones», en «el juego posible del lenguaje que conlleva la experiencia de un goce inherente» (L2/3: 9). Y este juego no era introducido por el autor, sino que siempre estaba ahí, anterior a todo texto.

El sujeto de *Literal* era como el sujeto lacaniano que «sólo habla a condición de ser hablado» (Masotta 1974: 72), y en ello se definía su «condición textual», ineludible y anterior a él, a su nacimiento.

> ¿En qué embriaguez, en qué pérdida de razón, fue firmado el contrato de la lengua? Se trata de un contrato firmado (por nadie) siempre por los padres de los padres. Es decir, la *condición* textual remite a la buena letra familiar, el superyó del hijo al superyó de los padres: el contratante ha sido contratado, el etiquetante viene desde siempre etiquetado. (L2/3: 28)

Siguiendo en la vertiente lacaniana propuesta por Masotta, el sujeto etiquetado −es decir, determinado por el significante− era un sujeto escindido, definido desde los orígenes por una falta, «porque hay una falta fundamental en la constitución de todo lenguaje» (L1: 59).

Masotta afirmaba:

> …toda posibilidad de elección en el interior de la estructura queda definida por la falla o falta que define al sujeto, esto es, por la imposibilidad de la adecuación del «ser» al «ser». El «ser» y el «signo» aparecen, *«por los efectos de los orígenes»*, *«maravillosamente desunidos»*. (Masotta 1974: 57; énfasis del original).

Y en el campo de la literatura, en su propio campo de batalla, allí donde se enfrentaba con la literatura comprometida, *Literal* rescribía esta desunión, esta separación que definía al sujeto, buscando poner en evidencia el caracter restitutivo, conciliador, idealista del discurso del compromiso. Lo hacía, de manera concreta, en un pasaje del comentario sobre *Sebregondi retrocede*:

> Escribir en el cuerpo del niño preletario [sic] la historia de una venganza «familiar» (después de quemar la letra impresa de sus diarios) es desenmascarar la idealización de una clase por otra, donde la obsesión de compromiso es correlativa de la negación de una separación insoportable. Separación de la madre, pero también de la naturaleza. Separación del otro, pero también de sí mismo. Borrar la escisión, tender las redes, trazar los puentes, será la obsesión del compromiso. (L2/3: 30)

A diferencia del «compromiso», *Literal* afirmaba esta escisión y esta falta: «Hay un lugar vacío y hay el desplazamiento constante de una pieza…» (L1: 11). Pero los afirmaba, vale aclarar, no como elementos positivos que hubiera que promover sino como características estructurales del sujeto, y por ende, inevitables. Como veremos, tanto esta escisión como la letra se encontraban más allá del bien y del mal, más allá de toda moral.

Negar esta falta, negar el lugar vacío irreductible que sostendría el juego de la cadena significante, implicaba caer en una ilusión, como lo hacía no sólo el discurso del compromiso –en la literatura– sino también el populismo –en la política–. A diferencia de este último, como sugiere Giordano, *Literal* afirmaba el valor de una carencia insuperable como condición para cualquier política futura, rechazando la ilusión populista de una totalidad social completa y verdadera impuesta como valor superior (Giordano 1999: 69).

Esta falta estructural, que regía el juego de la letra y del significante y que se originaba con la aparición de estos, servía a *Literal* para vehiculizar también su impugnación de la crítica contemporánea. El carácter incompleto de la estructura se traducía en la imposibilidad de un sistema de lectura capaz de totalizar el texto literario, y de esta manera *Literal* pretendía socavar las distintas corrientes críticas, incluidos el estructuralismo y el psicoanálisis aplicado a la literatura. Lo hacía mediante la noción de «resto».

El juego de la letra, la circulación de la carta, producía un excedente, un resto. El propio Lacan había tematizado este resto en su seminario sobre «La carta robada» con una observación que luego ampliaría en su artículo sobre la vida y la obra de André Gide.

> Si pudiese decirse que una carta ha llenado su destino después de haber cumplido su función, la ceremonia de devolver las cartas estaría menos en boga como clausura de la extinción de los juegos de las fiestas del amor. (Lacan 2002b: 20)

Esta ceremonia a la que hacía referencia Lacan daba cuenta precisamente de ese resto que toda carta contiene y que queda más allá de la operación propiamente significante del mensaje. Este resto es ese pedazo de papel escrito, que en el caso de la ceremonia de devolución, retorna a las manos de quien lo envía. Las cartas devueltas son, entonces, el residuo del circuito del mensaje, residuo que permite a Lacan dar a la carta –a la letra– un valor de objeto irreductible. El destino de la carta no es –en palabras de Lacan– otra cosa que la *poubelle*, el cesto de la basura. Y la *poubelle* no es un tesoro –el tesoro del significante– sino un deshecho producido por el circuito significante, el deshecho por excelencia, sin ninguna función: el malentendido, el excedente, el goce[3].

Literal recuperaba este desecho en «El resto del texto», donde se señalaba justamente la limitación constitutiva de todo aparato de lectura, rebasado por este suplemento que descansa en todo texto.

> Una vez «formalizado» el texto e inscripto en cierta teoría, una vez sometido al proceso que consiste, por parte del enunciador del discurso crítico, en esclavizarse a él para dominarlo, queda un resto no totalizable, no semantizable, no representable, no filtrable. Este resto rompe la impenetrabilidad de todo «modelo crítico» y de toda «aplicación»; se lo llama el «desperdicio» del texto: es, en realidad, su potencia. [...] Porque, y precisamente por lo paradójico, el residuo es, en realidad, no un resto sino un demás, un añadido y un suplemento (en) el texto. Lo que no quiere decir nada para el discurso crítico, lo no justificable (ni siquiera a partir de otros textos, en una intertextualidad generalizada), lo imposible de «traducir»: lo que no produce sentido, sino sólo desconocimiento. Y cuando ese demás se niega a la utilización abre a la traducción al intercambio la posibilidad de su uso inmediato, del juego de sus elementos: su goce. (L1: 47-50)

Esta afirmación del «resto» del texto buscaba señalar, precisamente, las limitaciones del trabajo crítico y permitía enunciar –ya que no interpretar– algo que sería propio de la literatura. De alguna manera, este resto del texto, junto al juego determinado pero incierto del lenguaje, nos permite afirmar –tal como propone Jitrik– que el entramado teórico del psicoanálisis aparecía en *Literal* allí donde las explicaciones provenientes de otros aparatos (marxismo, teoría del compromiso, etcétera) no insistían ni tenían nada que decir, es decir, allí donde se trataba de especificar el hecho literario o determinar la singularidad de la literatura (Jitrik 1999: 20). Lo literario, entonces, pasaba por aquel juego, y por este resto que abría la posibilidad del goce.

Ahora bien, ¿cuáles eran las consecuencias de esta afirmación en el texto literario de un «resto» no semantizable? En la medida en que este resto se planteaba como no asimilable por ningún aparato de lectura, para la crítica implicaba –cuando esta afirmación del resto era llevada al extremo– tal vez

---

[3] Este resto es aquello que surge cuando se piensa la letra desde el registro de lo Real. Rabaté, citando a Zizek, lo formula de la siguiente manera: «La letra se convierte en un objeto en exceso, un peligroso suplemento que tiene que ser puesto en reposo, el malicioso regocijo de un *goce* que no tiene nombre ni función clara» (Rabaté 2007: 95).

no su desaparición, pero sí una suerte de «degradación» en literatura: la crítica convertida en transcripción.

> Son pensables textos en los que el desperdicio se agiganta, en los que emerge como lo único constitutivo: textos hechos meramente de restos, [...] textos-restos, cuya única posibilidad de hablar de ellos y del goce que producen sea, después de arduo trabajo, la de Pierre Menard, no novelista, no autor sino lector de *El Quijote*: la transcripción. (L1: 51-52)

¿Pero había realmente lugar para la crítica en este modelo? ¿Proponía *Literal* una crítica acorde a esta reflexión acerca de un resto no semantizable? Pensando la literatura desde este particular aspecto de la letra, desde esta idea de resto irreductible, la crítica literaria propuesta por *Literal* –por lo menos en sus intervenciones más emblemáticas, es decir, la lectura de *Sebregondi retrocede* y los artículos sobre Macedonio Fernández publicados en los dos primeros volúmenes– podía ser considerada como una de esas «variantes psicoanalíticas» que dejaban cada vez más restos. Si bien no coincidían con las interpretaciones psicoanalíticas convencionales, estas lecturas no dejaban de asignar a los textos un sentido –más o menos estable– desde una perspectiva de inspiración lacaniana.

Pero si para la crítica planteaba un problema de difícil solución, por el lado de la literatura, en cambio, esta exaltación del resto era –en lo que hace a *Literal*– mucho más redituable. La posibilidad de pensar un texto hecho de restos –posibilidad inspirada, recordemos, en un sujeto lacaniano que sufría los efectos de la letra– explicaba y legitimaba la estética que practicaban muchos de los miembros de la revista. La escritura «de la dispersión», la escritura experimental de este «grupo», encontraba así, en el aparato teórico lacaniano, un vector de circulación y un punto de apoyo para afirmarse contra su oponente, la estética realista. Encontraba también, paradójicamente, un aparato de lectura.

Una de las principales críticas al «sufrimiento realista» –entendido como un regodearse «con los sufrimientos de los oprimidos mediante la coartada masoquista de sentirlos, como diríamos: "en carne propia"» (L2/3: 147)– pasaba por su adecuación a una moral del compromiso, animada por «el viejo trapecio de lo bello y lo útil» y por la voluntad de «hacer el bien», que terminaba reprimiendo esas otras literaturas que no compartían la causa –la escritura, el lenguaje mismo, para *Literal*–. Frente a esta moral, se afirmaba una ética de la letra.

Como ya hemos señalado, la letra se encontraba más allá del bien y del mal: «Mala o buena la letra instaura un *sentido* y ésta es su condición; malo o bueno, el humano viene del contrato» (L2/3: 28-29). Malicia y bondad no servían para caracterizar los efectos de la letra. Y aquí, una vez más, era retomado un movimiento de Lacan, promovido por Masotta. La moral que se desprendía del realismo comprometido –ocupado en subordinar, en nombre de un bien mayor, el código al referente; lo cual no era otra cosa que la negación de la separación insoportable del sujeto consigo mismo– tenía ecos de ese «moralismo delirante» que Masotta –a través de Lacan– señalaba en la escuela norteamericana, en el «maternage» de los norteamericanos (Masotta 1996c: 32) –también ocupados, en última instancia, en negar esa separación insoportable, en este caso, de la madre.

Frente a este «moralismo delirante», Lacan proponía una ética del psicoanálisis. *Literal*, por su parte, proponía una ética de los efectos literarios, liberada de la ilusión referencial (Giordano 1999: 66), que era subsidiaria de aquella. Ya en su primer número *Literal* afirmaba que «la letra siempre es inmoral» (L1: 120), y en su última aparición reformulaba la idea colocando ya no la letra sino los efectos del lenguaje por fuera de la lógica de la moral, calificándolos de éticos: «El lenguaje es ético porque lo que se articula en la letra tiene fuerza de ley y el exceso que el lenguaje produce es la transgresión de esa ley» (L4/5: 191-192).

Este carácter ético de los efectos del lenguaje, que se jugaba en la transgresión de la ley, le servía a *Literal* para ir en contra de una moral que, en la medida en que imponía hacer el bien, implicaba escribir pensando en el semejante. En lugar de una identificación o una solidaridad con el «pueblo», provocativamente, *Literal* proponía para la literatura un «edicto aristocrático».

> …hoy se impone un edicto aristocrático [...] la negación de toda tentativa de escribir «pensando» en el semejante, en la semejanza, en la reproducción: un salto hacia lo otro y hacia la diferencia. Hay que negar al prójimo y a su verdad. (L2/3: 73)

Esta negación del prójimo retomaba, por otra parte, la enseñanza de Masotta, más precisamente el momento hegeliano que este indicaba en la teoría lacaniana. Ya en 1965, en un artículo que sería incluido más tarde en *Conciencia y estructura*, Masotta relacionaba el componente de agresividad del sujeto –«El sujeto lacaniano, sin cogito, es a la vez un sujeto agresivo»– con la relación de oposición planteada por Hegel según la cual «la conciencia persigue la muerte de la otra conciencia» y que constituía, en Lacan, «el primer momento de la dialéctica del yo y el otro» (Masotta 1996c: 35).

Negar al prójimo y su verdad, reconocer que la conciencia –aunque sea en un primer momento– persigue la muerte de la otra conciencia –planteos en los que resonaban también ecos nietzscheanos–, implicaba para la literatura un nuevo cambio con respecto a los modelos que se presentaban como mayoritarios.

Se trataba de un cambio para el cual Masotta, en 1969, ya había propuesto una fórmula que, de alguna manera, vendría a resumir la operación de *Literal*. En sus lecciones sobre el seminario de «La carta robada» proponía oponer a una «literatura sobre el hombre» –es decir, una literatura sobre el semejante– una «literatura sobre la literatura» (Masotta 1974: 116) –es decir, una literatura de los efectos del lenguaje, una literatura de la letra y de sus restos, de la supremacía del significante y de la falta, una literatura inmoral.

Literal haría eco de esta oposición planteada por Masotta justamente en su primer número, en el ya citado texto que aparecía en su portada: «No se trata del Hombre, ese espantapájaros creado por el liberalismo humanista del siglo pasado: lo que se discute son sus intercambios» (L1: texto de tapa).

EL GOCE DE ALGUNOS

> Freud no enseña –como creen los entendidos– a explicar la literatura, sino a reconocer en la misma una verdad del deseo abierta al Otro para promover el goce de algunos: los que advienen, porque quieren, a la capilla del exceso (aunque esto no sea justo lo que llaman útil).
>
> *Literal*

Se puede decir que en los años anteriores a la aparición de *Literal* el goce estaba en el aire. Ludmer conectó *El fiord* –con sus escenas de goce físico y verbal– a las políticas deseantes de los sesenta, y Perlongher encontró como rasgo común en las obras de quienes harían *Literal* esa «tendencia a la sexualización de la escritura» (Perlongher 1995: 132) mencionada en el capítulo anterior. Esta tendencia, que no se limitaba este grupo de escritores y que –en lo que a ellos concierne– se reconocía ya en las obras anteriores a la revista –*El fiord* y *Sebregondi retrocede* de Lamborghini, *El frasquito* de Gusman, *Nanina* y *Cancha rayada* de García–, continuó desarrollándose durante los años de *Literal*, dentro y fuera de ella. El goce había ingresado decididamente en la literatura argentina. Para Germán García, la «onda» en los sesenta y primera mitad de los setenta –hasta que el golpe de 1976 lo «pudrió» todo– era, precisamente, el terrorismo político y la perversión sexual (Perlongher 1995: 132).

El goce, la perversión sexual, la sexualización de la escritura constituían buena parte de la «onda» para estos escritores. El sexo –por un lado, siempre alejado de los modelos «naturales» orientados a la reproducción, y por el otro, siempre cercano al exceso y la crueldad– aparecía como tema privilegiado en sus obras. Su aparición, por otra parte, no era casual ni gratuita. La representación del goce sexual se ofrecía como una manera de plantearse, a través de la literatura, contra las ataduras morales de la época, y se presentaba como un elemento perturbador. Asignaba, a la literatura que insistía en él, un lugar de enunciación. El goce, en aquellos años, transportaba antes que nada una posición en la escena literaria.

En una primera instancia, se puede decir que este goce llegaba a la literatura a través de la literatura. El primer referente en los sesenta, aunque no siempre fuera invocado o tan siquiera leído, era el Marqués de Sade. Como el goce, Sade estaba en el aire, era objeto de múltiples reediciones, era materia de infinidad de artículos –y no sólo en revistas literarias.

Este retorno a Sade, no obstante, estaba mediado fuertemente por la teoría y la crítica. El fenómeno no se limitaba a la Argentina: al contrario, la moda se había originado en Francia, y el Marqués llegaba a Buenos Aires ya «teorizado». Como señalan Bosteels y Rodríguez Carranza, Sade «llegaba a través de la fascinación por los críticos franceses»[4].

En una reflexión sobre aquellos años, Germán García daba cuenta de esta mediación de la crítica:

> Sade, en ese momento, era lo que decían de sus libros gente como Blanchot, Klossowski, Sollers, Barthes [...] Sade era la *escritura* –eso decíamos– la imposibilidad referencial y la potencia combinatoria. Pero también era un «subversivo», alguien que sumaba su voz. (García 1995: 331)

Sade, entonces, en la medida en que representaba el «desencadenamiento» y la libertad «en» la literatura, se instalaba como un referente necesario en el horizonte literario de la época. Pero lo hacía como efecto de la difusión de las lecturas de que había sido objeto. Las reflexiones de estos críticos franceses sobre

---

[4] «En Francia, la "moda Sade" alcanzó su punto culminante con las obras de Bataille (1961), Lély (1965), Lacan (1966), Klossowski (1967), el Coloquio *Le Marquis de Sade*, en Aix en Provence (1968), Barthes (1970) y Sollers (1971)» (Bosteels & Rodríguez Carranza 1995: 331).

la obra sadiana mediaban, como una clave de lectura, la presencia del goce en la literatura en general, y en particular en el caso de *Literal*. Allí, el goce –como Sade– se confundía deliberadamente con la «escritura», con esa «imposibilidad referencial» y esa «potencia combinatoria» que mencionaba García.

En su primer número, *Literal* planteaba tomar «el goce como horizonte» (L1: 120). Este enunciado suponía, en primer lugar, una fascinación por una palabra que traía a escena la narración y el uso de los cuerpos. Pero también escondía, a través de la teoría, una elaboración particular de cierta noción de goce –aunque su estatuto, cabe señalar, no fuera siempre el mismo en las páginas de la revista.

Ahora bien, ¿qué aportaba el discurso psicoanalítico a la circulación de este goce, un goce que por momentos se confundía con el deseo y con la sexualidad, y en el que por momentos se superponían y se mezclaban goce estético y goce sexual? En primer lugar, más allá del régimen puntual que Lacan asignaba al goce en su teoría y la formulación específica que de él hacía en sus escritos y seminarios, el psicoanálisis justificaba la centralidad del tema. El goce, el sexo en general, se convertía en una pieza fundamental para pensar el sujeto.

Era Masotta quien lo recordaba desde su enseñanza.

> La importancia que el sexo cobra en Freud no permite considerarlo como un «factor» ni como «el factor más importante» de la conducta, sino como un nivel de conducta en el que se manifiesta el sentido de la conducta entera. (1996c: 28)

Y más adelante:

> Pero ¿qué puede significar el Edipo, o a qué puede ser referido el padre como «nombre del padre» si no a la emergencia de la ley como ley o a la *institución* de un orden simbólico? ¿Y cuál puede ser el sentido de esa *institución* si no el punto de quiebra y de unión del orden biológico y del orden humano? ¿Y cuál puede ser ese «punto de unión de la naturaleza a la cultura, que los antropólogos de hoy escrutan obstinadamente» si no el sexo, esto es, el punto de concurrencia del instinto (que carece por sí de representante psíquico, y que es incapaz de determinación con respecto a sus objetos), con ese punto cero a partir del cual se ordena la cadena significante, y que no es sino el *Falo*? (1996c: 33-34)

El sexo, entonces, en la medida en que manifestaba el sentido de la conducta entera, ocupaba un lugar central y su irrupción en la literatura adquiría con ello otros alcances. En un primer momento, la teoría legitimaba la centralidad que ocuparía la sexualidad en estas obras y le haría decir algo más. Desde el momento en que remitía al punto cero a partir del cual se ordenaba la cadena significante, cuyo juego era clave en la formulación que la revista hacía del hecho literario, el sexo –un determinado tratamiento del sexo– nos podía acercar a una verdad de la literatura. Y si lo hacía, era precisamente a través del cambio de protocolo de lectura que vehiculizaba el psicoanálisis.

Era la letra la que inscribía lo sexual como el límite del sentido: «No dice la letra que todo sentido es sexual, sino que inscribe lo sexual como límite del sentido» (L4/5: 191). De este modo, si el psicoanálisis no venía a explicar la literatura –como insistía *Literal*–, sí servía para descubrir en ella un elemento que la retórica de su tiempo pasaba de largo o que, en algunos casos, incluso condenaba.

Como ya hemos señalado, *Literal* afirmaba que el realismo mataba la palabra, «subordinando el código al referente, pontificando sobre la supremacía de lo real, moralizando sobre la banalidad del deseo», etcétera (L1: 6). Frente a esto, la «litertura llamada pornográfica» permitía, en cambio, acercarse a una de las verdades de la literatura, y reconducir la crítica a la estética realista. *Literal* realizaría una vindicación de este género.

En primer lugar, la literatura pornográfica ponía en evidencia la imposibilidad de un referente en la literatura:

> ...vergas irreales, proezas físicas imposibles, eyaculaciones fisiológicamente utópicas, muestran que se trata de palabras, que el referente real es evocado para apoyar la proliferación fantástica de las *figuras* que el deseo construye para *representarse* el objeto huidizo de sus desventuras.
>
> Este discurso, al liberar las fantasías y mostrar la imposibilidad del objeto, ataca el discurso de la objetividad, del intercambio «realista» donde la portadora de una vagina y el portador de un pene, proponen *sacrificarse* (¿luchar juntos contra qué o quién?) para asegurar su pequeña cuota de placer. La pornografía no ataca la moral, sino que muestra el revés de la trama, el coro de fantasmas que se agita entre bambalinas, mientras la moral afirma el imperio ilusorio de la genitalidad madura. (L2/3: 19; énfasis del original)

La pornografía y, por continuidad, la sexualización de la escritura en algunas obras del período, adquiría para *Literal* un papel decisivo. Por un lado, permitía mostrar el revés de la trama, revelando así la ilusión del realismo y del sacrificio que promovía la literatura comprometida. Por otra parte, transportaba un modelo de literatura que no se conformaba con esa pequeña cuota de placer que aseguraba el intercambio realista ni con los sencillos placeres que consentía la historia. El primer número de la revista ya colocaba a la literatura en este camino: «el deseo que la literatura habla no es apto para los placeres –por dolorosos que sean– que la historia propone» (L1: 5).

Como supone esto último, en esta reivindicación que hacía *Literal* de la literatura pornográfica estaba operando lo que Nicolás Rosa habría de proponer como uno de los efectos del psicoanálisis en la crítica literaria argentina de aquellos años: el privilegio del «goce» frente al «placer» (1982: 390). El goce quedaba así identificado con la literatura. El placer, con el intercambio realista y la historia, con la genitalidad madura.

Si podemos renviar esta distinción entre goce y placer a la enseñanza de Lacan, también es necesario mencionar que ella tenía, en el ámbito de la crítica, otro gran referente. Me refiero, por supuesto, a Roland Barthes y a su libro *El placer del texto*. Publicado en Francia en 1973, una traducción al castellano de este título –a cargo del mismo Nicolás Rosa– aparecía en Buenos Aires al año siguiente. Rápidamente, y a pesar de sus reducidas dimensiones –o gracias a ello–, se convertiría en un texto influyente. Al poco tiempo de su publicación, el goce se convertía en «aquello de lo que había hablado Roland Barthes y que implicó una gran apertura para el pensamiento literario argentino» (Jitrik 1999: 31). Y si bien es cierto que Barthes allí trabajaba muy pegado a la enseñanza de Lacan y que su distinción de goce y placer nos renviaba constantemente a ella, no es menos cierto que la articulación entre estas nociones y la literatura eran el resultado de una elaboración personal. Era este trabajo de mediación el que encontraría ecos en *Literal*.

Por ejemplo, a través de la relación que se establecía entre goce y crítica. El goce en la literatura –los textos de goce, decía Barthes– venían a poner un límite al discurso crítico. Ese goce planteaba una literatura que no aceptaba metalenguaje. Lacanianamente, Barthes proponía que el goce era «in-decible», «inter-dicto», y concluía que «*la crítica se ejerce siempre sobre textos de placer, nunca sobre textos de goce*» (Barthes, 1996:35-36). *Literal* realizaba una operación similar en su reflexión sobre la noción de «resto» que he mencionado antes. El «resto» como «goce» anulaba los «niveles», las «jerarquías» y las «representaciones» del lenguaje que constituían la base de la crítica como metalenguaje (L1: 51).

> El hecho de que pueda existir el goce del resto-demás (del desperdicio-pérdida) anula la posibilidad del metalenguaje constitutivo del discurso crítico; si éste pudiera escribir su goce dejaría de hablar del texto objeto: se constituiría, errático, en mera escritura. […] El efecto del resto sería, por lo tanto, la anulación de la heteronomía del discurso crítico y la constitución de éste en otro texto. (L1: 50-51)

De este modo, el goce pasaba a formar parte de esa impugnación –referida antes– que *Literal* realizaba de la crítica contemporánea.

Otro camino por el cual la reflexión de Barthes mediaba en el vínculo que *Literal* establecía entre goce y literatura era el modo en que la distinción entre goce y placer diferenciaba dos experiencias de la literatura. En la lectura de Barthes, placer y goce abandonaban el ámbito de la anécdota y pasaban representar una relación entre el texto y el lector, o entre el texto y el crítico.

En *Literal*, el goce se convertía –de nuevo en oposición al placer– en un componente inherente de la literatura, y definía su experiencia mejor que ningún otro concepto.

> Para poder comprender las flexiones de la literatura, es necesario pensar una flexión literal, un juego posible del lenguaje que conlleva la experiencia de un goce inherente, que no puede confundirse con el placer suplementario del reconocimiento intersubjetivo (social). (L2/3: 9)

Este goce –un goce estético que no perdía su correlación con el goce físico– se levantaba como una bandera contra los discursos –literarios y políticos– que *Literal* reconocía como sus oponentes.

> ...el goce estético se ha vuelto excéntrico y despierta la sospechosa hostilidad de progresistas y conservadores. Es sabido que el goce estético es tachado de masturbación, de falta de compromiso, de vacuidad... (L2/3: 13)

Se trataba tanto de un goce de la lectura como de la escritura. Y en este último caso, el goce se convertía en el único «motivo» justificable. Contra un sentido social asignado a la escritura, la revista proponía el goce de escribir (L1: 7). Como se sugería más arriba, la literatura se fundaba en un goce inherente de la escritura, en un goce del juego del lenguaje, lo que suponía que la satisfacción no debía buscarse –ni podía encontrarse– fuera del acto de escribir. «Hay un goce de lo real que se sustrae a la palabra, pero hay la realidad de un goce –la de la escritura– que constituye lo real por su articulación» (L4/5: 89).

Por otra parte, alejado ya de los usos que hiciera Barthes, el goce aparecía –más cercano a ese escritor faro que era el Marqués de Sade– como un eje temático de los textos que pregonaba *Literal*, aquellos que daba a conocer y que se convertían en objeto de sus lecturas. En estos casos, lejos de imposibilitar el metalenguaje, el goce ofrecía herramientas para el crítico, y se convertía en un componente idóneo para el desarrollo de una lectura psicoanalítica.

Veamos un ejemplo. El goce, entendido como «la escena en que el sujeto ha erogenizado el castigo del padre» (Masotta 1974: 190) y que de esa forma revela el lado obsceno de la ley moral positiva, es decir, el goce masoquista en una de sus formulaciones lacanianas, funcionaba como el hilo del cual se podía tirar para sacar conclusiones o consecuencias de una obra como *Sebregondi retrocede*.

> El marqués de Sebregondi, con sus articulaciones «falangistas» en la verga, afirma que la letra con falo entra: se escribe sobre el cuerpo del niño proletario –con un falo punzón– la perversión implícita en todo idealismo, la agresividad subyacente en toda idealización. (L2/3, 30)

El goce, en estos casos, servía para diagnosticar las escenas que construía la literatura. Pero esta tarea hubiese exigido una exposición más específica, más concreta, de este término, como la que he citado de Masotta, una exposición que *Literal* no ofrecía en sus páginas. De hecho, resulta difícil delimitar allí un uso definido de la noción de goce.

Aunque ya en 1958, en las clases dictadas en su seminario, Lacan señalara la necesidad de pensar el goce –*jouissance*– como algo distinto del deseo, y aunque a partir de ese momento buena parte de su reflexión teórica circulara alrededor de ese goce, en un intento por comprenderlo y definirlo a través del trabajo psicoanalítico, no está claro que *Literal* intentara en sus páginas retomar las formulaciones concretas que aquel pudiera haber realizado. El goce circulaba –si se quiere– más libremente, sin una afiliación particular[5].

Esto último respondía a una serie de cuestiones relativas tanto al entorno como a los modos de la revista. En primer lugar, se puede decir que en las primeras enseñanzas de Masotta –el principal referente para los que hacían *Literal*– no había una insistencia en la noción estrictamente lacaniana de goce.

---

[5] Sobre la importancia de la noción de goce en la enseñanza y en la teoría de Jacques Lacan, me remito al texto «Desire and jouissance in the teachings of Lacan» de Néstor Braunstein. El autor coloca en una clase del Seminario V el comienzo de la reflexión lacaniana alrededor del término francés *jouissance*, y señala el papel decisivo que jugaría este término en el desarrollo de la teoría: «On 5 March 1958, the theory, the technique, and the history of psychoanalysis were substantially changed. This change came about almost unnoticed by anyone, perhaps even unnoticed by Lacan himself, who could not have predicted where the path he had undertaken would lead. On that day, the teacher told his students that he wanted to show them what was meant by "…a notion…that has always been implied in our relfections on desire but deserves to be distinguished from it, and which can only be articulated after one is sufficiently imbued in the complexity that constitutes desire. It is a notion that will be the other pole of today's discourse and it has a name: it is jouissance"» (2003: 102).

Incluso en un texto que llevaba el mismo goce en el título y que lo colocaba como concepto bandera del psicoanálisis en su discusión con otros saberes –me refiero a «Del lenguaje y el goce», publicado precisamente en el último número de *Literal*–, incluso allí el goce no adquiriría un espesor propio que lo separara claramente del deseo. Herencia tal vez de su paso por el estructuralismo, la reflexión de Masotta, como en sus textos anteriores, giraba más bien en torno a la letra y el juego de la cadena significante.

En segundo lugar, se podía mencionar la dificultad propia del concepto –enunciada por el propio Lacan–, la constante rescritura de que era objeto, y las confusiones y malentendidos que pudiera haber provocado. Para Lacan, el goce se caracterizaba por una inaccesibilidad, una oscuridad y una opacidad constitutivas. En sus clases, el goce se podía confundir por momentos con una idea de «satisfacción» –el goce como la satisfacción de una pulsión– o con la misma noción de «deseo» –en la medida en que ambos, goce y deseo, estarían vinculados con la ley moral–. Pero no terminaba de identificarse ni con una ni con la otra. Por otra parte, y si bien es cierto que ningún concepto en la teoría lacaniana se encontraba cerrado y definido «para siempre», las reflexiones alrededor del goce tal vez podrían considerarse como uno de los ejemplos paradigmáticos del carácter abierto y «en curso» de la teoría. Se diría que la definición del goce –como el goce mismo– era oscura, se escapaba. «Si hay algo que aún se nos escapa de las manos es la economía del goce» apuntaba Lacan en el texto publicado en el último número de *Literal*, un extracto del seminario *Encore* (Lacan 1977b: 53).

Finalmente, se puede pensar que la ausencia de una afiliación particular para la noción de goce en la revista respondía en gran parte a una estrategia crítica que consistía justamente en la «borradura de origen», tal como la llamó Nicolás Rosa. En sus textos la cita bibliográfica era «obviada, absorbida», el entramado textual borraba el origen del saber del crítico (1982: 393), estrategia que por supuesto se aplicaba también a las otras nociones y propuestas teóricas que circulaban por la revista. Sin embargo, si en el caso de la «letra» ese origen perdido era –bien o mal– restituible, en lo que refiere al «goce» malamente se le podía asignar una raíz. Por ello, el carácter anónimo de los artículos y las múltiples manos que intervenían en su redacción operaban como un factor importante para la confusión.

Ahora, si es cierto que no encontramos un uso específico del goce en las páginas de *Literal*, no por ello deja de ser posible rastrear los ecos de ciertas aproximaciones lacanianas al término *jouissance*. De hecho, allí estaba, funcionando en la lectura de *Sebregondi retrocede*, el goce entendido como esa escena en la que el sujeto había erogenizado el castigo del padre. Otros ecos aparecían –ya sea por un trabajo directo con las fuentes, ya sea a través de la mediación de Barthes o de los discursos de la época– en otras reflexiones literarias promovidas por la revista.

Observemos algunas de las formulaciones específicas de Lacan en torno al goce y su participación en *Literal*[6]. Como ya hemos visto en las propuestas de Barthes, el goce se planteaba en oposición al placer. Se puede decir que, en la enseñanza de Lacan, el goce se experimentaba precisamente cuando el placer dejaba de ser placentero. Por tanto, en el ámbito sexual, no se podía identificar el goce con el orgasmo. Este último representaba más bien la interrupción del goce, su capitulación ante los mandamientos de la ley natural. Antes que una satisfacción, el goce era una tensión, que no se detenía en ninguna posición alcanzada.

Este modo de pensar el goce estaba funcionando claramente en la formulación de una literatura entregada a lo que de juego hay en el juego poético, una literatura que no descansaba ni en la resolución de una imagen ni en un final acabado, que no hacía de la lectura un placer sino una tensión, una literatura que producía restos. Para *Literal*, era necesario que la escritura «se entregue a esos campos de tensiones, a esos juegos pulsionales donde las voluntades son arrasadas porque la ilusión del yo cede ante la tentación de lo posible» (L2/3: 26).

El goce, en esta acepción, ofrecía nuevamente un molde para pensar la escritura de *Sebregondi retrocede*.

> Diferir el acabar, hacer del preliminar (de la condición) el momento fecundo de la metáfora, sabiendo que se acaba por añadidura, que el corte es inevitable. No se trata del final o del orgasmo, sino de mantener con brillo el *papel*, según la dirección de otro diagrama. (L2/3, 29)

Mantener con brillo la escritura –su goce– suponía la imposibilidad de una satisfacción en términos de saciedad. De este modo, el goce en la escritura, si lo había, estaba marcado por una insatisfacción constitutiva, era siempre insuficiente. La literatura –como el goce– no era un terreno donde uno pudiera descansar ni relajarse. Así precisamente terminaba *Literal*, con un goce que no

---

[6] No realizaré para ello aquí una reconstrucción del concepto de goce en Lacan. Señalaré, eso sí, algunas características de dicho concepto, tomando como referencia principalmente el *Seminario VII* del propio Lacan y las lecturas realizadas por Néstor Braunstein en el citado artículo y en su libro *Goce*.

alcanza. Las últimas palabras de su último volumen, allí donde no había más nada que decir, se convertían en un lema que quería sintetizar la operación de la revista: «Exceso, resto y falta: *Literal*. Exceso, resto y falta: goce insuficiente del discurso» (L4/5: 192).

Esta literatura que se presentaba como entregada a un campo de tensiones y que se resistía a ser lugar de descanso, «parque nacional» del lenguaje, buscaba también su brillo en otro elemento que podía marcar una continuidad con la idea de goce. Me refiero a la gratuidad del acto literario, la inutilidad que lo hacía desprenderse de la «cadena de producción», y que *Literal* levantaba como bandera frente a otras posiciones estéticas y políticas.

El goce se podía plantear, entonces, como inútil en la medida que su esencia –en el entramado teórico lacaniano– era por un lado la suspensión de toda búsqueda de satisfacción pero también la suspensión de todo servicio a la comunidad, de las «buenas razones» o las «buenas intenciones» que gobiernan la conducta racional. A diferencia del deseo –que apuntaba a un objeto, aunque se tratase de un objeto irremediablemente perdido– el goce no apuntaba a nada, ni respondía a ningún propósito. El goce se presentaba como un acto que se inscribía como una desviación o una transgresión, desde el momento en que se resistía a toda utilización.

Ya en sus primeras páginas, *Literal* encontraba en la «voluntad vacía de producir el texto» las condiciones «para que la potencia de la palabra se despliegue», y se resistía a la asignación de «cualquier *misión* que dé un sentido social» a la escritura (L1: 6-7). Lejos de una idea de servicio a la comunidad, la escritura era presentada como una «práctica compulsiva, siempre cercana a los fantasmas de la masturbación; según el tópico que asegura una relación íntima entre ese placer solitario y el goce de escribir» (L1: 7). El goce aparecía, precisamente, cuando se ponía en suspenso el bien común o el propio bien: «Sólo cuando la palabra escrita se enuncia como demás [como ese plus que se niega a la utilización] se puede gozar de ella» (L1: 50).

Más adelante, esta manera de pensar el goce, junto con una nueva colocación del mismo en el discurso de la época, también permitía a la revista contestar a las críticas de que había sido objeto, reafirmando así su posición excéntrica y polémica.

> Desde que una cultura de masa ha hecho surgir una «ética» del entretenimiento, ética que reprime la estética en nombre de la «moral», el goce estético se ha vuelto excéntrico y despierta la sospechosa hostilidad de progresistas y conservadores. Es sabido que el goce estético es tachado de masturbación, de falta de compromiso, de

vacuidad... incluso de reaccionario –por los mismos reaccionarios. [...] La flexión literal se excluye de este imaginario colectivo. (L2/3: 13-14)

En definitiva, la apuesta por el goce –en lo que hacía a su carácter gratuito– suponía, por un lado, el desacuerdo con el principio de ese imaginario colectivo según el cual «toda acción y/o discurso debe ser para algo (finalidad) o para alguien (intersubjetividad)» y, por el otro, promovía «la asociación ilícita que transforma en irrisoria la tragedia, el chiste que asquerosea el discurso solemne, las tonterías impagables de la gratuidad» (L2/3: 27).

Finalmente, en la suspensión de las «buenas razones» el goce –en la medida en que no podía someterse a una moral– descubría su carácter antisocial. Frente a la moral, sostenida sobre una idea de bondad, el goce transportaba una nueva ética.

...una nueva ética del lenguaje surge de la poética de Lacan cuando afirma que el *biendecir* no dice donde se encuentra el Bien y que cuando digo donde se encuentra el Bien es porque *maldigo* el goce (inmanente) del discurso en la exigencia de perfección de una trascendencia cualquiera. (L4/5: 169)

El resistirse a esta «exigencia de perfección de una trascendencia cualquiera» sería propio de esta idea de goce del discurso. *Maldecir* el goce implicaba vencer esa resistencia, y someter lo que hubiera de antisocial en él. *Literal* buscaba lo contrario. Por eso rescataba, de los textos que promovía en sus páginas, esa «forma de vida imposible de compartir» que hablaba en ellos (L4/5: 169).

Por último, diremos que aquí el uso de la categoría encontraba su límite. Una «forma de vida imposible de compartir» debía sustraerse también al entramado teórico del psicoanálisis, un discurso que después de todo construía lazos y afinidades –una forma de vida– entre los que hacían y leían *Literal*.

Si como se podía desprender de la teoría lacaniana, el goce suspendía el acto reflexivo y transportaba su propia razón, tomar «el goce como horizonte» (L1: 120) –aunque se tratara del goce «lacaniano», o precisamente porque se trataba de él– podía desviar la revista de su «origen». De todos modos, en la medida en que la estrategia consistía en borrar el origen del saber del crítico, este desvío no implicaba en un principio una inconsistencia teórica, más bien suponía un valor añadido.

Tomar el goce como horizonte figuraba no tener que responder por ninguna otra razón más que la propia razón del goce. Si el goce se originaba en la escritura, ella no debía responder más que por sí misma. De este modo, la verdad que *Literal* ponía sobre la mesa no debía pretender –y por momentos no pretendía– estar respaldada por un saber depositado en otro lugar, en definitiva, no debía pretender ser la verdad del psicoanálisis. Debía presentarse más bien como la verdad –o como una de las verdades– de la literatura.

Sin embargo, los momentos en que esto realmente sucedía eran pocos. El lugar en el que más claramente se enunciaba, donde de hecho se proponía tomar el goce como horizonte, era «La intriga», el artículo que cerraba el primer número de la revista[7].

> Abolida la culpa, tomado el goce como horizonte, la voluntad de disparar una ideología contra el blanco de otras ideologías plantea la diferencia como primer problema. Por lo tanto, esta ideología se exhibirá fuertemente marcada. Su marca será la ficción, el relato, el engaño. Se fingirá el saber que no se tiene. Se narrará con cierto ademán aparatoso y teatral –como quien cuenta un cuento a una criatura inteligente– la novela científica importada en esta década oponiéndola a la de la década anterior: a ver qué pasa.
>
> [...] Escritura literal se piensa a partir de la diferencia, pero no confunde diferencia con frontera. Montada como intriga literal, el juego donde el texto teórico podrá ser portador de la ficción, y la reflexión semiótica tejerá la trama de poema. (L1: 120-121)

«Se fingirá el saber que no se tiene» planteaba este artículo. Lo que se enunciaba aquí era un goce que residía en el engaño, en la banalidad y en la ausencia de causa, en la inutilidad. Es decir, un goce que suponía –si se quiere– un uso más relajado de la teoría. *Literal*, con esta política del engaño que cubría con un velo de duda y deslealtad toda su intervención –«Su marca será la ficción, el relato, el engaño», «el texto teórico podrá ser portador de la ficción»–, se desentendía por completo de la enseñanza de Lacan, atrás quedaba su rigor teórico e intelectual.

En definitiva, lo que proponía *Literal* con este artículo era una figura de crítico fabulador. No era la crítica que se introducía en la literatura, como sucedía en algunos proyectos literarios de la época[8], sino la literatura que

---

[7] Este texto, publicado sin firma, sería luego atribuido a Osvaldo Lamborghini, siendo uno de los pocos textos ensayísticos que se conocen del autor.

[8] Un ejemplo de este fenómeno lo encarnaría Ricardo Piglia con su novela *Respiración artificial*, donde «integra una perspectiva teórica que abre la reflexión sobre la literatura y culmina en una propuesta de la historia y de la literatura argentina» (Amar Sánchez & Stern & Zubieta 1982: 669).

se introducía en la crítica y en la producción teórica. Era la posición del entontecido cínico:

> Esto (literal) exige cierto enredo: mezclar los códigos, dar por sabido lo que se ignora, adoptar la posición del entontecido cínico incluso frente a lo que realmente se sabe. (L1: 120)

Este texto postulaba una ambigüedad que venía a corroer la práctica crítica, siempre en el borde –o en el centro– de la charlatanería. Señalaba el ademán aparatoso y teatral en que se fundaba su saber.

Estas afirmaciones, por cierto, entraban en tensión con buena parte de la revista. Y esta tensión reflejaba las diferencias que podía haber entre sus miembros, esos discursos antagónicos que coincidían por pura amistad. El goce, tomado como horizonte, ponía de manifiesto las contradicciones internas. El tiempo haría el resto.

II.
La literatura

Si en los capítulos anteriores estudié el modo en que ciertos argumentos y ciertas formas del psicoanálisis lacaniano entraban en la reflexión literaria y en la construcción de una posición estética y política, en esta segunda parte abordaré los distintos papeles que el psicoanálisis jugó en la creación literaria, a través de las plumas de García, Gusman y Lamborghini. La literatura, convertida en una máquina devoradora de discursos, pondrá de manifiesto, por un lado, su permeabilidad a los decires de su época y, por el otro, su poder para desestabilizar estos decires, para señalar sus puntos ciegos; una manera de usar mientras se es usada.

En los modos que adquiera este uso se revelará el alcance político de cada escritura.

La novela de aprendizaje

> un tren que tiene el mismo ruido que el anterior
>
> García

La vía nos ofrece una clave de lectura para la obra narrativa de Germán García, para las obras escritas en el período que aquí nos ocupa: *Nanina* (1968), *Cancha rayada* (1969), *La vía regia* (1975). Es una imagen que en buena medida nos permite pensar el lugar que ocupó, cómo funcionó, el psicoanálisis en su producción literaria de los años setenta. No se trata de remitir simplemente la novela *La vía regia* –y con ella el resto de su obra– a la teoría psicoanalítica por el hecho –ya mencionado por la crítica– de que su título pudiera jugar con la definición freudiana del sueño como la *vía regia* hacia al inconsciente. En *Literal 4/5*, ya se había intentado celosamente, sino borrar, por lo menos restar importancia a esta conexión.

> *La vía regia* es una expresión muy usada y para el habla de los argentinos no escapa el hecho de que *vía* entra en el lunfardo con ciertas connotaciones de abandono. ¿Discépolo habrá leído a Freud, «cuando estés solo en la vía»? Por otro lado, ¿quién puede ignorar que nuestras madres podían hablar de una regia muchacha, de un regio coche y hasta de un regio vestido? Pero *es sabido* que Germán García (sujeto de enunciación) se encuentra en el campo del psicoanálisis y por lo tanto el enunciado *La vía regia* se asocia con el uso que Freud hizo de una expresión latina repetida por millones de enfáticos buscadores del camino real. (L4/5: 12)[1]

No se trata, entonces, de quedarnos en esos ecos de la expresión de Freud. Pero freudiana o no, la vía estaba allí, en la obra de García: la vía como camino,

---

[1] Hay, en la posición de García una cierta desconfianza hacia la crítica. Como si la obra escondiese un secreto inaccesible –¿accesible al autor?– en cuyo intento de formulación los críticos siempre fallasen. En consonancia con este pasaje de *Literal 4/5*, en *La vía regia* podemos leer: «Los críticos, seguro, errarán una vez más –una vez más– el tiro. Oficio de equivocarse, ansi es la cosa» (1975a: 178). El recelo –que convierte a la crítica en el «oficio de equivocarse»– se

como desplazamiento, llegando incluso a presentarse como desvío. Mi hipótesis es que el movimiento de un lugar a otro, el traslado, fundaba la narrativa de García y su colocación de autor. En primer lugar, la vía –el ferrocarril– como el nexo por antonomasia entre dos puntos bien específicos, el interior de país y la metrópolis, la capital. Pero también la vía que proponía *Literal*: el «estar en la vía», un lugar de abandono pero también marginal –el lugar de la pobreza, colindante a las casas de pensión–, aunque siempre abierto a posibles desplazamientos, a la posibilidad de «salir de la vía».

La vía, en tanto eje de desplazamiento, también era el modo de salir de la vía. En este sentido, García se inscribía muy bien en su generación, una generación de narradores a la cual la crítica había asignado una «condición marginal», resultado de una «diáspora interna o externa» (Amar Sánchez & Stern & Zubieta 1982: 665). El psicoanálisis –esto es lo que aquí interesa– ocupará paulatinamente su lugar en estas imágenes, será un vehículo para esa diáspora.

Parto, entonces, de una matriz que recorría la obra de García y que establecía un desplazamiento en el origen de la historia personal del individuo, y que se volvía fundacional para su «biografía», ya desde su primera inscripción en la literatura. El personaje de *Nanina*, la novela que abre su trayectoria literaria, se desplazaba en tren de la provincia a la capital, de la capital a la provincia, y toda la novela se reducía a la diferencia que establecía ese movimiento, de idas y vueltas, entre un lugar y otro. «Fueron los rieles del regreso la verdadera experiencia: el ruido sordo del tren sobre el espacio marcado y zarandeado por los fierros. El tren» (1968: 167)[2]. Así terminaba la primera parte de la novela. «Y ahora, como si hubiese girado estos tres años, voy de vuelta a Junín en un tren que tiene el mismo ruido que el anterior» (1968:173). Así empezaba la segunda parte.

Más adelante, en otra novela –*La vía regia*–, el tren sería cambiado circunstancialmente por el ómnibus. Pero la vía seguía presente. El texto retomaba

---

confunde con el temor –¿el temor del advenedizo?–. En definitiva, se trata del temor a ser leído mal, a que una verdad sobre el texto –siempre equivocada– sea formulada. Aunque él mismo no tenga un acceso directo a esta verdad, el autor se convierte en su guardián.

[2] En este capítulo, como en los siguientes, mantengo el sistema de citación autor fecha, con la particularidad de prescindir del apellido cuando la cita pertenece al autor que guía la reflexión, en este caso García. Los principales textos literarios de este autor con los que trabajo son *Nanina* (1968), *Cancha rayada* (1969) y *La vía regia* (1975).

la tensión fundacional entre interior del país y capital, pero atravesada ahora por otros ejes.

> Cuando la trama del ensueño familiar se rasgó, ocurrió aquel segundo nacimiento. Duró *casi* cinco horas. Arrastrado por un ómnibus *casi* doscientos sesenta kilómetros. Arrojado a la ciudad, perdido en su selva negra, dio el paso inicial que marcaría –años después– la única irreversibilidad. Solo, visitado por extraños deseos, buscó aquellos lugares donde poder iniciarse, acosado por Nietzsche y su eterno retorno. (1975a: 227)

La vía era esta vez la novela familiar, encauzada por la muerte del padre. Volveré sobre ello.

Nació en Junín en 1944

> Yo, Germán Leopoldo García…
> García

Un hombre del interior llega a la capital. El mundo que dejó –su pasado– sigue presente en él y choca con el mundo que ahora lo rodea, las luces del centro. Es un «hombre del interior» en «la capital». La tensión no desaparece, el viaje no llega a su fin, hasta que el hombre –ilegítimo, sin estirpe– no se «coloca», no se «inserta» en los circuitos de la capital, abandonando las pensiones –lugar de encuentro de los dos espacios, una prolongación del interior en la capital, un límite–. Y luego, en poco tiempo, la consagración. ¿Literaria, intelectual? De cualquier forma, el hombre encuentra su lugar. ¿Pero qué pasó entre medias? La soledad del que está «fuera de lugar», las carencias, la literatura, los bares. Más adelante, el psicoanálisis.

Los primeros textos de García construían este lugar de enunciación. Era un lugar de relativa estabilidad, en la medida en que era habitable, en que se podía vivir en él –un lugar en el que un autor podía cifrar su singularidad, su valor diferencial–. Pero era también un lugar atravesado inevitablemente por una tensión –entre el margen y el centro– o por un desplazamiento –del margen al centro–. Tal vez por esto, por la presencia de esta tensión, de este desplazamiento, este lugar encontraba su límite, la necesidad de su fin. La tensión tendía a la relajación, el desplazamiento apuntaba a un destino. Pero antes de que ello sucediera, o mucho más tarde, estaba el camino –el camino como el punto de partida.

Como ya he sugerido, *Nanina* formulaba muy bien ese lugar, retomado más tarde en *La vía regia*. Era un lugar ocupado por el personaje, pero también era un lugar funcional a una colocación de autor. Porque en *Nanina* personaje y autor se confundían, y el relato se inscribía en el género testimonial o autobiográfico[3].

Así fue leído (Cosse 2003), en una clave que ya estaba enunciada en el paratexto del libro. La contratapa de la primera edición de *Nanina*, firmada por Héctor Pedro Requejo, equivocaba deliberadamente al narrador con el autor:

> *Nanina* es la novela de un chico mutilado cuya resurrección precaria no suele ser la norma sino la excepción. [...] Germán García nació en Junín en 1944 y a los 17 años, en Buenos Aires, se encontró con que tenía que inventarse el nacimiento. El tránsito, las instituciones y la gente no pudieron ayudarlo en esta tarea. Hubo días en que, si no hubiera sido por la costumbre que tiene de abrazarse, los huesos se le hubieran dispersado. Y hubo otros días en que, para responder al quién soy, debió acudir a la fotografía que ilustra su Libreta de Enrolamiento. Después comenzó a escribir esta novela, esta autobiografía donde el yo fragmentado encontró una nueva unidad para volver a dispersarse... (Requejo 1968)

La novela se construía sobre esa confusión, dando valor confesional al texto. El personaje de *Nanina* se presentaba como el doble del autor –«Yo, Germán Leopoldo García...» (1968: 60)– y repetía el viaje que este hiciera de Junín a Buenos Aires, donde uno y otro debían inventar su nacimiento literario.

Las siguientes novelas no respondían al ceremonial del género, pero mantenían con él una continuidad formal. Son textos –*Cancha rayada*, *La vía regia*– que descansaban también sobre la escritura del pasado del protagonista, aunque a veces en el relato confluyeran varias voces y varias técnicas. Siempre estábamos ante un personaje que narraba su historia personal, su novela familiar –en tanto que esta historia se comprendía a partir de su relación con la familia, con sus padres–. Se trataba, en definitiva, de un ejercicio narrativo donde el eje era la memoria, donde, desde el presente, el narrador construía –¿explicaba?– su vida.

---

[3] Género testimonial, por cierto, que no debe confundirse con aquel que se criticaba en las páginas de *Literal*. No se «testimoniaba» aquí una realidad social, sino una experiencia. En este sentido, habría que pensar más bien en un género confesional.

Por otra parte, había elementos, guiños, en estos otros textos, que continuaban el juego autobiográfico y ayudaban a la confusión –aunque la materia narrada difiriera de la vida del autor–. El narrador de *Cancha rayada* se llamaba Leopoldo Fernández, igual que el seudónimo que García eligiera para firmar su epílogo a *El fiord*. El narrador de *La vía regia* –de quien se desconoce el nombre– hacía mención al carácter anónimo de su apellido –«…recorrió mi apellido en la guía (¡más de veinte páginas!)» (1975a:137)–, como sucede con García, el de la guía.

Este recreo alrededor del género testimonial o confesional, aunque relevante, no interesa aquí *per se*. Si lo menciono es porque sería la vía de entrada para el psicoanálisis en su obra, para el modo en que su obra haría descansar su verdad en el discurso psicoanalítico.

Esto, cabe señalar, no sucedía desde el principio. *Nanina*, la primera novela de García, no se puede considerar una expresión de la irrupción psicoanalítica en la literatura. Si de hecho fue así considerada, ese juicio estaría determinado como señala Jitrik, «por las decisiones posteriores, francamente psicoanalíticas» del autor y por un relato que insistía en una adolescencia muy sexualizada (Jitrik 1999: 28). A estos elementos «psicoanalíticos» *avant la lettre* presentes en *Nanina*, habría que añadir los abundantes juegos de palabras que suponían una reflexión sobre el lenguaje que más tarde se podría vincular a esa «pasión por las palabras» de la que hablaba Rosa a propósito del discurso lacaniano. Por otra parte, si es cierto que en la Buenos Aires de *Nanina* se refieren lecturas –Freud, Stekel– y se hacen guiños –«me escondí en el baño para matar a mi padre» (1968: 160), «hacemos un intento fallido de psicoanalizar el sueño» (1968: 253)– que remiten al psicoanálisis, estos elementos aparecen dispersos en el entramado de la cultura libresca que caracterizará esa ciudad. No llegaban a producir la verdad del texto, la verdad estaba en otro sitio.

Lo otro

> Fascinado horror, tan vienés y fin de siglo en la provincia de Buenos Aires.
>
> García

Nada tenía de vienés y fin de siglo la provincia de Buenos Aires –tampoco la que formulaba García en sus obras– como no fuera su idoneidad para convertirse en carne de diván –y casi que ni eso–. Pero el horror estaba allí. Como en la figura que abría la oposición fundacional entre civilización y barbarie, la provincia de Buenos Aires, el interior, se convertía en la narrativa de García en lo otro de Buenos Aires, la ciudad. Uno puede pensar esta oposición, esta otredad, como la que se establece entre paciente y analista, pero las obras no terminaban de sugerir eso. Lo que sí se sugería allí era una oposición cultural, una tensión, una diferencia que se revelaba en el lugar –distinto– asignado a la cultura en cada uno de los dos escenarios. Y como en los ensueños del estructuralismo, esta diferencia –que era geográfica, cultural y social– producía un valor. La vía –literaria, psicoanalítica, en todo caso, regia– era el medio para apropiarse de dicho valor, la posibilidad del desplazamiento.

La primera formulación de esta distancia aparecía en *Nanina*, en su misma estructura. La primera parte de la novela –«Lo otro»– era el relato de la infancia y la adolescencia del protagonista en Junín, mediado por la experiencia de Buenos Aires. La segunda parte –«Buenos Aires»– era el relato de dicha experiencia. Así se enunciaba por primera vez, en la estructura de una novela partida al medio, esa distancia y ese lugar, «tan vienés y fin de siglo», que era la provincia –distancia y lugar se ampliarían más tarde en *La vía regia*[4]–. Por un lado la ciudad, por el otro el pueblo-pueblo.

> Hablamos de Junín.
> –¡Gran pueblo! –dijo él.
> Yo dije:
> –Pueblo chato, pueblo-pueblo. (1968: 20)

En este pueblo chato –siempre en oposición a la capital– la primera fatalidad era la clase. El narrador –tanto en *Nanina* como en *La vía regia*– pertenecía a la clase obrera, era hijo de un obrero mecánico cuyo oficio era su destino. «Tenía que seguir trabajando. Siempre había escapado al trabajo y siempre había vuelto a trabajar por un destino inevitable, incomprensible, que lo arrojaba sobre la

---

[4] *Cancha rayada* abre un *impasse* en la construcción de esta distancia. El recorrido que realiza el protagonista no es geográfico ni cultural. Hay –es cierto– un ejercicio de rememoración, como en las otras dos novelas, una construcción de la infancia y del pasado, una escritura de la novela familiar, pero desaparece en ella la provincia. El padre del narrador pertenece a un ambiente bohemio de Buenos Aires, es militante, lee a Hegel. Sin embargo, una frase perdida hacia el final nos recuerda –como el reverso de la ficción– esa matriz: «Uno –llora y patalea– se mata si lo dejamos solo. Es de la provincia y no tiene a nadie, Perón lo trajo…» (1969: 278). ¿Quién es uno? La novela no es clara al respecto.

máquina y los fierros como la única salida» (1968: 57). Esta pertenencia de clase y la necesidad imperiosa de salir de ella era uno de los rieles de la vía. El protagonista no entendía a su padre –por momentos *«orgulloso de su traje de mecánico»* (1968: 13)– y lamentaba su paso directo de la escuela primaria al taller –«me sentí profundamente inferior a mis amigos que ingresaban al secundario [...] Para mí la gente que estudiaba era superior» (1968: 111-112)–. La distancia entre el taller y el colegio secundario postulaba la diferencia de clase sobre la diferencia entre el trabajo manual y el trabajo intelectual. Y hecha la diferencia, hecho el valor.

> Alcanzar las herramientas en el trabajo, aprender el ajuste de una biela a un cigüeñal, apretar fuerte una tuerca, aflojar con esfuerzo un tornillo. ¿Por qué, para qué? (1975a: 173)

El trabajo intelectual no tenía lugar allí, en el pueblo, en lo otro, y mucho menos el trabajo literario. Al narrador lo llamaban «puto» y «maricón» por escribir poemas (1968: 143) y le reprochaban «leer pavadas y novelas y poemas» en lugar de «ir a un colegio nocturno hasta recibirse de técnico» (1968: 140). En este sentido, lo otro conllevaba marcas de embrutecimiento, como cuando se hablaba de «...los de tierra adentro que miran sin comprender» (1975a: 98) o cuando se proponía la inadecuación de ciertos materiales culturales. Un ejemplo. La familia de un amigo, al morir este, heredaba de su hijo un libro de Macedonio Fernández: «Ese ejemplar es ahora una reliquia de una familia que no desea leerlo, que no sabría leerlo, que no tendría –no tendrá nunca– motivo alguno para leerlo» (1975a: 174). La familia no sabría leerlo: ese no saber expresaba una diferencia generacional, pero ante todo una diferencia cultural.

En el pueblo chato había lugar para cómics y revistas femeninas, pero no para libros. La madre era la que siempre ensayaba otras lecturas, intentaba leer libros, por su «amor por el amor mismo hacia los libros», porque eran «más grandes que las revistas y los escribían gente más inteligente y de todo el mundo» (1968: 62). Pero estos ensayos fracasaban por la inadecuación del entorno.

> El equilibrio Tony, Rayo Rojo y revista femenina se rompió con la llegada de uno que tenía libros. No revistas, sino libros. *Ejemplares*, se decía, de muchos autores que estaban muertos. [...] Mi madre empezó a leer. Recuerdo una pelea donde quiso concluir con una sentencia de Séneca y fue agredida –de hecho– por mi padre. (1975a: 83)

La segunda fatalidad de este pueblo chato era la miseria, cierta sordidez –el hermano que terminaba en la cárcel (1968: 95)– que se expresaba de manera más patente en el alcoholismo del padre: «su desgracia, tan monotemática, tan muerta y circular en sus síntomas como en sus motivos» (1968: 145). Este alcoholismo se continuaba de una novela a la otra, y su tratamiento adquiría por momentos ribetes arltianos.

> Si vos [el padre] te hubieras incorporado verticalmente, como un chico verdadero, antes de estar curvado con los brazos caídos como mono y la cabeza baja y los nudillos apretados inútilmente, habrías descubierto en un acto, como los locos, los suicidas, vencido y perdido, tu propio y único camino; pero ya el camino de la botella te tenía amarrado por su pico. (1968: 14)

La desgracia del padre y su mediocridad también expresaba la distancia entre pueblo chato y capital al revelar su inadecuación a la gran ciudad. «Éste tu corazón que no es el tuyo no sirve para la ciudad, es un corazón de no-ciudad. Es un corazón para los fideos del domingo, para la vida y el llanto; no para el mundo, no para la ciudad, no para la vida» (1968: 17). Era el hijo quien debía salvar esa distancia.

El alcoholismo, convertido en patología –«Es el delirio del alcohol –decía el médico» (1968: 17)–, abría la puerta para una nueva caracterización de lo otro, vinculada a su sordidez y vulgaridad: su virtual resistencia al análisis. En *La vía regia*, el pueblo de provincia se presentaba como terreno fértil para la psiquiatría y la psicología, lo que implicaba por oposición cierta hostilidad, cierta resistencia, hacia el psicoanálisis.

El padre del protagonista era atendido por un psiquiatra, y la caracterización de este médico servía como excusa para caricaturizar tanto la psiquiatría como la psicología[5]. En cuanto a la primera:

> El psiquiatra, por su parte, tenía una vida sencilla. Casi no leía el diario –dedicado como estaba a los alcohólicos y otras yerbas malignas que invadían la (pacífica) ciudad–. Refugiado en ese pueblo, arrastrando su ignorancia, había hecho fortuna. Mesmer y Lombroso a la vez, tenía sin embargo algunas ideas modernas de la farmacopea psiquiátrica. [...] ¿Y si fuese un genio, un Freud perdido en ese pueblo? (1975a: 36-37)

---

[5] La novela retoma –dentro de la ficción– las primeras páginas de «Documento literal», el texto de *Literal* 2/3 (1975) que abría con duras críticas a la psiquiatría y la psicología.

La novela de aprendizaje

En cuanto a la segunda:

> Y si no se trata de muy malos el muy psiquiatra se los envía a las psicólogas que saben ayudarlos: con dulzura –dicen– les hablan y así los hacen sentir humanos. Así que tan mal no lo pasan. (1975a: 36-38).

> ...ella [la psicóloga esposa del psiquiatra], sobre el fondo de una madurez propia, medía la inmadurez de quienes la consultaban. Por todos lados veía problemas de pareja y falta de integración familiar. No conocía otra etiología que la frustración maternal y no proponía otra terapia que la comprensión. [...] Cualquier desviación –masturbación, voyerismo, coito anal, fellatio– era cargada de inmadurez. Los maduros, sólo de pene a vagina y de vagina a pene. Y además, la comunicación entre la pareja. En definitiva: la pareja trabajaba durante el día, se comunicaba en la mesa y antes de dormirse se despachaba un orgasmo sanitario y conciliador. (1975a: 46-47)

El psicoanálisis –muy presente ya en *La vía regia*– aparecía en estos párrafos –sobre todo en su vertiente lacaniana– como un discurso tácito que vehiculizaba la caricaturización de estas prácticas. El psicoanálisis se presentaba, entonces, en oposición al pueblo –donde triunfaban el psiquiatra y la psicóloga–, encontrando su lugar natural en la capital, en la metrópolis. Veremos que, de hecho, se convertirá en una de sus puertas de entrada. Pero esto será más adelante.

En lo que hace a la caracterización de este «otro», de este pueblo chato, pueblo-pueblo, podemos señalar finalmente un acontecimiento cultural que tenía lugar en él y que daba cuenta de sus claras limitaciones, de la distancia que lo separaba de la capital y de sus circuitos literarios y artísticos. En el Junín de *Nanina* este tipo de manifestaciones culturales recibían poca atención, pero en *La vía regia* el pueblo se convertía en el escenario de un verdadero debate cultural entre dos bandos, dos círculos amantes de la cultura.

> En el pueblo se había organizado un pequeño círculo de adoradores del espíritu y el arte. [...] Para institucionalizar el asunto se abrió un boliche sofisticado... [...] Cada uno, simulando hablar consigo mismo, se proponía como espectáculo a los demás. Y así iban tirando, hasta que todo se desintegró. (1975a:40-41)

> Si bien este círculo era amante de la cultura, se oponía de entrada al otro, al antiguo círculo de las profesoras locales. Allí se fomentaba la rima y el verso libre siempre que fuese tierno. Un joven escritor local que, años antes, había leído unas hojas con malas palabras, fue expulsado. [...] Sus poetisas recitan al estilo Yerma y tienen la piel transparente. Por lo general se casan tarde, ya que en el pueblo no

abundan los espirituales. Alguna se casa con el hombre más comprensivo, aunque se dedique a los negocios. Nacen lindos chicos, que tienen nombres poéticos: Alfonsina o Rubén, Amalia o Gustavo Adolfo. (1975a:45-46)

Demás está decir que el narrador encontraba inútil el debate, erradas ambas posiciones, de las cuales se excluía. La ciudad volvía ridículas las aspiraciones pueblerinas. Incluso cuando el pueblo quería acercarse a los cánones culturales que irradiaba la metrópolis, sus ambiciones fracasaban. Una vez afuera, en Buenos Aires, el narrador relataba el camino por el cual había logrado escapar de esta fatalidad.

Buenos Aires

…una pensión de cuyo nombre no quiero acordarme

García

Frente a lo otro, frente al horror tan vienés y fin de siglo, se levantaba Buenos Aires, la metrópolis, el punto de llegada de esa vía regia, de ese desplazamiento que realizaba la narrativa de García.

La Buenos Aires de García era, en un principio, una ciudad atravesada por la experiencia literaria, por donde circulaba básicamente literatura, y donde era ella la que producía valor –la circulación del psicoanálisis, como tema, aparecía oportunamente borrada–. Su formulación se limitaba a las dos primeras novelas, *Nanina* y *Cancha rayada*, y es ahí donde proliferaban las lecturas, los bares, las librerías de saldo, el ambiente bohemio que caracterizaba la juventud del personaje en los últimos años de la década de los sesenta.

En *Nanina* la propia vida de la ciudad era literaria o materia literaturizable. La ciudad exigía la escritura, a diferencia del silencio pueblerino –«son palabras, hijo, dejate de joder» (1968: 189)–, y la exigencia de Buenos Aires era tan fuerte que en determinados momentos el personaje tenía que abandonar los bares para poder registrar lo que estaba viviendo: «yo me asustaba por lo que tendría que escribir si no paraba: ya era necesario una novela con epílogo, prólogo, capítulos al medio, crecendo y descenso sin fatiga» (1968: 22).

En este sentido, la experiencia de Buenos Aires se presentaba en buena medida como la historia de la escritura de la propia novela: «llené de barquinazos la idea de una novela donde yo era el personaje más interesante» (1968:

46) –«si no podés escribir podés escribir eso: "hoy no puedo escribir nada"» (García & González & Rinesi 1994: 25) diría más tarde García a propósito de la escritura de *Nanina*–. Acorde a esta experiencia literaria, si la vida se repetía, no era una repetición sino un plagio:

> Vivía todo como una repetición. Ese momento, los momentos que vendrían en una pieza previsible, los de la mañana siguiente, todo lo que ocurriese ya estaba en mí. Era vivir plagiando un instante único que siempre se retira, un instante que entreveo y que se esfuma. (1968: 29)

La ciudad era la trama –«caminábamos sobre la red de las palabras, sobre la red de la ciudad…» (1968:205)– y las referencias literarias, que abundaban en *Nanina*, ofrecían un panorama de las lecturas de ciertos circuitos intelectuales porteños: Cocteau, Gide, Camus, Hesse, Borges, Macedonio Fernández, Kant, Leibniz, Joyce, Breton, Proust, Gombrowicz, Beauvoir, Sartre, Fafka, Miller, Kerouac, Guinsberg, Marx, Freud, Cortázar, etcétera En *Cancha rayada* se repetía –aunque más recatada– esta proliferación de autores que servía también ahí para pintar la ciudad y establecer una complicidad con el lector: Eliot, Malamud, Rimbaud, Hamlet, los «Cielitos» de Hidalgo, Joyce, Kafka, Lorca, Platón, Gombrowicz, Beckett, Guillén, Grass, Borges, Proust, etcétera En este último caso, el nombre del narrador –también el nombre de su padre– surgía de este universo literario, como un cruce entre Joyce y Macedonio Fernández. Leopoldo remitía a Leopold Bloom, Fernández a Macedonio[6].

La mayor expresión, tal vez, de esta red de palabras, de esta Buenos Aires literaria, era un proyecto del narrador de escribir un relato hecho con títulos de libros y lugares comunes de la literatura, que concluía como una oración.

> Un relato hecho de títulos de libros y estereotipos: las armas secretas traen el poder y la gloria, no son necesarias otras inquisiciones y es necesario vivir muchas noches de amor y de alegría antes del casamiento. La impura es bastarda, pero no todas las bastardas pasan por el mismo túnel. La vida en serio, el ocio creador es lo necesario para perder el miedo a la libertad. No se va al muere por un kilo de oro, no se vive sobre una alfombra roja y si se hace no se debe confundir eso con

---

[6] La intertextualiad con el *Ulysses* es explícita. *Cancha rayada* se presenta a sí misma como un *Ulysses* personal. La novela es un ejercicio de escritura múltiple, en el que confluyen distintos procedimientos literarios y que cuenta, hacia al final, con un monólogo interior de la madre del protagonista, veinte páginas que empiezan con una mención directa: «*Molly Elsa Fernández Bloom*: Me curvaba sobre la cama y trataba de arañar a los que se me acercaran, los ponía en la opción de matarme o dejarme morir, los tenía pendiente de mí…» (García 1969: 247).

una temporada en el infierno. Al vencedor se le caen las medias si descubre que el eros y la civilización se excluyen y que la condición humana, la esperanza, el parto sin dolor, el sí de las niñas, son tierra de nadie, intereses creados. Y porque todos nos vamos a morir la semántica no puede con el final del juego y sobre los héroes y las tumbas una meada del mundo, amén. (1968: 41-42)

La literatura como oración convertía en objeto de parodia toda esta cultura libresca –más que letrada–. De hecho, la literatura en estos relatos estaba tanto en el aire de la ciudad, tanto se podía respirar, que alcanzaba niveles cómicos, como sucedía, en *Cancha rayada*: en una comisaría los policías reconocían, en las palabras del detenido, versos de Guillén y personajes de Gunther Grass (1969: 54) –lo cómico estaba en lo absurdo de la situación, pero sobre todo en que los policías (por su condición de policías) no leían, mucho menos a Guillén o Grass.

La parodia o la caricatura de esta Buenos Aires libresca partía, en estos relatos, de una decepción: el desengaño producido por el reconocimiento de la lógica que gobernaba este ambiente literario, que por otra parte era la misma lógica que instauraba la diferencia entre la ciudad y el pueblo, y que en última instancia sostenía toda la narrativa. Me refiero a cierta lógica jerarquizante, la lógica de una producción de valor producida por una experiencia de la cultura atravesada por la diferencia y la exclusión, es decir, por el pertenecer y el no pertenecer, por el tener y el no tener.

El primer acercamiento del narrador de *Nanina* al mundo literario de Buenos Aires estaba claramente traspasado por esta lógica, la cual se podía identificar con unos modos de la cultura propios de una sociedad capitalista. Sus trabajos en librerías o como vendedor ambulante de clásicos de la literatura (1968: 33) ponían en evidencia, desde el principio, el carácter de mercancía de los libros. Pero no era hasta más tarde que aparecía la decepción, cuando el narrador, ya en el interior de este universo, aprendía que la escena literaria era una escena de producción de valor. La primera decepción, en este sentido, era ante el ambiente bohemio.

> Bares atestados de gente con libros. Muchachas agresivas y estereotipadas como demonios. Muchachos llenos de misterio. Gente que gesticulaba un lenguaje flotante, yo entre ellos. Discutíamos por la madrugada hasta el día siguiente.
> Uno explicaba conceptos sobre la mala fe y dejaba mal parados a todos: fumaba y miraba por la ventana como diciendo, así es nomás mis queridos analfabetos. (1968: 232)

La decepción también alcanzaba a los grandes mitos literarios.

> Buenos Aires es de cartón, de propaganda, Buenos Aires no existe: Borges tiene razón. Los laberintos, las ruinas circulares, los fragmentos de enciclopedia, los falsos hombres de las falsas esquinas, de las rosadas y falsas pinturas. Borges con Nanina, Borges con ficciones, con la historia universal de la infamia. Borges como un chico: un hombre viejo, casi ciego, tambaleante y extraño que muchas veces recorre las calles acompañado de una mujer flaca y con canas o de una mujer joven. Lo seguí una vez varias cuadras y para mi sorpresa, mi dolor era uno más entre la gente. (1968: 235)

Este desengaño ante Buenos Aires y las miserias de la literatura no podía dejar de repercutir en un individuo que construía su identidad, su lugar de escritor, justamente sobre la diferencia que señalábamos entre pueblo y ciudad, entre Junín y Buenos Aires. Se producía, por tanto, un cuestionamiento de sí mismo y de la fe puesta en los libros: «Joven pedante, joven torpe, joven intoxicado, joven que no comprende que los otros tienen destino *a pesar* de los libros, a pesar del destino, a pesar de todo y a pesar de ellos» (1968: 189). Sin embargo, este cuestionamiento no tornaba inhabitable aquella figura de escritor.

La literatura, con sus miserias, era un lugar de inserción para quien venía del interior, podía ser un medio de consagración en la capital –los escritores aparecían en la radio, eran entrevistados (1968: 26, 1969: 115)–. La literatura, entonces, era una vía, especialmente para quien no tenía –como el narrador– una inscripción institucional y debía inventarse a sí mismo. El narrador –¿el autor?– no se excluía de ese circuito, sino que capitalizaba su singularidad, convertía la marginalidad en un bien. Lograba así desplazarse, de un sitio al otro, mediante el mito del autodidacta. Y cuando en el camino se presentaban situaciones difíciles, había una sola respuesta: «Leer, seguir sintiéndose distinto...» (1968: 208).

Sentirse distinto: eso era lo que establecía como punto de partida la escritura de García. Como cuando, en un caso de necesidad, decidía no vender los libros: «El borracho me llevó a un lugar donde compraban libros y ropa. Vendí la ropa con bolso y todo y me quedé con los libros. Con la ropa no podía entretenerme y con los libros sí. El borracho me dijo que era un tonto» (1968: 217). Otra vez la diferencia, y la producción de valor. Porque este rechazo a cambiar los libros por dinero no era un desprecio hacia este último, el dinero. Como diría el narrador: «todos mi actos fueron creados, definidos, y liquidados en relación al dinero» (1968: 275-276).

Por otra parte, ¿qué pasaba en *La vía regia*? En *La vía regia* –a diferencia de *Nanina* y *Cancha rayada*– desaparecía Buenos Aires con su bohemia literaria.

Aunque seguía estando ahí como contrapunto necesario de la cultura pueblerina, como el lente a través del cual se volvía al pueblo natal, desaparecía por completo su descripción en la novela. Como si García empezara así a callarse, o a callar algunas cosas sobre su lugar de enunciación, como si empezara así su desvío.

La Buenos Aires tácita de *La vía regia*, como veremos, era una Buenos Aires no sólo literaria sino también psicoanalítica, principalmente psicoanalítica. Y en consonancia con su nueva colocación intelectual e institucional[7], de esta Buenos Aires –y sus miserias– nada se decía. El narrador estaba aprendiendo a callarse. En definitiva, como el mismo García diría más tarde, «pude dedicarme al psicoanálisis porque aprendí a callarme, no a hablar. El problema es aprender a callarse...» (García & González & Rinesi 1994: 44).

La formación

> Quería saber, temía saber.
>
> García

Entre lo otro y Buenos Aires se producía ese desplazamiento –movimiento geográfico, social y cultural– del personaje: de la provincia a la capital, del trabajo manual al trabajo intelectual, de la cultura popular a la cultura letrada. La tematización de este viaje, o al menos de la diferencia –provincia/ciudad– que este viaje instaura, tiene una gran tradición literaria en Argentina. Pero lo que me interesa aquí es la inflexión que realizara García, porque allí encontraría su lugar el psicoanálisis.

El viaje, en última instancia, era un viaje iniciático. Detrás de él había una escena de formación, y no me refiero a un detrás encubridor. La escena era explícita. Era, por cierto, la justificación del relato. En *Nanina*, en *Cancha rayada*, en *La vía regia*. Y no podía esta escena sino ser explícita: un personaje sin inscripción institucional –su paso por la institución se limitaba a algunos recuerdos de la escuela primaria– necesitaba exponer su formación, exhibirla.

Se trataba de una formación que tenía lugar en dos niveles. Era una iniciación cultural y a la vez sexual. En este momento me centro en la primera de

---

[7] Recordemos que un año antes, en 1974, había fundado junto a Oscar Masotta y otras dieciocho personas la Escuela Freudiana de Buenos Aires.

ellas −siendo la segunda, por lo escandalosa, la que acaparara en su época la mayor atención de la crítica y de la censura−. Estos dos niveles, sin emabrgo, confluían por momentos en la imaginación del personaje/narrador de *Nanina*:

> Duda: ser escritor no es eso. Lee a Jean Cocteau y a André Gide. Se cultiva: Introducción a la Metafísica, Introducción a la Filosofía, Introducción. Siente que se introduce en las introducciones y se le cierra el vientre de la cultura por la falta de experiencia. Mejor no: la cultura es una vagina, una gran concha, entonces principito se excita con tamaña idea y lee más que nunca. (1968: 199)

El vientre de la cultura se le cerraba «por falta de experiencia» y, como todo relato de formación, la narrativa establecía primero ese punto de partida, la falta de experiencia, el no saber. «Un día pasé vergüenza al no saber contestar qué era semántica, frente a una mirada severa que parecía conocer todas las semánticas del mundo» (1968: 23). Esta era la posición familiar −la de la familia del personaje−, la posición de un orillero de la cultura, que intentaba acceder al centro pero que no tenía las herramientas, las armas, para hacerlo. «Mi madre, por supuesto, encantada de orillar el círculo [aquel círculo pueblerino dedicado a la cultura], ya que su nacimiento en las orillas la había excluido de esas exquiciteces. *Orilleros*, era una palabra que usaba mi padre para nombrar a los integrantes de la familia materna» (1975a: 42).

Era una cuestión de exquiciteces, con *c* en el original: la cultura como *exquicitez*, como una elegancia que se formulaba a través de la exclusión. Años más tarde, García −el autor− insistía en una entrevista, a propósito de los años cuando escribía *Nanina*, en ese lugar de enunciación del orillero frente al canon:

> Una persona que venía con una falta de formación como la que tenía yo en ese momento agarraba Borges y la mitad del lenguaje de Borges no lo conocías, y todo así, es decir, la elegancia borgeana, toda esa historia, los temas de Borges, todo eso sonaba como una cosa tan inhibitoria… yo creo que parte de la hostilidad a Borges era por una cuestión de cultura. (García & González & Rinesi 1994: 25)

Lo inhibitorio de la elegancia borgeana suponía una concepción de la cultura, justamente, como círculo, como vientre cerrado. La literatura, para conservar su lugar, debía experimentarse como cerrada, sin más espacio para otras voces, y sobre todo para voces advenedizas. Vuelvo a *Nanina*:

Cómo podía, por dios, escribir esa novela, como *El Quijote*, y de menos páginas, en un siglo de mucha competencia, donde ya estaban los grandes que habían escrito lo único que a mí me parecía justo [...] ...yo tenía amigos entendidos que sabían demasiado bien que nadie escribe una novela, cuando como yo, no conoce el verdadero significado de las frases, el peso de las palabras, el sentido del verbo verbar. (1968: 22-23)

Ahora, si la experiencia de la literatura era presentada como esa exclusión de la que era objeto el personaje por carecer precisamente de experiencia, de las credenciales necesarias, la novela misma venía a suplir esa falta. Quien escribía conocía muy bien el sentido del verbo verbar. Y no sólo por la prepotencia del texto terminado, del texto impreso que convertía al narrador –¡zas!– en escritor, sino por sus filiaciones, su sostén.

Como el propio García lo sugería más tarde, en *Nanina* esta filiación estaba definida por la literatura: por todas las lecturas de las que el texto da cuenta, por ese conocimiento de lo literario, pero sobre todo, de manera más concreta, por el género. A través del género –testimonial, confesional–, a través del modelo Henry Miller, la novela se colocaba en el sistema literario. Frente a la elegancia borgeana, la «sinceridad» de Miller:

Entonces Henry Miller era como un contraste, porque alguien que te dice que vos podés escribir cualquier cosa, incluso que si no podés escribir podés escribir eso: «hoy no puedo escribir nada»... ese tipo de mecanismos era muy liberador para un sector de gente. (García & González & Rinesi 1994: 25)

Uno puede pensar que se trataba, entonces, no tanto de un estar fuera de la cultura, como de una cuestión de afinidades literarias. En este sentido, como en toda novela de formación, el punto de partida era construido retrospectivamente. El estar afuera se enunciaba desde adentro.

Como en *Nanina*, en *La vía regia* el narrador también se colocaba en ese lugar presentado como externo, pero que suponía un ya haber entrado –y un cerrar la puerta detrás de sí–. Con respecto al afán de cultura del círculo literario que se había formado en el pueblo, el narrador reconocía allí su carácter de orillero y sus intenciones de penetrar en ese nuevo mundo, en el que tácitamente se señalaba que ya había penetrado: «Por entonces –yo también– quería internarme en los terrenos vírgenes de la cultura, en sus parajes todavía salvajes, en sus obscenas oscuridades. También yo. Pero este círculo [pueblerino] no andaba en eso» (1975a: 42).

La descripción socarrona de un escritor que llegaba al pueblo también servía para insistir en la enunciación del excluido que excluye:

> Desde la Capital llegó un escritor *sencillo*, experto en vida mesma, todo hecho de buenas intenciones. Intentamos discutir, defender nuestra ciudad, apelar a nuestros enigmas elaborados en Rimbaud, a nuestras pretensiones alias Mallarmé. Pero nadie nos hizo caso. Nos faltaba. El sencillo se alzó con el público, las mujeres y los laureles…
>
> […] Y el sencillo, con pacífica sencillez, era sencillamente original. Se burlaba de los jóvenes que ponían sexo en sus libros, se jactaba de que era más sencillo no ponerlo.
>
> Entre los tangueros y el sencillo –la cultura de las maestras y también de los tangueros– jugábamos centro afuera. (1975a: 53)

La incomprensión por parte del pueblo de los enigmas elaborados en Rimbaud, de las pretensiones alias Mallarmé –incluso con el tono burlón con el que eran presentados– funcionaba como la garantía de estar dentro.

Pero si ya se está adentro, ¿a qué viene el mito de la iniciación? Se trataba en última instancia de una cuestión de legitimidad, de autoridad. Frente a otras vías posibles –la vía corporativa o institucional, la vía del linaje, que veremos que opera en Gusman– la iniciación se ofrecía como una regia vía para hacerse un lugar, para legitimarse, siempre en un gesto que seguía el modelo masottiano: el del autodidacta. Junto al «padre y las botellas de vino», junto a «Toti [el hermano] y sus mentiras», junto a «mamá y la costura», en Junín, el «autodidacta en la biblioteca… » (1968: 202).

El parricidio

> La muerte del padre seguirá ocurriendo…
>
> García

Siguiendo el tópico, se puede decir que todo autodidacta esconde un parricida, o cuanto menos que carga en sus espaldas con un padre muerto.

En *Nanina*, la muerte del padre no era ampliamente tematizada. Aparecía más bien como una promesa, ocupando un lugar privilegiado que pudiera resignificar todo el relato, pero sin una reflexión detenida alrededor de ella.

Era la última línea de la novela, separada del resto del texto, la que introducía esta muerte: «18 de agosto de 1967: Antonio, mi padre, se murió» (277). Es en las siguientes obras donde esta muerte «seguirá ocurriendo», donde se hará de ella uno de los principales ejes narrativos, operando una desviación en el registro testimonial que presentaba *Nanina*.

De acuerdo a la lógica de este registro, la muerte del padre aparecía en la primera novela de García como un hecho que se inscribía en lo real. El padre del autor habría muerto mientras escribía la novela. De todos modos, a fines de los años sesenta, la escena de la muerte del padre estaba ahí, al alcance de la mano, como algo que trascendía lo real y se inscribía en lo teórico, en el camino intelectual de una persona. Está claro que si nos atenemos al corpus freudiano, esta muerte estaba inscripta en lo teórico desde mucho tiempo antes. Sin embargo, a mediados de los sesenta se realizaría un uso particular de ella que la colocaría en el primer plano de la escena intelectual. Me refiero a la narrativa que construyó Oscar Masotta en su célebre artículo «Roberto Arlt, yo mismo».

En febrero de 1965, cuando presentó su libro *Sexo y traición en Roberto Arlt*, Masotta leyó un extenso texto que, bajo aquel título, publicaría más tarde en *Conciencia y estructura*, en el mismo año en que se publicaba *Nanina*. No haré aquí una lectura de este artículo, ampliamente comentado por la crítica. Me remitiré solamente a algunos aspectos del uso intelectual que Masotta hacía allí de la muerte de su padre, uso que asignaría a esta muerte cierto valor, convirtiéndola en moneda de cambio en círculos culturales afines.

El texto de Masotta, atravesado por una lógica confesional, planteaba una evolución intelectual en la que la muerte del padre adquiría una dimensión determinante. Esta muerte estaba presidiendo sino un cambio epistemológico en su pensamiento, por lo menos un cambio en los textos y autores de referencia. Concretamente, esta muerte –convertida en escena, en parte de una pose– era la que le hacía descubrir, al Masotta existencialista y marxista, el psicoanálisis y las obras de Lacan.

> Pero las cosas estaban así: mi padre había muerto y yo había «hecho» una enfermedad, en «ocasión» de esa muerte. Y desde el día que «caí» enfermo (fue de la noche a la mañana) me tuve que olvidar de golpe de Merleau-Ponty y de Sartre, de las ideas y de la política, el «compromiso» y de las ideas que había forjado sobre mí mismo. Tuve entonces que buscarme un psicoanalista. (Masotta 1990: 197)

Aunque a continuación Masotta le «daba la razón» a su analista –«Al cabo acepté la opinión de mi analista», «...mi psicoanalista tenía razón» (1990:

197)–, no es el trabajo de análisis la mayor utilidad intelectual que se desprendía de esa muerte y su respectiva enfermedad –«Ante todo: ¿qué era lo que había ocasionado la enfermedad? Eso estaba a la vista: la muerte de mi padre» (1990: 196)–. La ganancia producida por esa muerte/enfermedad estaba más bien del lado de esa necesidad de olvidar, de ese olvido perentorio de Merleau-Ponty y de Sartre, de las ideas y la política, que le permitiría luego renacer, reinventarse. La muerte se presentaba prospectivamente como un *impasse* productivo, como un verdadero descenso a los infiernos –«A mi vuelta de los infiernos…» (1990: 200) diría Masotta para enunciar su nueva etapa.

Para Masotta, esta nueva etapa se abría con un cambio de paradigma teórico. «En lo que se refiere al Saber: en estos años he "descubierto" a Lévi-Strauss, a la lingüística estructural, a Jacques Lacan» (1990: 201). Y este descubrimiento le permitía repensar sus posiciones teóricas anteriores.

> Es que en esos ocho años, al nivel del saber, han pasado algunas cosas: entre otras, cierto naufragio de la fenomenología. Recién hoy comienzo a comprender que el marxismo no es, en absoluto, una filosofía de la conciencia; y que, por lo mismo, y de manera radical, excluye a la fenomenología. La filosofía del marxismo debe ser reencontrada y precisada en las modernas doctrinas (o «ciencias») de los lenguajes, de las estructuras y del inconsciente. En los modelos lingüísticos y en el inconsciente de los freudianos. (1990: 201-202)

De esta manera, Masotta introducía su biografía –la crisis personal tras la muerte del padre– para explicar su *aggiornamento* intelectual. La muerte del padre se abría así, en la propuesta de Masotta, a posibilidades teóricas que no habían sido enunciadas antes con tanta fuerza, siempre en la medida en que ella se convertía en un concepto o un significante –para usar un término más acorde– central a la nueva teoría. Después de este uso, la muerte del padre circularía de mano en mano[8].

García volvió en más de una oportunidad sobre este episodio o esta escena de la vida de Masotta. Leyó, a pie juntillas, la versión de su maestro

---

[8] Y lo haría como de hecho lo hacían los libros. Tras la muerte del padre, tanto en *Cancha rayada* como en *La vía regia* el narrador recibe de regalo, por parte de un amigo, *La carta al padre* de Kafka. Fuera de la ficción –¿fuera?–, Osvaldo Lamborghini parecía tener esa costumbre cuando moría el padre de un amigo: «Osvaldo estuvo en tres circunstancias decisivas de mi vida. La primera, cuando murió mi padre me acompañó durante el velatorio y después en el cementerio. Todavía recuerdo que cuando nos despedimos me preguntó con quién iba a pasar la noche, y dándome un consejo me dijo: "¿Por qué no leés *La carta al padre* de Kafka?". Entre nosotros la vida y la literatura iban de la mano» (Gusman 2008: 39).

y utilizó también esta muerte para explicar su metamorfosis intelectual, la de Masotta. En un estudio sobre el lugar de Masotta en la cultura argentina, escribía lo siguiente: «...la crisis desencadenada por la muerte de su padre terminó con su creencia en la autonomía y puso en duda la noción de libertad que se había forjado...» (2005: 227), etcétera. Para García, la muerte del padre tenía, en efecto, ese lugar clave en la biografía intelectual de Masotta. Y luego, indirectamente, ese lugar podía extrapolarse a cualquiera. «Era una certeza: cada uno, al menos uno en cualquier caso, puede hundirse en la ocasión de la muerte de su padre» (García 2005: 228). También él mismo, Germán García.

No he encontrado un verdadero descenso a los infiernos en la autobiografía intelectual de García, pero es indudable que la muerte del padre opera de manera decisiva en su narrativa. ¿De qué manera? Si la muerte y su respectivo hundimiento son presentados por Masotta como anteriores a su «descubrimiento» teórico, está claro que este descubrimiento es el que le había permitido formular –desde la matriz de la nueva teoría– el lugar asignado a esta muerte en su evolución intelectual. De manera similar, en la narrativa de García es como si el descubrimiento de las formulaciones psicoanalíticas alrededor de la muerte del padre le hubiera permitido reformular esa muerte apenas anunciada en la última línea de *Nanina*. Son estas formulaciones las que, en buena medida, habilitaron –en *Cancha rayada*, en *La vía regia*– una reinvención de su prosa, una rescritura del género confesional/testimonial que había adoptado en su primera novela.

En *Cancha rayada*, la centralidad de la muerte del padre era, desde lo anecdótico, relativa. Es cierto que el epígrafe de Freud con el que abría la primera parte ya nos colocaba en tema –«La escritura es, originalmente, el lenguaje del ausente» (García 1969: 11)–. También es cierto que inmediatamente después, en la primera página, se nos daba la identidad de un posible ausente –«La muerte del padre seguirá ocurriendo y en sus vueltas observará los últimos gestos, los ojos saltados por un alfiler, el regreso y la ceguera de un hombre caído en los espacios de este tiempo» (1969:13). Sin embargo, esta muerte no llegaría a ser el principal motor narrativo de la novela –no, al menos, como lo sería luego en *La vía regia*–. La interrogación acerca del padre, la reflexión acerca de su muerte –un tanto limitada– aparecía más bien en el marco de la escritura de una «novela familiar» –a la que volveré más adelante–, en el marco de una interrogación más amplia acerca del deseo del narrador protagonista. La muerte del padre aparecía, si se quiere, por «una razón de estructura», en la medida en que era determinante en la estructura del sujeto que planteaba el psicoanálisis[9].

Esto se podía leer en determinadas reflexiones del narrador:

> Porque ya no sabré cómo saludar a un director, a un general. La autoridad se congela en el cadáver de papá, la autoridad (papá lo dijo) es la imagen de papá muerta en el alma y vuelta a uno como castigo por esa muerte que quisimos conquistar (digo la muerte de papá) aunque era inútil explicarle que nunca quise matarlo. (1969: 45)

Deseo de la muerte del padre, castigo, autoridad... Esta colocación de la muerte del padre en el marco teórico del psicoanálisis estaba confirmada por las múltiples referencias al discurso psicoanalítico que aparecían en la novela, referencias que no escondían un uso paródico[10].

Donde la muerte del padre ocupaba un papel central de manera más evidente —no sólo en lo que hacía a la «estructura» del sujeto que narra sino también a la anécdota— es en *La vía regia*. Esta novela narraba precisamente la travesía de un hijo al velorio de su padre, a partir de la cual se desencadenaba la reconstrucción de su historia familiar. «Llega noticia. Mi padre ha muerto *entre* las complicaciones de un derrame cerebral. Una vez más, con gestos precisos, me dispuse a viajar» (1975a: 11). Así comenzaba la novela, en la que veíamos proliferar las referencias a esta y a otras muertes paternas.

De su padre, el narrador nos contaba: «Cierto acontecimiento vino a incrustarse, como un cuerpo extraño, en la vida de mi padre. Fue la muerte de *su* padre, cuando él tenía ocho años» (1975a: 24; énfasis del original). De un músico del pueblo se decía algo similar. Como Masotta, «El músico

---

[9] Años más tarde, Masotta resumió una vez más esta estructura, ahora en las páginas de *Literal*: «Se trata de una razón de estructura: a saber, la castración como relación de la muerte del padre con la erección del sujeto del deseo» (Masotta 1977: 37-38). Es este sujeto del deseo atravesado por la castración el que estaba funcionando en la novela.

[10] Estas referencias al psicoanálisis llegan al pastiche en la sección «Retóricas de la misma novela familiar» (1969: 135-140). Allí, diversos personajes aportan una explicación o un comentario sobre el protagonista con un vocabulario de clara raigambre psicoanalítica. Valga el comentario del padre como ejemplo: «Esta claro que he muerto, pero soy el padre. Desde esta inmaterialidad daré mi modesta (y fantasmática) opinión. La ambivalencia que está en el núcleo de este tipo de fugas tiene su origen en conflictos irresolubles de la primera y única infancia. / Si, como Layo, a pesar mío engendré conductas disociantes en él, nada puedo hacer desde este lugar. Pero sé que Leo tenía culpa hacia mí, que pudo comprender su rivalidad inconsciente y ese intento de apoderarse de la madre. / ¿Soy responsable? Creo que no, las últimas investigaciones demuestran que la prohibición del incesto es universal» (1969: 137).

fue poseído por extrañas verdades, surgidas después de la muerte del padre» (1975a: 42). Por todas partes, la muerte del padre. Y si en estos casos, la muerte era presentada como algo extraño que se incrustaba o que se apoderaba del sujeto, algo similar pasaba con la novela. La novela no era más que la muerte del padre.

Un comentario al margen: en el mismo año en que salía *La vía regia*, García publicó un libro de crítica de clara inspiración lacaniana dedicado a uno de sus mayores referentes literarios, *Macedonio Fernández: la escritura en objeto*. Todo el libro se presenta como una reflexión psicoanalítica sobre la escritura, en la cual se revela el funcionamiento de esta como reposición de un vacío original. Ideas como la ley del Padre, la deuda paterna y la castración, son centrales allí tanto para pensar –en lo teórico– el régimen de lo Simbólico como para pensar –en lo literario– la figura de Macedonio. Como sugería Nicolás Rosa, en este libro de García, la «dialéctica entre las funciones paterna y materna funda una escritura de la vida (bio-grafía) de M. Fernández» (Rosa 1982: 391). Pues bien, en cierta medida, esta dialéctica se puede hacer extensible a *La vía regia*. La diferencia, tal vez, está en que si para leer esa dialéctica «psicoanalítica» en la obra de Macedonio Fernández hacía falta la intervención del crítico, en la obra de García ya estaba formulada en la narración, en su interior mismo, operando –si se quiere– como una fuerza extraña.

Además de la muerte del padre como elemento narrativo determinante, *La vía regia* incluía diversos guiños dirigidos a un lector introducido a la teoría psicoanalítica. En un momento, se decía que el padre estaba «en fading» (1975a: 31); de sus alucinaciones se decía que eran «Percepción de un objeto sin objeto, como dicen los que saben» (1975a: 38); luego, el narrador recordaba «haber leído en alguna parte que existía una relación entre la adivinanza y el incesto» (1975a: 64) y le resultaba «extraño que no pueda discernirse qué pertenece al recuerdo y qué al relato de Otro» (1975a: 93); más adelante afirmaba que «El estilo es la familia» (1975a: 120) y que «...lo de baba ponzoñosa era –como se dice ahora– una "proyección"» (1975a: 169). Por último, «se descubre que es Dios el máximo neurótico obsesivo» (1975a: 212) y, poco antes del final, se repetía una fórmula lacaniana al referirse a «esa hora de la madrugada en que todavía no ha concluido la noche y sin embargo no ha empezado el día, esa hora imperceptible que en Baltimore *es* el inconsciente» (1975a: 229).

Estos guiños, la mayoría de los cuales aparecían aislados en el texto –demás está decir, por ejemplo, que ni Baltimore ni los Estados Unidos volvían a aparecer en la anécdota de la novela– se ofrecían como una presencia extraña al relato. Especificaban no sólo la colocación del autor sino también la colocación de esta «muerte del padre» –motivo, en última instancia, tan literario como psicoanalítico– en el entramado teórico del psicoanálisis, y hacían de este saber una verdad extraña al texto que se terminaba apoderando de él –como le sucedía al músico tras la muerte del padre–. Esta verdad, que por momentos era objeto una clara parodia, era sin embargo decisiva, ya que se volvía productiva en la narración.

Con esto quiero decir que *Cancha rayada* y *La vía regia* daban cuenta de la evolución intelectual de García. Si en *Nanina* la voz del narrador descansaba principalmente en una forma del género testimonial, en las siguientes novelas esta voz estaría modulada por el psicoanálisis. Como era de esperar, el tono confesional, autobiográfico, no desaparecía, pero estaba ahora muy mediado por la inflexión que la obra de Freud produjera en ese registro. El autodidacta que nadaba en el mar de la literatura para escapar de la mediocridad de su pueblo, bordeando una cultura que siempre se escapaba, se convertía así en un parricida que deseaba y temía la muerte de su padre (1975a: 28), que se había encontrado «acariciando la posibilidad de su muerte» (1975a: 230) y que con su escritura, ya desde niño, «tramaba venganza contra el padre bajo el poético gesto de memorar su cansancio y el sueño de su razón, los monstruos de su delirio» (1975a: 167-168).

LA NOVELA FAMILIAR Y EL DESVÍO DE LA LITERATURA

> ...entre mi padre y mi madre, fui creciendo en confusión.
>
> García

La muerte del padre, en función del lugar que ella ocupaba en su estructura, nos introduce en uno de los ejes más importantes por los que transcurría, en su superficie, la narrativa de García. Me refiero a la construcción, recurrente en sus obras del período, de una «novela familiar» a partir de la cual se ordenaba la conducta y el deseo del personaje. De una manera u otra, en estas obras el narrador escribía su historia poniendo especial atención a la relación con sus padres, en un trabajo de rememoración que se remontaba a episodios de la infancia y la adolescencia, y que se confundía deliberadamente con el registro analítico –«Elsita serás madre, cuidate, no sea que terminés pariendo un síntoma en vez de un chico» (1969: 259)–. El narrador construía así su identidad partiendo siempre de una «novela familiar»[11].

La narrativa de García del período podía leerse –especialmente *Cancha rayada* y *La vía regia*– como la construcción de una subjetividad que se definía o que se explicaba en función de su familia, especialmente en función del vínculo con sus padres. Se trataba, en definitiva, de una subjetividad determinada de manera explícita por el triángulo edípico propuesto por el psicoanálisis. Si en la narrativa freudiana encontramos a la literatura en el origen de la teoría sobre el complejo de Edipo (por las referencias a *Edipo Rey*), en las obras de García el Edipo –mediado por la pluma de Freud– aparecía ahora como uno de los materiales con los que trabajaba la literatura. En uno de los epígrafes de la primera parte de *Cancha rayada* se citaba, de hecho, un pasaje de *Edipo Rey*:

> Yocasta: [...] No te inquiete, pues, el temor de casarte con tu madre. Muchos son los mortales que en sueño se han unido con su madre; pero quien desprecie todas esas patrañas, ése es quien vive feliz.
>
> *Sófocles* (García 1969: 21)

Quien desprecie esas patrañas... ¿Pero eran patrañas esos fantasmas del incesto, esos espectros que el psicoanálisis levantaba como bandera? ¿Qué lugar asignaba *Cancha rayada* al discurso psicoanalítico, cuando este se entremetía en la lógica propiamente narrativa?

Más adelante, las fantasías del personaje recuperaban, rayando nuevamente en la parodia, otra escena central para el psicoanálisis, comprendida también en la reflexión alrededor del complejo de Edipo:

> Papá agarra el cuchillo, mamá me ata a la planta y entre los dos, bailando, se acercan. Papá me pasa el cuchillo por la garganta, después la punta en el ombligo. [...] Mamá agarra el bulto en una sola mano, tira y papá de un solo saque me

---

[11] La expresión «novela familiar» requiere una aclaración. No hago de ella el uso específico que hace Freud en su artículo «La novela familiar de los neuróticos», donde sirve para nombrar un tipo de fantasía novelada en la que el niño, por ejemplo, creyéndose adoptado, sustituye a sus dos padres por unos de mejor cuna. Tomo la expresión en un sentido más amplio, como aparece en el primer número de *Literal*. Allí, la «novela familiar» aparece como una clave para comprender el hecho literario: «Para saber por qué la literatura insiste en un medio tan inhóspito debemos distinguir dos series: 1. La novela familiar que engancha al sujeto en la actividad de escribir mediante la persistencia de ciertas escenas y fantasías. 2. La posibilidad cultural creada por la existencia de un espacio organizado según un sistema flotante que llamamos Literatura» (L1: 11).

castra. No le da tiempo ni a la sangre: una rosa llena de puntos blancos, de venitas chorreando entre mis piernas. Pude soltarme, corrí y arranqué el trofeo colgado del cuello de mamá, lo coloqué donde estaba antes, la rosa de sangre se cerró. Papá temblaba, no esperé a que se le pasara la sorpresa, le saqué el cuchillo de las manos y lo maté. (1969: 76)

Esta secuencia, a la que se sumaban otras formas del incesto que recorrían la novela, tomaba al psicoanálisis principalmente como un discurso de la época y lo colocaban en una posición ambivalente. En un primer plano, se hacía de él una caricatura, llamada a generar una complicidad con el lector que el propio texto elaboraba. Pero también dicho discurso pasaba a ocupar un papel determinante en la construcción del sujeto narrativo, dejando el tono paródico y adquiriendo por momentos una inflexión más grave.

El padre y el hijo, Tiresias, marcado por la fatalidad del tercero excluido que se incluye en la muerte para poseer a esa mujer, la madre, que sabe de los hombres lo que los hombres no saben de sí mismos. (1969:16)

Es como si la novela se mofara de determinados usos simplones o ingenuos de la teoría de Freud, sin por ello dejar de tomar esta teoría como subtexto para la elaboración de sus personajes.

En este sentido, es como si la «literatura» –a través de la experimentación formal de sesgo joyceano: pluralidad de voces, convergencia de distintos géneros, confluencia de registros altos y bajos, etcétera– compitiera aquí, en *Cancha rayada*, con el psicoanálisis en un intento por descentrar esa subjetividad tan marcada por la novela familiar. Planteada la relación en estos términos, es evidente que en el texto la «literatura» fracasaba. En última instancia, *Cancha rayada* –con su título que refiere a una de las batallas de la independencia americana, objeto de estudio en la escuela primaria– era un relato de la infancia y adolescencia del protagonista atravesado por la lógica edípica, vertido luego en el molde del *Ulysses*.

En el caso de *La vía regia*, esta lógica de la novela familiar encontraba su continuidad, haciéndose patente ya desde el mismo epígrafe con el que se abría el texto. Se trataba de una cita de Lezama Lima que nos renviaba al universo psicoanalítico y que nos ofrecía una clave de lectura: «Deseoso es aquel que huye de su madre» (García 1975a: 9). De alguna manera, esta fuga «edípica» estaba operando en la novela. El escenario que proponía era funcional para plantear esta huida. Como ya hemos dicho, *La vía regia* era el relato de un hijo, que en ocasión de la muerte del padre, regresa al pueblo natal y reconstruye su historia familiar.

Sin embargo, más allá de esta continuidad, cabe mencionar una diferencia con respecto a la novela anterior. En *La vía regia*, la lógica de la novela familiar trascendía el ámbito de la familia. Si en *Cancha rayada* había una sugerencia en este sentido, una utilización de esta lógica en otros ámbitos[12], es en el siguiente relato en el que –al volver sobre la tensión planteada en *Nanina* entre interior y capital, entre lo otro y Buenos Aires– la novela familiar se volvía novela nacional.

El discurso psicoanalítico ya no era objeto de caricatura[13]. La lectura paródica desaparecía y el psicoanálisis empezaba a operar ahora en aquella imagen que, al principio de este capítulo, planteábamos como fundacional en la narrativa de García y en su colocación de autor: ese desplazamiento iniciático que iba de un espacio marginal al centro de la cultura, de un mítico otro a una mítica Buenos Aires. El psicoanálisis empezaba a establecer la diferencia que ese desplazamiento había abierto.

Lo hacía, en primer lugar, llevando la «novela familiar» al plano de la cultura, fundando una continuidad entre ambos ámbitos.

> ...se veía allí de qué manera la lucha familiar [las peleas o tensiones dentro de la familia] era, inmediatamente, lucha social y como estas dos luchas –la familiar y la social– remitían a otra profunda –impensable– que era la cultural. (1975a: 168)

Esta continuidad entre una y otra lucha colocaba el parricidio simbólico como un acto fundante ya no sólo de un sujeto en relación con su novela familiar sino de una posición intelectual. En otras palabras, la muerte del padre se dirimía en el plano de la cultura y el certificado de defunción era la diferencia que se levantaba entre la ciudad y el interior.

---

[12] «Este amigo de papá me enseñó las primeras palabras que no eran del pequeño incesto, de la familia, sino del gran incesto, de la familia pública tan llamada la Patria» (1969: 43).

[13] Con excepción de aquellos guiños puntuales mencionados más arriba, en *La vía regia* el discurso del psicoanálisis desaparece de la superficie. Ya no está presente como un discurso estereotipado de la época. Podemos encontrar, sin embargo, algunas escenas que remiten indirectamente a la narrativa edípica, definida por la muerte del padre y el incesto. En este caso es la historia de un calígrafo, compañero de pensión del narrador en la capital: «A los quince años, por casualidad, descubrió que era hijo adoptivo. La que había creído su madre, mujer madura y de extrañas redondeces, se transformó a sus ojos en la imagen misma de la tentación. El que hasta ese día había figurado como padre se arrugó, se encogió, se marchitó y en pocos días se convirtió en cenizas. [...] Días después –quizás un año después– nacía, para orgullo del hasta entonces padre y para confusión de sí, un varón que ostentaba sus rasgos y que, día a día, se transformaba en su doble. La hasta entonces madre recurrió al expediente del suicidio» (1975a: 147-148).

Pero el discurso psicoanalítico también empezaba a establecer los términos de ese desplazamiento en la medida en que ya a partir de *Cancha rayada* se había convertido en una clave interpretativa y en motor narrativo del relato. Lo que en *Nanina* pasaba por un registro testimonial que tenía su aval en otros textos literarios –Miller–, se convertía en los siguientes relatos en novela familiar. El psicoanálisis –a través de escenas como la muerte del padre y el incesto– ofrecía un nuevo lente para la colocación del narrador –los guiños y las referencias explícitas tenían la función de anclar estas escenas–. Y al presentarse como clave de lectura, el psicoanálisis reemplazaba la escena literaria en esa producción del valor que, en un primer momento, había estado a cargo de la literatura. En este sentido, ya no se trataba de los sueños como vía regia hacia el inconsciente, sino del psicoanálisis como vía regia hacia la cultura. El psicoanálisis aparecía como garante de ese desplazamiento, legitimando una nueva posición.

El psicoanálisis funcionaba como una nueva vía, pero por la misma razón también se presentaba como una suerte de desvío. En la biografía de García había tenido esa función. Señalé más arriba el momento en que la realidad política había llevado al autor a abandonar por un tiempo la escritura literaria para dedicarse al ensayo, que en su caso significaba el psicoanálisis –«no había contexto para hacer literatura», decía–. El psicoanálisis funcionó en ese momento como un desvío para poder enfrentarse desde otra perspectiva a esa realidad adversa en el que la empresa literaria naufragaba.

Por su parte, en su narrativa se había producido un fenómeno similar, con la diferencia de que en este caso el desvío no estaba movilizado por el contexto político. Me gusta pensar que lo que se debatía en ese pasaje de la literatura al psicoanálisis que operaba en la escritura de García –del Henry Miller de *Nanina* al Joyce/Freud de *Cancha rayada* al Lacan de *La vía regia*– eran justamente las garantías que podían ofrecer estos discursos, la literatura y el psicoanálisis. Para decirlo en pocas palabras, el psicoanálisis –en tanto saber transmisible y fundado en un otro, llámese Freud o Lacan– ofrecía más garantías para la realización de ese desplazamiento geográfico, social y cultural que planteaba la narrativa de García. La literatura, en cambio, brillaba por su gratuidad, lo que la hacía improcedente tanto en un contexto político adverso como a la hora de obtener el permiso de residencia permanente en el territorio cultural.

Una secuencia de *Nanina* revelaba este carácter gratuito de la literatura. Si como habíamos dicho antes era el terreno literario donde se dirimía –para el narrador de esta novela– esa tensión fundacional entre el interior del país y la capital, entre la exclusión y la inclusión, esta pugna venía a repetir, en el plano de la cultura, las escenas de la política del proceso histórico-social anterior. La historia que vivía el joven del interior aspirante a escritor se presentaba como una nueva versión de la tirantez que el peronismo —durante su decenio en el poder— había instalado en la geografía del país, y que encontraba su cifra en la jornada fundacional del 17 de octubre de 1945[14]. La diferencia con respecto a aquel episodio histórico era que en este caso no era el obrero el que atemperaba sus pies en el agua de la fuente, sino su hijo que templaba su garganta en el aguardiente de los bares del centro.

Después de una larga noche, el personaje desembocaba con sus amigos en la emblemática Plaza del Congreso, un espejo de aquella otra plaza, la Plaza de Mayo, y la visión de la fuente parecía desencadenar sus reflexiones.

> Seguimos. Nos detenemos en la plaza Congreso y subimos a la parte alta del monumento, y nos ponemos a cantar mirando la fantasmagórica Avenida de Mayo, puras luces *y el agua de la fuente*. Antes de seguir, mientras los otros cantan, me quedo pensando. Pienso en esto que estoy escribiendo, en mi vida y en una frase de alguien a propósito de Joyce: Una masturbación, *una regia masturbación* en doce idiomas, o algo así, y tengo miedo de estar vivo y *miedo de escribir*. (1968: 108; énfasis mío)

La literatura, vista desde afuera de la escena, desde la perspectiva que abría el recuerdo de la política —y por transición, el recuerdo de su padre, obrero mecánico—, despertaba sospechas sobre su propio valor. ¿Qué había detrás de la obra de Joyce, de la elegancia borgeana? La novela tenía una respuesta a esta pregunta: o una regia masturbación o no había nada, de ahí el miedo a escribir, y de ahí su fascinación. Perdido en la ciudad, Borges era un tipo más. La institución literaria, como Buenos Aires, era de cartón, de propaganda, no existía. Incluso la propuesta de Henry Miller que decía que «vos podés escribir cualquier cosa» no hacía más que problematizar el valor construido alrededor de los textos literarios.

Y este vacío que provocaba la arbitrariedad y el capricho de la literatura se iría llenando en su escritura con el psicoanálisis, paradójicamente en detrimento de ella. Primero, en *Cancha rayada*. Luego, un poco más en *La vía regia*. Y después, el silencio. Así lo planteaba García, como una opción entre dos vías:

---

[14] Me refiero a la escena de «las patas en la fuente», la movilización popular a la Plaza de Mayo que fuera interpretada como una transgresión de las prohibiciones espaciales de la época: las «masas» populares marginales apropiándose del centro político de la metrópolis al ocupar la plaza, llegando a sumergir las piernas —para refrescarlas— en su fuente.

«Es muy simple: cuando vos escribís sos un paciente… […] Entonces, a mí me parece que pude dedicarme al psicoanálisis porque aprendí a callarme, no a hablar. El problema es aprender a callarse…» (García & González & Rinesi 1994: 44).

La retórica del velo

> Veo entonces un velo de novia que cuelga desde el techo. Seguramente una promesa o carne muerta en virginidad. El tul se deshace entre mis dedos y los trozos se esparcen por el suelo.
>
> Gusman

El velo es una imagen insistente en las primeras obras de Luis Gusman –el tul de un velo de novia, una cortina, un pañuelo que cubre el rostro, un sudario, un hombre vestido de mujer–. El velo como un material ligero y frágil que imposibilita la visión, que oculta algo, que no deja ver lo que hay detrás: porque todo velo supone siempre la existencia de un detrás, aunque ese detrás no sea sino el lugar de una ausencia. El velo y sus socios: porque a través de la lógica del ocultamiento, el velo en la obra de Gusman se asocia al brillo, en la medida en que éste también «enceguece», y a la pose, en la medida en que ésta también encubre. Algunos títulos convocan estas imágenes: *Brillos*, «Poses», *Cuerpo velado*[1].

Si pensamos en aquella «persistencia de ciertas escenas y fantasías» en la novela familiar del escritor mencionada por *Literal* como una de las series que servían para explicar el hecho literario, el velo se nos presenta en la obra de Gusman como una de las principales imágenes de esta persistencia. El velo es uno de los ejes por los que transita la búsqueda narrativa de Gusman, es una imagen que otorga unidad a una escritura fragmentada, cortada –dirían García y Jitrik haciendo alusión al corte lacaniano– y es un puente –de aquí su importancia en este trabajo– que nos permitirá orientar su obra hacia la

---

[1] Repito aquí el sistema de citación del capítulo anterior. En este capítulo, los principales textos de Gusman a los que hago referencia son: las «novelas» *El frasquito* (1973), *Brillos* (1975), *Cuerpo velado* (1978) y *En el corazón de Junio* (1983); los relatos «Aparecer» (1973), «Poses» (1975) y «El rostro del ausente» (1977); y el artículo de crítica literaria «Martínez Estrada: El olvido y el incesto» (1977).

teoría psicoanalítica. El velo nos concederá la figura que hará posible enunciar en ella un cierto uso de la teoría.

No se trata de que el psicoanálisis esté operando allí como un velo, como una cortina. No es que la presencia del psicoanálisis en esta prosa esté ocultando una realidad que, dadas las circunstancias políticas o dada la colocación del autor, no puede ser expresada de manera «directa» en la ficción –aunque por momentos la teoría lacaniana pueda haber tenido esta función en la escena intelectual de aquellos años–. Si digo que el velo hace posible precisar un uso del psicoanálisis en la obra de Gusman es más bien porque la gramática del velo que establece este saber recorre su escritura.

Luego concretaremos los aspectos más importantes de esa gramática. Digamos por ahora que la descripción del velo, por un lado, como aquella superficie sobre la que se inscribe el fetiche y, por el otro, como un objeto sin objeto –pero más precioso para el hombre que la realidad–, digamos que estas dos maneras de pensar el velo –tomadas de la enseñanza de Lacan– estarán funcionando en la escritura de Gusman. No sólo como una imagen, sino también –y principalmente– como una herramienta para pensar la literatura.

La obra de un autor no es sólo una «muestra», un «ejemplar», de esa especie que sería la literatura. Es también, con mayor o menor atropello, una hipótesis, una reflexión sobre ella. Y en el caso de Gusman esta función de la obra es manifiesta. Cambiará en el eje temporal, pero nosotros nos limitaremos a sus primeras obras. Allí es donde el velo –junto con otras imágenes– participa. Por eso nuestro análisis estará centrado en ellas.

De indudable raigambre psicoanalítica

> ¿Se puede escribir una novela sabiendo psicoanálisis?
>
> Jinkis

La pregunta retórica que planteaba Jorge Jinkis en la presentación de *Cuerpo velado*, cuya respuesta afirmativa era parte del elogio –¿se puede escribir una novela sabiendo psicoanálisis?–, no carece de importancia. Su formulación revelaba entonces dos realidades. En primer lugar, y en términos generales, la pregunta suponía cierta «vecindad» entre la literatura y el discurso psicoanalítico que podría empantanar el camino. En este sentido, ¿podía alguien entrenado en esta disciplina escribir una novela sin hacerlo «desde» el psicoanálisis? ¿Podía ese alguien olvidar, por ejemplo, la reflexión sobre el lenguaje o sobre el sujeto que comporta el psicoanálisis? ¿Podía, en última instancia, «poner en suspenso» su saber para devenir, por un momento, novelista, novelista «puro»? Y en todo caso, ¿debía hacerlo? ¿Debía el escritor esconder la pluma psicoanalítica? ¿En nombre de qué? ¿De la literatura[2]?

La misma pregunta se podía plantear sobre otras disciplinas –¿se puede escribir una novela sabiendo sociología?– y la pregunta habría sido también válida, aunque el camino para el aspirante a novelista en ese caso habría estado seguramente –en aquellos años– menos empantanado. En este sentido, escribir una novela sabiendo psicoanálisis sólo era comparable a hacer lo propio siendo crítico o sabiendo de teoría literaria, es decir, conociendo otros saberes «cercanos». El grado de «vecindad», en estos casos, sería el mismo, o sería aun mayor. Y sin embargo, el camino no habría estado tan empantanado.

Es que la pregunta de Jinkis revelaba otra realidad, más específica. Me refiero a la función que había tenido el psicoanálisis como vector de circulación, como dador de sentido para las obras anteriores de Gusman. Toda su obra se había inscripto, bien o mal, en el entorno de este saber, y esta inscripción había sido en algunos momentos objeto de crítica –una crítica dirigida, en última instancia, a la violación de una supuesta autonomía de la obra–. La pregunta, entonces, retomaba este debate. Podía, por tanto, haberse formulado –en 1981– de la siguiente manera: ¿se puede escribir una novela siendo Luis Gusman y que el psicoanálisis no esté mediando en su lectura? En lugar de afirmativa, la respuesta en este caso habría sido casi negativa.

La circulación de las obras de Gusman –como sucedía, por cierto, con las de Germán García y en menor medida con las de Osvaldo Lamborghini– estaba definida por una «vecindad» asfixiante con el psicoanálisis. Su participación en *Literal* es tal vez hoy el elemento más visible de esta «vecindad», pero ella estaba enunciada también en otras superficies. La contratapa de *Brillos*, firmada por Germán García, terminaba con una frase que reenviaba «veladamente» el texto al saber lacaniano: «Toda escritura es un juego de afectos, donde se juega la necesidad y la imposibilidad de un corte» (García 1975c). La contratapa de *Cuerpo velado* era más explícita en la enunciación de esta vecindad:

---

[2] Por cierto, esta vecindad no sólo se debe pensar «desde» la literatura, sino también «desde» el psicoanálisis. Por ejemplo, considerando la participación de la literatura en el entramado teórico de varios conceptos centrales de las obras de Freud y Lacan.

En *Cuerpo velado* como ya mostrara en *El frasquito* –su primera novela– pone de manifiesto una trama de estructuras, temas, imágenes, argumentos, de indudable raigambre psicoanalítica. Luis Gusman tiene publicado además, *Brillos*, 1975, dirige junto a Germán García la revista *Literal*. Es miembro de la escuela Freudiana de Buenos Aires, codirigiendo allí una de sus publicaciones «Notas de la Escuela Freudiana». (1978)

Esta colocación del autor en un espacio del psicoanálisis tuvo otros soportes. La presentación de 1981 de *Cuerpo velado* a cargo de Jinkis se realizó en la Escuela Freudiana de Buenos Aires, elección de un espacio que no sólo definía un lugar de enunciación sino que formaba también parte del enunciado –«Presentar este libro de Luis Gusmán es para mí una fiesta. Que haya querido que sea en la Escuela es algo que la Escuela le agradece» (Jinkis 2004: 53)–. Unos años antes, en julio de 1977, Oscar Masotta había «presentado» el libro anterior de Gusman, *Brillos*, en el número 5 de la revista psicoanalítica *Imago*, con un artículo elogioso que atravesaba la obra de conceptos propios del psicoanálisis (Masotta 2004). Incluso yendo más atrás, en el prólogo de Ricardo Piglia a la primera edición de *El frasquito* uno encontraba en ciertos pasajes la presencia de un vocabulario y unos argumentos que se podían inscribir en la tradición del psicoanálisis lacaniano.

> El frasquito se ordena en un par donde un significante (el oro, el semen) se redobla en un significado (el dinero, la leche) hasta hacer del Padre, ese Otro que al cerrar el relato abre la cadena del sentido y hace posible la escritura. (Piglia: 21)

El psicoanálisis, en este último caso, no era el subtexto dominante ni mucho menos. Sin embargo, participaba activamente en el prólogo de Piglia, por su presencia en el *air du temps* de aquellos años, por la procedencia del autor prologado. Sería más tarde –con *Literal*, *Brillos*, *Cuerpo velado*– que la filiación llegaría a formularse de manera más concreta.

Junto a estos elementos paratextuales, estaba también allí, formando parte de esta trama, la incipiente obra crítica de Gusman. Ya he señalado su participación en *Literal* como un elemento decisivo en su colocación de autor. De ella quisiera destacar una de los primeras incursiones de Gusman en la crítica, ya que ésta también contribuiría –esta vez con su firma– a la construcción de este ambiente. Si bien su obra crítica posterior –en el mismo movimiento que haría su obra literaria– iría borrando las marcas psicoanalíticas, el artículo «Martínez Estrada: El olvido y el incesto», publicado en 1977 en el número 4/5 de *Literal*, se apoyaba de manera explícita en los dominios de la teoría.

Esta lectura de *Marta Riquelme* de Ezequiel Martínez Estrada en relación con el relato homónimo de Guillermo Enrique Hudson circulaba por ciertos itinerarios del psicoanálisis: la escisión de la mujer en mujer santa y prostituta, en criatura de Dios y del diablo «que Freud en *La degradación de la vida erótica* habrá de relacionar con los fantasmas incestuosos» (1977b: 68); la escena de deseo entre dos personajes que se vuelve una escena «*de tres*» (1977b: 69-70); la relación entre palabra obscena, memoria y escena primaria que «Ferenczi, siguiendo a Freud, supo leer» (1977b: 72); etcétera El artículo de Gusman, si bien no se agotaba allí, rezumaba psicoanálisis.

Todos estos materiales que rodeaban la obra de Gusman definían la historia de su lectura. La crítica señaló en varias oportunidades este vínculo entre el discurso psicoanalítico y sus primeras prosas, haciendo incluso del psicoanálisis —en muchos casos— una clave de lectura, una manera de comprender un texto que se presentaba como extraño. En este sentido, podemos decir que la naturaleza de los textos favorecía el tejido de esta trama psicoanalítica alrededor de su obra, dando mayor visibilidad a esos materiales «externos», ya que la recurrencia de la crítica a un saber «ajeno» venía a funcionar como un camino transitable hacia una prosa rara, de «difícil» lectura.

En algún punto, como ha propuesto Giordano, el psicoanálisis sirvió para «normalizar» la obra. Giordano observaba esto en una reseña de *El frasquito* escrita por García en el número 10 de la revista *Nuevos Aires*. Efectivamente, podemos decir que allí, la lectura negaba lo extraño del texto, su carácter fragmentario y discontinuo, al remitirlo a la certidumbre del saber psicoanalítico (Giordano 1999: 77), volviendo el texto «raro» en texto «sabio» (Giordano 1999: 83). Esta misma referencia «normalizadora» al psicoanálisis estaba operando en otras tantas lecturas, como el ya citado artículo de Masotta a propósito de *Brillos*[3].

Sin embargo, otros acercamientos a este vínculo de la obra de Gusman con el psicoanálisis —a esa «indudable raigambre psicoanalítica» que enunciaba la contracubierta de *Cuerpo velado*— colocarían este fenómeno en un contexto

---

[3] Esta lectura de Masotta se hacía extensible al resto de la obra de Gusman: «Reincidiendo con la línea de *El frasquito*, el relato de *Brillos* se abre sobre la muerte del padre. Y como si fuera poco, terminada la agonía del padre, el relato precipita —desemboza habría que decir— temas psicoanalíticos mayores: el registro de la culpa y el castigo (el súper-yo-padre enclavado en el hijo) y el registro de la falla del padre (la figura del padre no es indiferente a la salud de la mentalidad del hijo)» (Masotta 1977b: 44). Este precipitado de temas psicoanalíticos funcionaba en la lectura de Masotta como una manera de domesticar el texto.

más amplio y, lejos de leer allí una manera de «entender» el texto, descubrirían en él una deliberada operación literaria.

Tal es el caso de la lectura que hizo Noé Jitrik de *El frasquito* en «Las marcas del deseo y el modelo psicoanalítico». Si allí ciertos rasgos del texto de Gusman eran colocados en la tradición del psicoanálisis –sexo, incesto, ilegibilidad, prosa «interrupta», concepto psicoanalítico de «corte» como zona de ingreso en el abismo del significante, etcétera (Jitrik 1999: 28)–, esta remisión no proporcionaba tanto una «explicación» de *El frasquito* como la construcción de una escena y una posición literaria.

Otra lectura que reenviaba la obra de Gusman al psicoanálisis, escapando también de una operación de «normalización», era la que ofrecía Daniel Link en «Sobre Gusmán, la realidad y sus parientes». Allí, el psicoanálisis entraba en la literatura como una suerte de motor narrativo. No revelaba una verdad del texto, sino una escena de producción.

> En Gusmán y en otros narradores más o menos afines (nucleados alrededor de la revista *Literal*: García, Lamborghini, etc…) el discurso psicoanalítico funciona como catalizador de la productividad estética, aún cuando ningún «motivo» psicoanalítico recorra la superficie de los textos. (Link 1994: 61)

Es entre estas dos lecturas –la de Jitrik y la de Link– que quiero introducir la noción de velo. Esta noción proporcionaría una cristalización de un uso particular del discurso psicoanalítico, un uso que colocaría dicho discurso tanto en la definición de una posición en la escena literaria como en la elaboración de una estética y una voz propia.

El velo, la cortina

> ¿Por qué el velo le es al hombre más precioso que la realidad?
>
> Lacan

Quiero realizar aquí una digresión para recuperar el papel otorgado al velo en la enseñanza de Lacan. Determinar algunos aspectos de la gramática del velo nos permitirá precisar el modo en que el psicoanálisis operaba en la narrativa de Gusman, ya sea como archivo de imágenes que catalizaban la «productividad estética», ya sea como un instrumento para pensar la literatura y colocarse con ello en la escena literaria.

Uno de los lugares donde Lacan ha elaborado más la noción de velo y su función en la constitución del sujeto es una de las clases de su seminario *La relación de objeto* (1957), donde establecía precisamente la función del velo en ciertas perversiones, especialmente el fetichismo y, en relación con él, ciertas prácticas como el travestismo[4]. En la Buenos Aires de los años setenta, esta enseñanza estaba, como se dice, al alcance de la mano, formaba parte del saber que se organizaba en los círculos que estudiaban la obra de Lacan. Y aquí una vez más podemos remitir a la enseñanza de Oscar Masotta.

En un seminario dictado en la Cátedra de Psicopatología de la Facultad de Filosofía y Letras de la Universidad de Buenos Aires, entre 1972 y 1973, Masotta realizó una introducción a lo que él llamaba el concepto central de la teoría de Freud, el Edipo, poniendo especial atención a perversiones como el fetichismo. Si bien no mencionaba –en la versión escrita de estas clases, «Edipo, castración, perversión»– el citado seminario de Lacan, es fácil reconocer en su exposición la presencia de la lectura lacaniana del fenómeno del fetichismo. Sea por una lectura directa, o sea a través de otros textos del propio Lacan, esta versión del fetichismo y el travestismo circulaba por las clases de Masotta –aunque este último, en la versión escrita sólo refiriera circunstancialmente a su maestro.

Para llegar a la función del velo, Lacan partía del fenómeno del fetichismo en su formulación freudiana. El fetiche, en su uso «antropológico» –como objeto de culto al que se le atribuye ciertos poderes– o en su uso «psicopatológico» –como la fijación de la excitación y el deseo a un objeto o parte del cuerpo– estaba vinculado a una ausencia. Lacan especificaba esta ausencia: «He aquí pues que el fetiche, nos dice Freud, representa al falo como ausente, el falo simbólico» (1994: 156). El fetiche estaba «en lugar de» otra cosa –nada menos que del falo– y por ello perdía su valor de objeto. «El fetiche, nos dice el análisis, es un símbolo» o, dicho de otro modo, «un objeto que no es un objeto» (1994: 156). Esto le permitía a Lacan colocar el fenómeno del fetichismo en conformidad con una de las afirmaciones centrales de su enseñanza en aquellos años: «lo que se ama en el objeto es lo que le falta», reformulada en este pasaje

---

[4] Me refiero específicamente a la clase fechada el 30 de enero de 1957, editada bajo el título «La función del velo».

de su seminario como «lo que se ama en el objeto de amor es algo que está más allá» (1994: 157).

Para desarrollar esta idea de un objeto que no era un objeto, que suponía un algo que estaba más allá, Lacan ofrecía una imagen que era también un concepto. Es aquí donde entraba el velo. Cito un extenso pasaje:

> Este algo [aquello que se ama en el objeto de amor, aquello que está más allá] no es nada, sin lugar a dudas, sino que tiene la propiedad de estar ahí simbólicamente. Como es símbolo, no sólo puede sino que debe ser esa nada. ¿Qué puede materializar para nosotros, de la forma más neta, esta relación de interposición por la cual aquello a lo que se apunta está más allá de lo que se presenta, sino una de las imágenes verdaderamente más fundamentales de la relación humana en el mundo, el velo, la cortina?
>
> El velo, la cortina delante de algo, permite igualmente la mejor ilustración de la situación fundamental del amor. Puede decirse incluso que al estar presente la cortina, lo que se encuentra más allá como falta tiende a realizarse como imagen. Sobre el velo se dibuja la imagen. Esta y ninguna otra es la función de una cortina, cualquiera que sea. La cortina cobra su valor, su ser y su consistencia, precisamente porque sobre ella se proyecta y se imagina la ausencia.
>
> La cortina es, digamos, el ídolo de la ausencia. [...] Ahí es donde el hombre encarna, hace un ídolo, de su sentimiento de esa nada que hay más allá del objeto del amor. (1994: 157)

El velo, entonces, aparecía definido como esa superficie sobre la que se proyectaba la ausencia. El velo era esa realización como imagen que, en definitiva, hacía tolerable la falta que suponía todo objeto de amor. Y es por eso que Lacan podía afirmar que el velo era al hombre más precioso que la realidad, porque el dominio de esta relación ilusoria que planteaba el velo se convertía en un constituyente esencial, necesario de la relación del sujeto con el objeto (1994: 160).

Y esta lógica del velo, que excedía definitivamente el terreno de las perversiones, era la cuestión planteada por el fetichismo[5]. El fetichismo, en este sentido, no era otra cosa que ese síntoma que ponía al sujeto en una relación electiva con un objeto fascinante inscripto sobre el velo, en cuya órbita giraba su vida erótica (1994: 161-162).

A partir de esta reflexión en torno al velo, Lacan introducía una diferencia estructural entre el fetichismo y los casos de travestismo, fenómenos que

---

[5] Cabe señalar que Lacan matiza aquí la clasificación del fetichismo como perversión, poniéndolo «en pie de igualdad con cualquier otro síntoma neurótico» (1994: 156).

concebía como complementarios. A propósito de un caso comentado por la psicoanalista inglesa Sylvia Payne, Lacan establecía una distinción entre los objetos que funcionaban estrictamente como fetiches y aquellos que funcionaban más bien como envoltorio.

Los primeros —Lacan daba el ejemplo del zapato o el corsé— respondían a la lógica del velo. «Estos objetos se encuentran de por sí, directamente, en la posición del velo entre el sujeto y el objeto» (1994: 164). En el caso de los objetos envolventes —Lacan daba el ejemplo de un impermeable—, la relación del sujeto con ellos no era exactamente la misma.

> ...el impermeable juega aquí un papel no exactamente igual al del velo. Más bien se trata de algo detrás de lo cual el sujeto se centra. Se sitúa, no ante velo, sino detrás, es decir en el lugar de la madre, adhiriéndose a una posición de identificación en la que esta tiene necesidad de ser protegida, en este caso mediante una envoltura. (1994: 164)

Así es como pasaba Lacan del fenómeno del fetichismo al del travestismo, distinguiendo entre envoltura y velo. La envoltura —que funcionaba en el travestismo— era —a diferencia del velo— una forma de protección, «una égida con la que el sujeto se envuelve, identificado con el personaje femenino» (1994: 164). Es importante esta distinción porque veremos que ambas imágenes están presentes en la obra de Gusman. El fetichismo y el travestismo habitan sus relatos. Pero entre estas dos estructuras, entre el velo y la envoltura, es el primero el que permitirá canalizar una reflexión sobre la literatura.

Por último, quiero señalar brevemente la dimensión histórica que Lacan asigna al velo, el lugar que la historia del sujeto ocupa en esta estructura. Esto nos permitirá especificar un poco más la raigambre del velo tal como aparece en las obras de Gusman.

Así como ofrece una imagen espacial, el velo tiene también una inscripción temporal. «Lo que constituye el fetiche, el elemento simbólico que fija el fetiche y lo proyecta sobre el velo, se toma prestado especialmente de la dimensión histórica. Es el momento de la historia en el cual la imagen se detiene» (1994: 159). El velo representa, entonces, una detención de la historia, en tanto historia rememorada: es la interrupción de la secuencia del recuerdo en el instante anterior a la visión de una ausencia o una falta insoportable.

> Recuerdo haber recurrido en otro tiempo a la comparación con la película que se detiene de pronto, precisamente antes del momento en que lo que se busca en la madre, es decir el falo que tiene y no tiene, se ha de ver como presencia-ausencia

y ausencia-presencia. La rememoración de la historia se detiene y se suspende en el momento inmediatamente anterior. (1994: 159)

Por lo tanto, en lo que hace a su dimensión temporal, el velo estaría ocultando en su forma primaria esa «visión» del falo de la madre que se percibe como algo que tiene y no tiene, «visión» que condensaría en el niño el terror a la castración y, en menor medida, el deseo incestuoso de la madre. El velo sería entonces aquí el resultado de una percepción insoportable –el sexo de la madre como presencia y ausencia– que, a través de la represión, produciría un recuerdo pantalla. Este recuerdo, funcionando como velo, haría imposible acceder a ese más allá que estaría encubriendo, pero al mismo tiempo no cesaría de indicar su existencia.

El recuerdo pantalla (recuerdo encubridor), el *Deckerinnerung*, no es simplemente una instantánea, es una interrupción de la historia, un momento en el cual se detiene y se fija, y al mismo tiempo indica la continuación de su movimiento más allá del velo. (1994: 159)

La figura de la madre, la erotización de su cuerpo y el juego alrededor de la contemplación de su sexo ocuparán un lugar importante en la obra de Gusman. Estas imágenes serán una de las vías por las cuales el velo ingresará en su narrativa.

El trapo de paño negro entre las piernas

> Desnudate –él rogaba– y ella se sacaba los guantes y aparecían los desnudos dedos de las manos.
>
> Gusman

Si tomamos la publicación de *El frasquito* como el nacimiento literario de Gusman, debemos precisar que la imagen del velo no está allí desde el principio. Será a partir de sus siguientes relatos que esta imagen irá cobrando fuerza, reiterándose, configurando una red –un tejido, un velo– de referencias internas. En este primer texto los cuerpos aparecían apenas velados. La prosa escandalosa, fuertemente sexualizada, de *El frasquito* se regodeaba más en la exhibición de los cuerpos que en su ocultamiento. Era otra la imagen encubridora, y no eran los cuerpos lo que esta imagen ocultaba. Lo que velaba en este caso era el oro, el brillo que enceguece, y lo que en este relato se cubría era una ausencia, la ausencia del padre. Como ya lo proponía Piglia en el prólogo a la primera edición, «en este texto fuera de la ley impera el oro y su brillo es el espejo donde se sustituye al padre ausente. [...] Equivalente general [el padre], siempre está "en otro lado": obedece a la lógica del oro...» (Piglia 1973: 7-8).

En *El frasquito*, entonces, los cuerpos –siempre cuerpos femeninos– eran exhibidos. Esta exhibición por momentos acariciaba la perversión, y por regla general tenía para los personajes una función erotizante. El ejemplo más claro lo ofrece el cuerpo de la madre del narrador, en un momento en el que el padre está ausente:

> Será verdad que en el cama sos extraordinaria como dice papá, me acuerdo cuando dormía en la pieza de al lado de ustedes y cada vez que él venía se encerraban y yo oía gemir y gritar, pero nosotros teníamos prohibido entrar a molestar, o cuando tenía quince años, que fui a dormir a tu cama porque tenía miedo de los espíritus y te desnudaste delante mío y te quedaste con todas las tetas al aire, yo te miraba de reojo por el espejo y me puse todo colorado porque se me paraba. (1973a: 59)

El cuerpo de la madre así exhibido despertaba los fantasmas del incesto, pero sería en otro cuerpo donde estas fantasías pasarían al acto, en el cuerpo de la tía que también se exponía abierto para su uso:

> Yo me la cojo a la tía, la tía se abre de piernas para el sobrino, se da vuelta para mí, acuesta a los chicos temprano y se va a bañar y perfumarse para que yo la huela. Yo tomo el whisky del tío, le uso la colonia. (1973a: 63)

Estos cuerpos *tout court* no estaban todavía intervenidos por la lógica del velo. La visión sin ambages del sexo de la madre –ya no sólo sus tetas– aparecía también en el comienzo del relato:

> La madrecita recostada ahora en su silla de viaje con la mirada perdida en el camino, su vagina se mueve acompasadamente, los sombreros de los hermanos comienzan a brillar, se vuelven lisos amenazantes hacia el cuerpo de la enferma, listos para abrirse paso a través de la vagina ensangrentada, de la que chorrea sangre, mientras debajo de la hamaca a lunares comienza a formarse un charco. [...] Los espiritistas en rigurosa fila india yacen sobre la enferma, después penetran en la dilatada vagina iluminados por los sombreros fosforescentes, el valle profundo y sombrío va cobrando vida lentamente... (1973a: 30-31)

En *El frasquito* la lógica del ocultamiento operaba, entonces, a través del brillo, del encandilamiento del oro, de la fosforescencia de esos sombreros que venían a penetrar y a tapar un agujero o una falta, sin lograrlo realmente. Pero en el mismo año de la publicación de este texto aparecía un relato en las páginas de *Literal* donde el velo ya ocupaba esta posición. Éste se proponía allí como aquello llamado a cubrir, a ocultar, en este caso, una parte del cuerpo femenino.

> Cómo explicarle a ella sin que usara su poder sobre mí, sin que un día se le ocurriese cubrirse la cereza con un velo. Cómo revelarle mi secreto, si ella tenía su propio secreto oculto. (1973b: 88)

El velo se presentaba así, a partir de este texto[6], como ese material fundamental que, al ocultar, instauraba un secreto, y establecía con ello una relación de poder. Esta lógica se expandiría a todos los niveles –por todas partes algo se escondía a la vista: «La miró a la cara y vio la curita en la pera. Qué ocultaba ahora la muy puta» (1973b: 84)–. El velo proliferaba en la narrativa de Gusman.

Y como ya lo anunciaba este breve relato, en las obras que siguen al *El frasquito* el cuerpo femenino pasaba a estar atravesado por el juego del velo, siempre a punto de caer, cayendo y mostrando, y ocultando a la vez. Tal es el caso de *Brillos* y *Cuerpo velado*. La mujer en estos textos escondía su cuerpo –«Ella ahora, con tacos, camina desde el trono hasta la torre donde esconde sus encantos» (1975a: 35)– y lo exhibía, generando una secuencia erótica.

> Ella solía coser sus propias ropas junto a la ventana. Desnudate –él rogaba– y ella se sacaba los guantes y aparecían los desnudos dedos de las manos. Los de los pies, los de los pies –suplicaba él–. Los de los pies están desnudos –contestaba ella, sonriendo–, siempre están desnudos y caminan. (1975a: 65)

Este juego de algo que se oculta se concentraba a veces en el adverbio de modo: «En la foto aparece una señorita *parcialmente* desnuda realizando coito ilícito con un torero» (1978: 66; énfasis mío). Otras veces descansaba sobre el mismo velo: «…la oscuridad del deseo… Damas altivas coqueteando desde sus balcones con sus bocas recentales, rameras cubiertas de velos» (1978: 121).

El velo ocultaba el cuerpo, determinadas partes del cuerpo, y en muchos casos, cuando el cuerpo era exhibido, lo que cubría era el rostro. Era como si

---

[6] El relato –«Aparecer»– luego formaría parte, atravesado por la reescritura, de la siguiente novela de Gusman, *Brillos*.

al cubrir el rostro se difuminara la identidad y el cuerpo pudiera entonces ser expuesto. Esto se ve claramente en unas fotografías eróticas que el narrador describe, donde el velo –jugando con las posibilidades del lenguaje– se convertía en una incidencia fotográfica que borraba parcialmente la imagen, como cuando se dice «esta foto está velada»:

> La primera vez que vi las fotos fue un amanecer. [...] A ella la reconocí en el acto. [...] El rostro de ella aparecía como velado, en expresión de éxtasis. No sé si el placer era verdadero o se trataba de un truco fotográfico mediante un juego de luces y de sombras. (1978: 26)[7]

El «velo» de la foto que ocultaba el rostro (¿pero lo ocultaba realmente?) era reemplazado en otros momentos por un antifaz. Es en la descripción de otras fotografías, también eróticas, donde esto se concretaba: «Mujeres que cubren sus rostros con antifaces, hombres que sujetan sus medias con ligas negras metidas en la carne, medias de color bordó» (1978: 44)[8]. Y si no era la exhibición del cuerpo lo que motivaba este enmascaramiento, se trataba de su comercio. Comercio, exhibición y mercancía formaban parte de la lógica del velo y eran solidarios entre sí:

> Tal vez haya sido la cita de un soldado con una prostituta en la escalinata de un templo. Él, avanzando con su uniforme de gala de impecable color blanco; ella, cubierto su rostro con un velo lo está aguardando. (1978: 89)

La imagen del velo aparecía también en situaciones humillantes, donde se ocultaba la identidad por vergüenza. En este caso la humillación era la pobreza. Una mujer –se trata siempre de una mujer– se cubría el rostro mientras esperaba ser atendida en una casa de empeños: «En la fila, alguien oculta la cara: una mujer. Viene a guardar sus pieles durante el verano» (1978: 32). Y finalmente también la naturaleza colaboraba con este efecto de enmascaramiento general, participando así en esta lógica impuesta por el velo:

---

[7] El motivo ya había aparecido antes, en *El frasquito*: «Sobre la mesita de luz hay una foto de una violación medio velada» (1973a: 47).

[8] La imagen del antifaz que aparece en esta cita de *Cuerpo velado* ya había sido adelantada en las primeras páginas de la novela: «En la vidriera junto a los adornos de oro aparece colgado un antifaz» (1978: 15). Esta presencia intrigante del antifaz expuesto en una vidriera comercial, al cual no se vuelve a hacer mención, recorre la novela a través de la lógica del velo.

Regresé a la ciudad después de mucho tiempo; nada ha cambiado, sigue flotando en el aire ese polvo rojizo que arrastrado por el viento se adhiere a las ropas y al cuerpo. Ese viento que nunca deja de soplar y ese polvo dificultan la respiración envolviendo los rostros que parecen máscaras. (1978: 121)

Y finalmente, este juego alrededor del velo y de las máscaras, esta insistencia que proponía la narrativa de Gusman, derivaba en una búsqueda a través de las texturas que esta imagen ofrecía. Los géneros (las telas, los tejidos) adquirían una materialidad mayor a la de los cuerpos que ocultaban. Se multiplicaban las cortinas: «...los cortinados se mecieron suavemente y se posó en ellos una alhajada mano de afilados dedos» (1975a: 30), «Detrás de las cortinas que esa noche tenían un color rojizo se paseaba la mujer» (1978: 56), etcétera Y abundaban las descripciones de estos géneros, de sus materiales –haciéndolos más tangibles gracias a la propia materialidad del significante.

El luto negro. El trapo de paño negro entre las piernas. El cuerpo refregado con el retazo.
El roce del raso producía risas ahogadas y las manos, húmedas, acariciaban el raso negro y brillante. Las risas no tardaban en transmitirse a las otras niñas que, con las bombachas al aire, jugaban con los retazos satinados. (1975a: 67)

Entre estos materiales, había uno que podía cifrar todo el funcionamiento del velo. Me refiero al encaje: «Recuerdo a la dama en los encajes negros...» (1978: 97). Este es un tejido que oculta y deja ver, y que debido a su carácter ornamental agota su función en este juego. El encaje, junto con el velo, ofrecía una imagen en la cual descansaba la escritura de Gusman, una imagen que se volvía más importante que aquello que venía a cubrir. Gracias a su materialidad, estos retazos de telas podían por momentos reemplazar aquello que ocultaban. El velo –como diría Lacan– se volvía para el hombre más precioso que la realidad, y el deseo era canalizado por estas texturas: «Hablo de antaño, cuando yacía entre ropajes. He tenido ese sueño, una suave residencia entre sedas femeninas» (1978: 76).

El hombre de la cicatriz

> Hay un revólver –dice– un revólver que perteneció a tu padre.
>
> Gusman

Este juego de algo que era usurpado a la vista, de un ocultamiento que –al nivel de la imagen– instauraba un secreto, participó en la lectura de las obras de Gusman no sólo por su filiación con cierta vocación psicoanalítica hacia el desvelamiento sino también a través de su vinculación con ciertas formas del género policial.

La crítica ha insistido en esto desde la aparición de sus primeros textos. De hecho, la matriz policial era una de las maneras que tenía Piglia de manipular ese texto «difícil» que era *El frasquito*. Esta matriz, anunciada en el prólogo, ofrecía así un sistema interpretativo para sus primeros lectores. No se trataba, por supuesto, de una novela policial hecha y derecha. Los engranajes aparecían trastocados, pero –decía Piglia– estaban ahí. «Habría que decir de *El frasquito* que es una novela policial donde el asesino, la víctima, el detective y el narrador son la misma persona» (Piglia 1973: 7). Así comenzaba el prólogo.

La crítica más adelante retomaría en reiteradas ocasiones esta identificación de la prosa de Gusman con el género policial, llegando a colocar a la narrativa del autor como un emergente de la revitalización, en la época, de este género. En un balance sobre la literatura argentina de los años setenta, se leía *El frasquito* desde esta óptica, retomando por supuesto la presencia del psicoanálisis:

> Se integran y entrecruzan en este texto elementos provenientes de la novela policial con los psicoanalíticos (es el relato de la búsqueda del padre como búsqueda de una filiación). (Amar Sánchez & Stern & Zubieta 1982: 669)

Y más adelante Daniel Link repetía la misma operación, especificando esta vez una filiación con algunos autores de la literatura nacional:

> Los textos de Gusmán, entonces, son productivos a partir de esa matriz básica policial (cuyos antecedentes están en Borges, en Wilcock, en Walsh) articulada con el discurso del saber psicoanalítico. (1994: 61)

Ahora, una vez enunciada esta filiación con un género que contribuía con la lógica del ocultamiento presente al nivel de las imágenes, cabe preguntarse por el modo en que este género participaba en los textos. En este sentido, resulta claro –como señalaba Piglia– que no son los relatos de Gusman simples ejemplares del género policial. Más bien, ellos lo toman como intertexto para la creación narrativa, como uno de los materiales con los que se confecciona la obra. Es cierto que en todos sus textos de la época se puede enunciar la presencia de un enigma –a veces de compleja formulación– dominando la trama[9]. No obstante, el parentesco estructural con el género termina ahí. Si el género policial participaban en los relatos de Gusman era, más bien, gracias a una serie de elementos –pequeños avisos o escenas incrustadas– que construían una atmósfera antes que un argumento.

En *Brillos*, estos elementos eran «el hombre de la cicatriz», «los barrotes de hierro», un «brazo pronto para el cuchillo», la escena en la que un médico era obligado por un grupo de asesinos a operar a un convaleciente (1975a: 41-52), etcétera En *Cuerpo velado*, la atmósfera se concentraba en la circulación de un revólver –«Hay un revólver –dice– un revólver que perteneció a tu padre» (1978: 120)– que poco antes del final de la novela encontraba su lugar –«Junto a una foto en que mi padre aparece de civil, coloco el revólver» (1978: 132)–. Aparecía también un breve relato incrustado en el que un narrador –¿el narrador?– espiaba a una mujer a través de la ventana, a quien terminaba asesinando (1978: 55-59). En la última novela del período, *En el corazón de junio*, había una oscura trama que involucraba puñales, asesinatos y el secuestro de una mujer, en la que participaba el narrador y un misterioso personaje, el Rubio, que había aparecido ya en textos anteriores (1983).

En estos relatos, entonces, el género gravitaba a través de una red de referencias que en lugar de construir «una novela policial», la evocaba. La presencia del enigma no conducía a su resolución, sino que éste participaba aportando un motivo, una estructura solidaria de la lógica del ocultamiento –el velo que esconde, el brillo que encandila–. En este sentido, si leemos las obras desde la óptica del género, debemos decir que la empresa policial fracasaba. El secreto –detrás del enigma, detrás del velo– seguía oculto. «Entonces hay un secreto» (1983: 18) decía el narrador en las primeras páginas de *En el corazón de Junio*.

> Y si lo hay, debería ser el primero en saberlo. Ya que tengo que llevar lo oscuro de ese hombre dentro de mi pecho. El secreto que el finado se llevó a la tumba

---

[9] Elemento central en el género si atendemos a su variante «novela de enigmas». Véase «Typologie du roman policier» de Tzvetan Todorov (1971).

palpita ahora en mi corazón. Y de lo que estoy seguro es que haré lo imposible para develarlo. (1983: 18)

Demás está decir que el secreto no se develaba. Esto mismo sugería Link a propósito de esta novela, pero en relación con una serie de enigmas literarios más que estrictamente policiales.

> Y *En el corazón de junio*, en efecto, puede leerse como el fracaso de una empresa crítica registrada en sucesivas lecturas: Flores fracasa en el intento de descifrar la vida del donante, las ficciones de Flaubert, Conrad y Dostoievski; Soler fracasa en el intento de descifrar los mensajes de El Rubio; Wilcock fracasa en el intento de descifrar el *Finnegans Wake*; Joyce fracasa en el intento de descifrar a Tolstoi. (Link 1994: 64)

El detective se volvía crítico literario y la literatura hacía valer su resto irreductible.

Los adornos

> Nosotros éramos jóvenes y queríamos ser hombres;
> pero los adornos... los adornos nos volvían femeninos
>
> Gusman

Como ya he sugerido, la figura del velo estaba acompañada en la narrativa de Gusman no sólo por la participación de la intriga policial, sino también por otros motivos que ampliaban el juego del mostrar y el ocultar, todos ellos vinculados entre sí: el travestismo, los brillos, los afeites, la pose.

El primero de estos motivos había sido convocado ya por Lacan —como hemos visto— en relación con el velo. En las reflexiones expuestas en su seminario, el travestismo era presentado, precisamente, «como el reverso, o el complemento, de la adherencia libidinal al fetiche» (Lacan 1994: 163): la estructura no era la del velo sino la de la envoltura. Esta diferencia, sin embargo, no era funcional en las obras de Gusman. El travestismo aparecía más bien como una continuidad lógica del juego establecido alrededor del velo[10]. Se prolongaban

---

[10] No se debe pensar en un orden cronológico o estructural en el despliegue de estas imágenes: velo, pose, travestismo, brillo y maquillaje concurren a un tiempo en los relatos de

las texturas de los géneros y la tendencia al secreto, en un ocultar que en realidad mostraba. La diferencia estaba en la feminización del cuerpo masculino.

Es en *Brillos* donde se concentraban estas imágenes, especialmente a través de Eleodoro, un personaje siempre cubierto de adornos y afeites:

> Eleodoro apareció vestido con ropas de mujer, con largas polleras perfumadas y anillos que adornaban cada uno de sus dedos; ornamentos de oro colgaban de su cuello. Todo su cuerpo tenía un vago color rojizo debido al azafrán con que impregnaba su piel. (1975a: 21)

Más adelante en la novela volvería a aparecer Eleodoro en una descripción similar. Pero el travestismo excedía a este personaje y aparecía ocasionalmente, en un hombre que se queda «con los vestidos de la muerta; se disfraza de muerta, se mira en el espejo y goza con su propia figura» (1975a:33) y en un personaje andrógino, María Martín: «...y María y Martín son un hombre y una mujer al mismo tiempo; [...] se trataba de que su madre estaba en la quinta de María Martín; con María y con Martín» (1975a: 49).

El travestismo no volvería a aparecer de manera explícita, pero sí estaría evocado. En la siguiente novela, *Cuerpo velado*, la feminización del cuerpo masculino –a través de los adornos y los maquillajes– que impregnaba todo el texto echaba un velo de ambigüedad sobre algunas vestimentas: «Los toreros las excitan bastante con sus ropajes sedosos, con su chaquetas escarlatas y sus calzones morados» (1978: 44).

El brillo, el segundo de estos motivos asociados a la lógica del velo aparecía –como hemos visto– ya en *El frasquito*. El encandilamiento producido por los objetos brillantes, especialmente el oro, era enunciado allí por primera vez y recorrería toda la obra de Gusman del período. Sobre él había llamado la atención Piglia en el prólogo: el oro y los adornos serían sin duda uno de los motivos centrales de la producción de Gusman.

La presencia de estos objetos fulgentes es abundante e insistente[11]. Pero lo que me interesa de ellos es su capacidad para ocultar, para esconder un secreto.

Gusman. Si me he centrado en la imagen del velo es porque me interesan las consideraciones que Lacan hiciera sobre él, consideraciones que nos permiten pensar hoy una reflexión acerca de la literatura presente en la obra de Gusman.

[11] «Relucía [Eleodoro] cubierto de oro desde su cabellera hasta los pies pintados» (1975a: 21), «El soldado, en la noche, con la sonrisa orificada, permanecía inmóvil junto al preso. Las piezas de oro, usadas seguramente como blancos de tiro, aparecían como ojos vigilantes y brillosos. / El hombre repartía cartas, echó un oro» (1975a: 60). «*Y ellos parecían rígidos maniquíes*

En *El frasquito* –como proponía Piglia– ocultaban una ausencia, la ausencia del padre.

> ...[en una de sus visitas a la casa] mi padre reluciente con sus anillos, sus gemelos, su reloj de oro, brilla tanto que no lo puedo mirar, casi imponente se levanta y pega el silbido para que la madrecita vaya a la cama, la puerta se cierra, la radio a todo lo que da, después, más tarde, los gritos. (1973a: 54)

En otros casos, como en el travestismo, «ocultaban» una sexualidad: «*Nosotros éramos jóvenes y queríamos ser hombres; pero los adornos... los adornos nos volvían femeninos*» (1978: 80; énfasis del original), «*Pero cómo ser hombres entonces, si tantos adornos nos volvían femeninos*» (1978: 81; énfasis del original).

Por momentos, ocultaban simplemente un secreto o estaban vinculados a él, a algo que era sustraído a la mirada: «El deletreo silencioso de su nombre, Eleodoro, estuvo en el comienzo. Nombre de oro, el más secreto, el omitido» (1975a: 17), «Un brillo secreto [así termina *Brillos*] ilumina la mirada de su madre» (1975a: 94). Y finalmente, el brillo –asociado también al fetichismo en su acepción antropológica– enceguecía: «Cegados como estaban sus ojos de adorar ídolos de oro, se atropellaban [los fieles] entre ellos» (1978: 11).

Otra de las imágenes que contribuían en este juego de algo que se muestra y se sustrae a la mirada era el maquillaje, los afeites, los polvos. Convertido en máscara, el maquillaje «escondía» también una sexualidad, en la medida en que colaboraba en *Cuerpo velado* con la feminización de los cuerpos de los jóvenes: «*Nosotros, los pálidos, preferíamos los polvos aunque las mujeres despreciasen nuestras máscaras faciales*» (1978: 41; énfasis del original) y, más adelante, «*Nosotros los jóvenes, nos maquillábamos*» (1978: 79; énfasis del original). El maquillaje aquí era solidario de esos otros polvos de la ciudad que el viento levantaba y con el que enmascaraba los rostros. Y también extendía su «poder» a través de sus complementos, sus accesorios brillantes. Junto al puñal, aparecía el espejo de mujer:

> *Junto con las sevillanas llevábamos espejos. Diminutos espejos de mujer. Nosotros los jóvenes necesitábamos mirarnos. Los espejos provenían de finas carteras femeninas y conservaban el suave aroma de perfumes familiares. Pequeñas superficies brillosas*

---

con esos anillos enjoyando sus manos, con esos colgantes pendiendo de sus cuellos. Envueltos en joyas brillaban en su rigidez de oro. Esos cuerpos orificados se habían convertido en máscaras inmóviles» (1978: 82-83; énfasis del original), «*Nuestros cuerpos envueltos en todas esas joyas sacras, ídolos vestidos para una ceremonia santa*» (1978: 89; énfasis del original), etcétera *que en su reverso negro mostraban la tenue marca de un lápiz labial; recuerdo dejado por un beso de mujer.* (1978: 41; énfasis del original)

El maquillaje también producía vértigo. Puesto sobre el cuerpo de un joven –el rímel, el lunar pintado, los polvos rosados– se confundía con un disfraz. ¿Pero ocultaba algo este disfraz? ¿O detrás de él no había nada?

> El muchacho sopla y la habitación flota en una danza de globos rosados. [...] Y es frente al espejo donde el disfraz se confunde con el vértigo. Un lunar pintado, rímel para sombrear las pestañas y las depiladas cejas de monja. Sólo falta para completar el maquillaje los polvos rosados que dan la tonalidad especial. (1975a: 92)

Por último, el maquillaje participaba junto con el velo y los adornos en el juego del ocultamiento de las facciones. En este caso –«un cuerpo sagrado»– no se indicaba el género. La escena transcurría en un barrio de casa de citas donde confluían rameras y fieles. La ambigüedad era deliberada –en última instancia era la ambigüedad que instauraba el velo: «Un cuerpo sagrado se ha detenido a beber. Se quintan los velos y las caras maquilladas, de piedra, cobran las facciones del rostro y cada vez que hablan sus bocas muestran el único lugar donde el adorno no ha sido posible» (1983: 119).

La última de las imágenes que en la narrativa de Gusman contribuía con la dinámica del velo –un velo que se coloca, recordemos, delante de una ausencia– era la pose. «Poses» era el título de un pequeño texto publicado en el número 2/3 de *Literal*, que formaría parte de la novela publicada ese mismo año, *Brillos*. La pose aparecía insistentemente en esta novela, asociada con frecuencia a la fotografía, pero yendo más allá de esta escena particular. La pose, en tanto postura poco «natural», en tanto afectación, ocultaba algo, y en la novela este poder para ocultar establecía filiaciones «feminizantes», filiaciones del hijo con la madre. Copio un extenso pasaje que destaca por el empeño puesto en la imagen:

> Esa es la pose, fija en su cabeza; congelada. Inmóvil en sus móviles. Su madre, sentada en el canapé, espiando los rincones del antiguo secreter; su madre, calentando los pies en un braserito de metal. Mirando fotografías. No poses. Escuchando en la radio Sentimiento Gaucho. Fotografías que recorre con su mirada. No poses para espiar. Rostros de algunos hombres que pasaron por su vida. Instantáneas, no poses trucadas. Sin embargo, ella alguna vez fue modelo. Al final, unas pocas fotografías en colores recientes. Para el joven, las ajadas poses permanecen. Por otra parte, en su juventud, ella también había posado.

[...] A él le gustaba posar; pero sólo podía posar en el departamento de la calle Juncal. Posar a solas o acompañado, acostado sobre el pisito cubierto por alfombras, reflejado por la luz del velador, sumergido entre mullidos almohadones y cálidos terciopelos que acarician su piel.
Posaba.
Tomaba el té en taza de fina porcelana mientras miraba el piano silencioso; sumido en el suave crepúsculo de la tarde, se preparaba para las poses nocturnas. Toda escena es a sus ojos de un viejo color amarillento que se confunde con antiguas poses ensayadas.
Frente al espejo del ropero mientras hundía los dedos en costosas cremas, y a la luz de la luna, se untaba la cara tajeada.
Posó. (1975a: 66-67)

La pose, naturalmente, aparecía –como he dicho– en sesiones fotográficas, a veces pornográficas, siempre en relación con algo que se ocultaba: «En una fotografía junto a una mujer de antifaz y labios gruesos, en algún lugar del barrio Once. Posé para que el fotógrafo pudiera tomar lo suyo. / Nunca conocí la cara de mi compañera de poses» (1975a: 70). Pero también se vinculaba con otras artes, como la religión y la política: «Murió [el padre] en pos de sus ideales. Esa era su pose cuando su voz cesó» (1975a: 20) y luego una mujer «...con su cuerpo posando para el rezo» (1975a: 83). En estos pasajes, la pose convertía al propio cuerpo en el velo. Algo allí se ocultaba. Y a través de todas estas imágenes –travestismo, brillo, maquillaje, pose– la lógica del velo insistía.

Velos encendidos

> el ceñidor de oro cayó y la velada mujer apareció desnuda ante mí
>
> Gusman

¿Qué pasaba en estos relatos cuando el velo, ocasionalmente, caía? En algún punto se podría decir que la escena de develamiento estaba asociada al deseo: «Desnudate –él rogaba– y ella...». Pero en los relatos de Gusman había algo intratable en esta revelación. Era más bien algo del orden del goce –entendido en términos lacanianos– lo que operaba allí. La visión era presentada como insoportable, y las más de las veces conducía a la muerte, la violencia, sino al horror.

En este pasaje de *Brillos*, el develamiento terminaba con el asesinato, con la supresión del cuerpo expuesto:

> Me verás desnuda por última vez –dijo–, y sus dedos empezaron a deshacer los nudos de sus velos; súbitamente, cayeron sus tenues túnicas blancas y sólo quedó cubierta de gasas transparentes; en la cintura, los tules estaban prendidos por una serpiente de oro macizo con dos cabezas; el ceñidor de oro cayó y la velada mujer apareció desnuda ante mí; sólo sus pequeños pies quedaron cubiertos por doradas sandalias.
> […] Ella se detuvo a mirar su imagen, fue un instante; las facciones de ella se reflejaron en el agua. Esa era la escena cuando surgió el puñal engarzado en diamantes que se clavó en su espalda. La mujer estaba muerta. Esa era otra escena. Él había apresado sus encantos. (1975a: 30-31)

En *Cuerpo velado*, una violación provocaba la caída del velo –«la bombachita le fue arrancada»–. La muerte, no enunciada, era una posibilidad; la violencia presidía la escena. Y curiosamente no se sabía el destino del cuerpo, pero sí el de la prenda:

> Por la ventanilla del tren diviso la torre del estadio. Recuerdo la tarde en que ella subía por la escalera con su pollerita blanca y su raqueta de tenis. Desde la torre vería la ciudad. El césped estaba impecable, las gradas vacías. En un recodo, fue el golpe en el estómago; la raqueta cayó al suelo, la bombachita le fue arrancada mientras ella gritaba un nombre y buscaba con las uñas los ojos que la desnudaban junto con las manos que arrancaban la sedita en el instante mismo del desvanecimiento. La prenda iría después a un recipiente de residuos. En la ducha de los baños buscaría un espejo. (1978: 51-52)

Unas pocas páginas más adelante en la novela la muerte llegaría efectivamente como una consecuencia de esa visión insoportable. He mencionado ya el relato incrustado en el que el narrador espiaba desde la ventana de su departamento a una mujer que se paseaba desnuda y a la que terminaría asesinando[12].

Allí, la visión del cuerpo femenino, gracias a la versatilidad del lenguaje, tenía una continuidad en la visión misma de la muerte. Las cortinas de la

---

[12] «Bastaba que me despertara a cualquier hora de la noche para poder ver su silueta borrosa detrás de los velos encendidos. Fue después que se transformó en un dolor punzante. A cualquier hora de la noche que abriera los ojos estaba allí. Afuera, la ciudad velaba. […] Volví entonces la mirada a la ventana que me era familiar. Detrás de las cortinas que esa noche tenían

ventana, esos «velos encendidos», se convertían en velos mortuorios: «Pude ver que al lado de su ventana había otra luz. [...] Pensé que en la pieza contigua estarían velando a un muerto. Si de éso se trataba, alguien estaba siendo velado en medio de la noche» (1978: 56). El horror –el goce– ante la visión de la mujer desnuda era el mismo, por contigüidad, que producía el rostro de la muerte.

Por último, en otra secuencia de *Cuerpo velado*, la exhibición del sexo femenino –y de la muerte– volvía a producir horror, recreando en este caso la dimensión histórica del velo, tal como la proponía Lacan. Y es que de alguna manera, el «velo» podía estar funcionando como esa detención del tiempo, como ese recuerdo encubridor en la experiencia del niño:

> El niño se ha detenido frente a los encantamientos del caballo blanco y en el momento de subir las escalinatas del palacio es llamado por los pescadores que están en la playa; en su camino hacia el río, él ha visto a la mujer desnuda, inmóvil bajo el sol ardiente, tendida sobre la arena. Cuando llega junto a ellos, los hombres conversan, uno habla del vello pubiano, el otro de una bombacha negra; el niño tiembla cuando se acerca al cuerpo salado y yacente, su mirada ansiosa recorre esa anatomía, levanta la vista y ve desde la colina, cómo desde la costa los hombres inquisidores, lo miran esperando una respuesta; el niño sólo alcanza a gritar: moscas. (1978: 99-100)

Las moscas aquí, por un lado, revelaban la muerte –el cuerpo yacente era el cuerpo de una muerta–. Por el otro, permitían desviar la mirada de ese «vello pubiano», permitían «velar» el cuerpo al articular un mensaje: «moscas».

De este modo, la caída del velo, que revelaba el lugar de una ausencia o el rostro de la misma muerte, producía –en los relatos de Gusman– una visión intolerable. Y el horror o la fascinación ante ese vacío, consecuente con la gramática del velo propuesta por Lacan, ofrecía –ya veremos– una manera de pensar el hecho literario.

---

un color rojizo se paseaba la mujer. [...] Ella se dio cuenta que yo debía espiarla. Me pareció que un resto de oscuridad velaba sus ojos y que las venas de su cuello latían apresuradamente. [...] La ultimé de una sola puñalada. [...] –De acá se puede ver su ventana, muchos vecinos dicen que paseaba desnuda–. Cerré los ojos, sólo escuché la palabra muchos. Sin pensarlo dije: sí, andaba desnuda. Entonces me di cuenta que había confesado. Confesé. Conté todo lo que querían saber» (1978: 55-59).

Pedazo tras pedazo

> ...comerte de a pedacitos, sería como cogerte de a pedacitos.
>
> Gusman

Por su insistencia en sus diferentes formas, el juego del velo cobraba evidentemente una función decisiva en la obra de Gusman. Más allá de establecer una lógica del misterio o del enigma, actuaba –a un nivel si se quiere más superficial– otorgando una línea de continuidad a una escritura dominada por su carácter fragmentario. La prosa de Gusman estaba atravesada por una fractura del relato. Como ya lo proponía Piglia en el prólogo a *El frasquito* –el texto que inauguraba la serie–, en la escritura de Gusman «no hay estrictamente "narración" porque la narración supone un continuo: hay momentos estáticos, eslabones: no se enlazan "hechos", sino textos, frases, metáforas, palabras» (Piglia 1973: 22). Estos momentos estáticos, estos eslabones, eran entrelazados por la red de referencias que establecían los textos: entre ellas, el juego del velo y el ocultamiento, la lógica del enigma y del secreto.

Este carácter fragmentario era intrínseco a la obra. Las novelas de Gusman se presentaban como una sumatoria de escenas que, si bien mantenían cierta cohesión, no tenían una continuidad narrativa clara. Esta percepción de partes incrustadas estaba reforzada por las repeticiones internas de ciertas frases que potenciaban la sensación de fractura y hacían imposible una idea de linealidad[13]. Por otra parte, las decisiones del autor en el momento de publicar contribuían con este carácter fragmentario. La publicación en forma de relato breve, de algunos pasajes de *Brillos* y *Cuerpo velado* en las páginas de *Literal* («Aparecer», «Poses», «El rostro del ausente») asignaba a estos fragmentos un grado mayor de autonomía, y contribuía a la percepción del texto como un conjunto de «momentos estáticos».

Para Piglia, esta fractura en el nivel de la estructura del relato definía un estilo, y si había un enlace entre las partes, éste era presentado como arbitrario, como una convención que estaba fuera de lo «normal».

---

[13] En dos pasajes de *Cuerpo velado* podemos leer: «Un muchacho... un trozo de mejilla y un poco de nuca alejándose» (1978: 43) y, casi al final, «Lo miro, un muchacho, un trozo de mejilla y un poco de nuca alejándose» (1978: 155).

Esta fractura que ordena el relato alrededor del par, la semejanza y la repetición (mellizo, bígamo, espejos, madrecita y la otra) es *registrada* por la escritura a partir del juego de metáforas que en su interior definen el «estilo». No hay causalidad o engendramiento: hay comparación, un régimen de sustituciones y condensaciones que enfrenta y enlaza «casualmente» dos eslabones. La arbitrariedad de este enlace, casi siempre fundado en el adverbio comparativo *como* hace ver la convención verbal que ordena el relato más allá de cualquier «normalidad». (Piglia 1973: 21-22)

Al estar más allá de cualquier normalidad, la prosa cortada de Gusman se presentaba como «ilegible». La crítica insistiría más tarde en esto. Daniel Link, volviendo sobre *El frasquito* y en un homenaje al prólogo de Piglia –«El relato fuera de la ley»–, veía en esta característica la propuesta de un nuevo protocolo de lectura.

…texto trabajado al borde mismo de la disolución narrativa (y en otro nivel de análisis, al borde del escándalo) y contra los verosímiles realistas. Escritura ilegible: propone y exige nuevos protocolos de lectura a partir de un lugar excéntrico, al margen del mercado editorial y su aparato publicitario. *El frasquito* (en cualquier nivel de análisis) es un relato al margen de la ley. (1994: 61)

Este nuevo protocolo –tal como lo proponía Link– estaba marcado por la discontinuidad. Entre los procedimientos que la obra introducía estaban la «teoría de la mezcla y el fragmento», el pastiche, la heterogeneidad de los materiales, la cita, la alusión y la parodia de otros discursos y otros lenguajes (1994: 61). La fragmentación definía así la narrativa de Gusman.

En este contexto es que el velo, junto con otras imágenes, adquiriría un papel relevante al ofrecer una posible continuidad a los relatos. El encadenamiento que estos textos no encontraban en la narración estaría dado, en parte, por la palabra, como ya sostenía Piglia –«no se enlazan "hechos", sino textos, frases, metáforas, palabras»–, pero también y fundamentalmente por la repetición de ciertas escenas e imágenes –¿metáforas?–, entre las cuales destacaba la del velo[14].

Esta persistencia de ciertas imágenes como aglutinador del relato diferenciaba, por otra parte, la propuesta de Gusman de otras escrituras afines. En su reseña de *El frasquito* publicada en *Los Libros*, Oscar Steimberg

---

[14] De asignar al velo un tropo o una figura del lenguaje, pensaría antes que en una metáfora en una anáfora o en una alusión. No había en el juego alrededor del velo un traslado de un «sentido recto» a uno «figurado», sino una sencilla repetición que, además de establecer una continuidad, podía estar aludiendo a algo –¿un concepto?, ¿una reflexión?, ¿un saber?– que el texto no mencionaba.

ponía en serie el relato de Gusman con *El fiord* de Lamborghini y *Cancha rayada* de García (Steimberg 2004: 34). Más allá de la afinidad señalada por Steimberg, se puede decir que en estos tres textos las lógicas del fragmento y del pastiche, aunque de manera muy distinta, también estaban presentes. Sin embargo, el modo en que se fusionaban los materiales era otro. Si en *El fiord* estaba operando la «época» y el «estilo» –allí las palabras se entrelazaban por la fuerza del estilo, y por pertenecer a los discursos estereotipados de la época– y en *Cancha rayada* la consistencia del relato descansaba en parte sobre el psicoanálisis –el psicoanálisis propiamente dicho, como saber legitimado y legitimante– y en parte sobre la literatura experimental ya consagrada –el *Ulysses* de Joyce–, en la escritura de Gusman, en cambio, era la persistencia de estas imágenes –el velo, el brillo– aquello que marcaba el ritmo de los relatos y hacía inteligible una prosa totalmente fragmentada, «ilegible»[15].

Por su parte, la fractura que dominaba la estructura de los relatos de Gusman tenía su correlato en el plano de la anécdota. En repetidos momentos los textos insistían en la fragmentación, especialmente en la fragmentación de los cuerpos. De hecho, podemos decir con Link que en la prosa de Gusman «uno de los procedimientos retóricos más frecuentes es la sinécdoque: focalización que destruye la imagen completa y a través de la cual, por ejemplo, sólo vemos "un trozo de mejilla y un poco de nuca alejándose"» (Link 1994: 65).

Al epígrafe de esta sección, podemos añadir otros pasajes de *El frasquito* que también presentaban un cuerpo hecho pedazos:

> Milanesa, pedazo tras pedazo el paraguayo va comiendoselá, cogiendoselá a la madrecita noche tras noche, besandoselá pedazo tras pedazo, ella gime de placer, él come con placer las doradas milanesas, mientras nosotros famélicos esperamos que nos tire algún pedazo. (1973a: 71)

> ...el maestro empezó otra vez el foxtrot ligero y ella [la madrecita] empezó a moverse hasta que cayó al suelo y se desarmó.
> Juntaron los pedazos y entre el médico y el director del teatro la trajeron a casa... (1973a: 83)

---

[15] Anticipándose a posibles críticas, la contratapa de *Cuerpo velado* anunciaba: «En efecto, este libro de Luis Gusman no es difícil porque sabe imponer la satisfacción de ser leído, por el ritmo y las derivaciones de sus escenas» (1978: contratapa). Esta «satisfacción de ser leído» surgía precisamente de la anáfora y la alusión que construían estas imágenes.

Estos cuerpos en pedazos continuaban en *Cuerpo velado*. Además de ese trozo de mejilla y ese poco de nuca alejándose, podíamos encontrar en otros pasajes cuerpos mutilados, partes aisladas del conjunto.

> Siento terror, las cenizas del abuelo descansando en el cinerario público, su mujer muerta con los miembros mutilados en la fosa común; cuerpos confundidos, dispersos en una región fronteriza. (1978: 13)

> Se notaba que otras fotos habían sido arrancadas. Había otras mujeres para mí desconocidas. Restos de piernas, un brazo, una boca que había sido pintada con lápiz labial, la mano de un hombre que se posaba sobre una rodilla de mujer. (1978: 26)

La fragmentación del relato, entonces, encontraba su eco en la percepción de los cuerpos. Y en buena medida, esta percepción entraba en serie con la lógica del velo, a través de su función en el fetichismo.

Volvamos por un instante a Lacan. En la medida en que el fetichismo ponía al sujeto en una relación electiva con un objeto fascinante inscripto sobre el velo, en cuya órbita giraba su vida erótica (Lacan 1994: 161-162), se podía derivar de este fenómeno un percepción del mundo fragmentada. La adherencia libidinal al fetiche –una prenda o una parte del cuerpo– que colocaba a éste en la función de velo, impedía justamente la visión del cuerpo entero.

Esta conexión entre el cuerpo fragmentado y la lógica del fetichismo estaba presente de manera ejemplar en el relato «Aparecer» (1973), el que luego formaría parte de *Brillos*. Aquí, al final de la cita, la fuerza de la sinécdoque o del fetiche forzaba el lenguaje, llegando a cambiar el género de las palabras.

> Está acostado en la mecedora. Piensa en su mujer. Cierra los ojos y recuerda. Siempre la misma escena. Su mujer desnuda en la cama y el hombre hincado chupándole el dedo gordo. Ella con la cabeza para atrás, gozando seguramente reclamando insistente «chupame el dedo gordo chupame». El dedo gordo, únicamente el dedo gordo. Ese dedo regordete y esmaltado. Lo sorprendió el secreto, el descubrimiento, ese dedo juguetón y mancillado. Y el recuerdo siempre termina ahí. Un hombre de hinojos ante una flor abierta como una horqueta. [...] Pensar en el dedo lo volvía un desaforado [...] Un día entró a la pieza y la vio a la deda frente al espejo. Mirándose. Toda desnuda la deda. (1973b: 83-84)

Como el «recuerdo encubridor» que Lacan, siguiendo a Freud, distinguía en la dimensión histórica del velo, también en este pasaje «el recuerdo siempre termina ahí»[16]. Finalmente, esta fragmentación –de la estructura del relato, de los cuerpos mutilados, del cuerpo atravesado por la lógica del fetiche– aportará su parte al juego instaurado por el velo. Las partes suponen siempre un conjunto. Y es precisamente el enigma de este conjunto el misterio sobre el que se levanta la escritura de Gusman, el cual –junto con un estilo– la hace legible, imponiendo esa satisfacción de ser leída.

Las túnicas se han transformado en tumbas

> Me afeito con la máquina de mi padre; me miro en el espejo donde hasta ayer él se miraba.
>
> Gusman

El juego del velo instauraba un secreto. Algo allí se ocultaba, y aquello por momentos no era más que una ausencia. Hemos visto que el brillo que enceguecía sustituía en *El frasquito* al padre ausente, y esta ausencia regía la economía familiar. El padre estaba siempre en otro lado (Piglia 1973).

La ausencia del padre –a través de su muerte– volvería a aparecer más adelante en la narrativa de Gusman. *Brillos* comenzaba con un viaje por la inminente muerte del padre. «El médico nos llama; mi padre se muere. Es mi madre la se que acerca y apretándole las manos lo siento morir. Ha muerto» (1975a: 14). En el relato «El rostro del ausente», que luego formaría parte de *Cuerpo velado*, el ausente era el padre muerto. Y en la novela, sólo quedaba su voz: «...me encuentro a solas escuchando la atronadora voz de mi padre muerto» (1978: 113).

El velo, en la medida en que ocultaba una muerte, se convertía así en sudario, velo mortuorio, y el verbo «velar» adquiría su acepción de «pasar la noche al cuidado de un difunto», como en ese cuerpo velado en la ventana contigua a la de aquella mujer que –en *Cuerpo velado*– se paseaba desnuda.

El brillo, por su parte, servía también para esta función. Ocultaba las cuencas vacías de los ojos del muerto. La imagen aparecía en «Poses» –«Las

---

[16] Sin embargo, más tarde en *Brillos* este «recuerdo» se convierte en «pose» (1975a: 63).

monedas de oro cerraban los ojos del ahorcado» (1975b: 82)– y en un pasaje de *En el corazón de junio*.

> En un árbol han improvisado una horca donde un cuerpo se bambolea continuamente. El brillo de las espuelas irradia movimientos plateados que contrastan con dos monedas de oro que iluminan las cuencas de unos ojos vaciados por la codicia. (1983: 120)

Por su confusión con la vida –a través del brillo de la mirada: «El hombre miró el cepo y brilló su mirada» (1975a: 59), «Un brillo secreto ilumina la mirada de su madre» (1975a: 94), etcétera–, las monedas en los ojos del ahorcado escondían la muerte.

Este vacío, el de las cuencas y el que instauraba la ausencia, era funcional en la narrativa. En primer lugar, la falta del padre. Ella se convertía en el vacío que movilizaba la cadena. La «novela familiar» se construía a partir de esta imagen. Ya lo había señalado Piglia.

> Si no hay paternidad que legitime la filiación, ni trabajo que asegure la economía, fijarse en una cadena es encontrar en la repetición el lugar que asegure el sentido y construir al mismo tiempo, una economía, un parentesco y una religión. (Piglia 1973: 15)

Y más tarde Link retomaba esta imagen.

> El cuerpo de Gusmán, se ve, marcado por cadenas («La cadena me ata las manos», *COR*, 174) que se vuelven, así, motivos temáticos pero también constructivos: la cadena como metáfora de la sintaxis narrativa y a la vez como metáfora de los materiales a partir de los cuales se escribe: la cadena es la herencia y la cadena es textual. (1994: 62)

La cadena aquí era la herencia y era lo que aseguraba un parentesco. En estas formulaciones de la crítica, se proyectaba una imagen particular de la novela familiar –«Mentar la cadena es mentar a la vez esa novela familiar que la literatura arma en los textos: herencias que se reciben de parientes, relatos que se abren hacia (a partir de) la muerte del padre» (Link 1994: 62).

Pero se trataba de una novela familiar distinta de aquella que encontrábamos funcionando en la prosa de García: en la medida en que instauraba una cadena, la novela familiar en las obras de Gusman escapaba al triángulo edípico. Un padre moría, pero no se insistía en el «deseo» de asesinarlo. Como ya hemos visto el incesto se concretaba –enunciado en *El frasquito*, insinuado en *Cuerpo velado*–, pero en el cuerpo de la tía. La ausencia del padre no producía un autodidacta que, muerto el padre, debía hacerse a sí mismo, sino que fundaba un linaje. Aparecían hermanos, hermanastros, dobles, toda una estirpe que permitía colocar al sujeto en un linaje. Frente al proyecto de una novela de formación se construía un abolengo, y esto repercutía en una colocación de autor.

> Es que el drama de la novela de Gusmán es el del prestigio literario. Prestigio y linajes literarios, nombres de textos y autores entretejidos en el espacio textual y con los cuales forman una cadena imaginaria de implicaciones mutuas. (Link 1994: 62-63)[17]

Esta cadena imaginaria, que partía de una ausencia –el lugar vacío que dejaba el padre muerto–, venía a cubrir con una trama de parentescos dicha ausencia.

Ahora, si bien la muerte del padre era fundamental en la narrativa de Gusman, el ausente tendría en ella también otros rostros. El velo, convertido en sudario, ocultaba otras muertes y éstas, en la medida en que habían de ser leídas en relación con el contexto de producción de los textos[18], aportaban un nuevo desvío al juego del ocultar y el mostrar.

En *Cuerpo velado*, la presencia de enfermedades venéreas y de un cementerio –el autor, al final, se revelaba como un empleado del cementerio– introducía la muerte en la ciudad. Desbordando la posición del padre, la muerte se volvía anónima: «El barrio judío ha quedado atrás, lentamente me acerco a la zona de los ferrocarriles. He salido. He caminado. He visto las calles enteras sumidas en la prostitución. He visto la muerte» (1978: 11); «Flores artificiales, adornos de colores pretenden disimular la muerte...» (1978: 11); «Le pregunté por la documentación del difunto, por los papeles del muerto. No tenía ninguno, no había habido tiempo de anotar al prematuro. Era un NN, un no identificado» (1978: 106); «Ahora las túnicas se han transformado en tumbas...» (1978: 145); «Pero allí donde está la muerte, allí nos llevan nuestros pasos» (1978: 154).

---

[17] El epígrafe de *Brillos* revelaba uno de estos autores. Allí, la firma funcionaba como una aposición al último sustantivo de la cita: "Es el último espejo que repitió la cara de mi padre." / Jorge L. Borges» (1975a: 9).

[18] Véase la lectura de *En el corazón de junio* de Daniel Balderston, «El significado latente en *En el corazón de junio* de Luis Gusmán y *Respiración artificial* de Ricardo Piglia».

Esta circulación de la muerte convertía a la ciudad en un velorio inquietante, en el que el verbo «velar» implicaba la presencia de la muerte, pero también la observación, la vigilancia, el control –«Afuera, la ciudad vela» (1978: 70), «Delante mío la ciudad vela» (1978: 92)–. Y es esta ciudad fúnebre, su muerte anónima, la que remitía el relato a su contexto de producción. El año en que se editó la novela, en plena dictadura militar, permitía anclar estas muertes al contexto social y político.

Lo mismo sucedía con *En el corazón de junio*, donde la remisión era más clara, ya que la muerte y la ausencia de los cuerpos calcaban allí las técnicas de desaparición de personas llevadas a cabo por la gobierno dictatorial –específicamente, los «vuelos de la muerte» en los que los que los detenidos eran arrojados vivos y drogados al mar.

> Los cuerpos caían desde el aire y atravesaban el color del río. Se inclinó sobre ella y miró esos ojos vidriosos, narcotizados. Justo un instante antes de arrojar esa bolsa al vacío. Entonces era un cuerpo. (1983: 122)

> Sé que muchos van a preguntar por los cuerpos familiares. Parece que el hombre [un curandero, un adivino] repite siempre lo mismo: «Veo agua, mucha agua. El agua lo cubre todo». Sin embargo, los visitantes insisten: «¿Dónde están los cuerpos? ¿Dónde están los cuerpos?». (1983: 124)

> Desde el aire, los cuerpos eran arrojados al mar. Estaban dormidos. Era como una pesadilla. Bolsas que caían y abrían agujeros en el agua. Pero unos ojos sacaron la cabeza de la bolsa y en la caída no dejaron de mirarme, y eran de color verde, como el mar. (1983: 140)

Pero dada la conexión de estas muertes con la represión del gobierno militar, ¿qué significaba en las novelas la irrupción de estas escenas recortadas del contexto político? O en todo caso, ¿cómo ingresaban en la narración? ¿Estaban ofreciendo una nueva materialización en el juego del velo?

En su artículo dedicado a *En el corazón de junio*, Daniel Balderston hacía una distinción pertinente acerca de cierto contenido latente del relato. Allí, él reconocía dos tipos de «silencios». Por un lado, lo que estaba *borrado*, pero que podía ser llenado por el lector alerta. Por el otro, lo *borroso* o lo *ilegible*, que permanecía en el dominio del enigma (Balderston 2004: 119). Las referencias al contexto político –reconocibles para un lector informado, imposible no estarlo en 1983– formaban parte del primer tipo de «silencio». En cambio, el misterio que instauraba el velo –el que he venido desarrollando a lo largo de estas páginas– formaría parte del segundo. Este silencio era «ilegible». El enigma que planteaba, irresoluble.

En este sentido, el proyecto literario de Gusman, si bien contaba con escenas «borradas», no se agotaba en una serie artimañas orientadas a escapar a la censura, ni en un texto en clave que un lector lo suficientemente conocedor de su obra pudiera «resolver». La «dificultad» de su escritura fragmentada y dispersa, la instauración de un enigma, no escondía su solución, sino simplemente una manera de concebir la literatura.

El manuscrito perdido

>...tal vez por ello, comienza con un olvido.
>
> Gusman

Hemos sugerido que la repetición de frases e imágenes –como aquel trozo de nuca alejándose de *Cuerpo velado*– colaboraba en la obra de Gusman con la percepción de una escritura fragmentada. Vimos que el procedimiento se repetía, convirtiéndose en una característica de su narrativa.

Las escenas y los personajes migraban de un relato a otro. La ya mencionada relación incestuosa con la tía era una de estas secuencias. Ciertos personajes –el Rubio, la dama española– aparecían en *Cuerpo velado* y *En el corazón de junio*. El trato carnal de la madre con un pastor de iglesia era enunciado en *El frasquito*, y reaparecía años más tarde en *Cuerpo velado*[19]. Eran también frases –copiadas casi de manera textual– las que migraban de un texto a otro. En *Brillos* se podía leer: «El roce del raso producía risas ahogadas y las manos, húmedas, acariciaban el raso negro y brillante» (1975a: 67). Y en *Cuerpo velado*: «El roce de aquel raso producía risas ahogadas cuando las manos húmedas acariciaban el raso negro y brillante» (1978: 130). La imagen del velo, con todos sus derivados, formaba parte de esta trama. Los envíos de un texto a otro eran constantes.

Este sistema de referencias internas se veía enfatizado por la ya mencionada publicación en forma de relato de distintos recortes de las novelas, mediados

---

[19] «Le hizo pasar tanta vergüenza a mi padre encamándose con el pastor de la iglesia…» (1973a: 66). "«¿Usted también profesa una religión?". No –le respondo–. Eso era antes, cuando aún no había sorprendido a mi madre con un pastor de la iglesia» (1978: 73).

siempre por la reescritura. «Aparecer» (1973) y «Poses» (1975) formando parte de *Brillos* (1975). «El rostro del ausente» (1977) como un pasaje de *Cuerpo velado* (1978). No tiene mucho sentido preguntarse si en estos casos la novela antecedía a los relatos, o si ella se construía a partir de múltiples escritos independientes. Resultaría difícil –e inútil– determinar cuál fuera el original. Por otra parte, ¿había un original? Lo destacable, en última instancia, es que estas referencias construían una trama narrativa visible.

Link vio en este juego de reenvíos el típico efecto de autocopia o autocita que Borges pusiera en movimiento (1994: 62). Y en esta línea, podemos decir que muy borgeanamente la copia en Gusman siempre se veía adulterada. A veces, muy sutilmente, como en la citada frase del roce del raso. A veces, más gruesamente: «La miró a la cara y vio la curita en su mentón ¿qué ocultaba ahora esa mujer?» (1975a: 63) y «La miró a la cara y vio la curita en la pera. Qué ocultaba ahora la muy puta» (1973b: 84). Entre una versión y otra –entre esa mujer y la muy puta– mediaba lo que Gusman, circunstancialmente, llamaría «escritura», aquello que en algún punto pertenecía a ambas y que ninguna de las dos podía acaparar.

Especifiquemos esto último. Esta idea de «escritura» la tomo de otra escena de «adulteración». Se trata de la reedición en 1999 de *En el corazón de junio*, oportunidad que Gusman aprovechó para realizar algunas correcciones. «Esta versión de fines de 1999 ha sido corregida según ciertas coordenadas…» se podía leer en la «Nota de autor» (1999: 9). Pero las correcciones –se cuidaba Gusman de resaltar más adelante– procuraban no traicionar el espíritu de la primera versión: «Todos los cambios introducidos tuvieron en el horizonte la idea de que ninguna corrección debía traicionar el espíritu de *En el corazón de junio*. Es decir, su escritura» (1999: 10). Entre una versión y otra, entonces, mediaba la «escritura».

Pero esta idea de una «escritura» –a la cual una nueva versión, llegado el caso, no debía traicionar– se desprendía ya de esa red de referencias que establecía el conjunto de su narrativa. El reenvío constante de imágenes, personajes, escenas, frases, asociado a la dispersión de la trama y la fragmentación de la narración de todos sus relatos, hacía pensar en la existencia de una escritura anterior, un «manuscrito perdido», al cual todas las obras estaban remitiendo, pero cuyo olvido era su condición de posibilidad.

Y es precisamente esta imagen de un manuscrito olvidado la que nos conduce de nuevo a la lógica del velo y, con ella, a la tesis sobre la literatura que estaba operando en estos textos. He mencionado ya el artículo de Gusman dedicado al relato *Marta Riquelme* de Ezequiel Martínez Estrada, haciendo referencia a la participación en él de ciertas nociones del psicoanálisis. Lo que me interesa ahora de este artículo es el trabajo de Gusman alrededor de una escena en la que el olvido y la circulación de un manuscrito –en algún punto perdido– participaban como catalizadores de la escritura.

De un lado, el olvido. Lo que «olvidaba» el cuento de Martínez Estrada era la existencia de un relato homónimo de G. E. Hudson. Del otro, el manuscrito. El narrador de Martínez Estrada intentaba escribir la historia de Marta Riquelme a partir de un manuscrito de difícil interpretación –el manuscrito no estaba exactamente perdido, no estaba ausente, pero la dificultad que imponía su lectura instauraba un enigma.

> Entre este olvido hacia un nombre [el del relato *Marta Riquelme*] y esa memoria fiel hacia una mujer [el del personaje Marta Riquelme], estará instalada la duda que el autor la pondrá en la dificultad material de *descifrar* el manuscrito (perdido) ya que su letra misma se prestará a diversas interpretaciones ofreciéndose como un enigma a develar. (1977b: 68)

En los argumentos de Gusman, este «olvido hacia un nombre» se volvía productivo en la medida en que su lectura se instalaba justamente entre las diferencias y los «ecos *del original* de Hudson» que encerraba la nueva versión de Martínez Estrada, productividad del olvido que ya estaba adelantada en el epígrafe del artículo. Lo olvidado hablaba desde su sentido mudo, no disponible pero latente:

> «Cuando nos falta una palabra olvidada, aún se designa por esa falta. La hemos olvidado y así la reafirmamos en esta ausencia. Espacio para el cual parecía estar hecha, para llenarlo y disimular. En la palabra olvidada captamos el espacio a partir de la cual ella habla y que ahora nos remite a su sentido mudo, no disponible, prohibido y siempre latente».
>
> M. Blanchot (Gusman 1977b: 67)

En cuanto al manuscrito, la ambigüedad que instalaba su difícil lectura –la posibilidad de que pudiesen desprenderse de él dos diferentes versiones de la historia– cifraba, en el comentario de Gusman, la trama del relato.

> El relato *Marta Riquelme* reconstruirá, en su trama, a partir de la memoria, un manuscrito perdido al cual el autor debe prologar. Pendiendo siempre el sentido del texto original de aquel otro perdido. Búsqueda del original que es también de los orígenes, el incesto aparece como el fantasma que precipita la historia hacia una tragedia familiar «el otro caso de incesto, que muy delicadamente insinúa

con palabras evasivas, pero de modo inequívoco resulta del *texto completo*, es muy claro» ... «pero debo advertir que en la lectura del original *(se refiere al manuscrito perdido)* una palabra, sólo una palabra, que puede ser *leída en dos* formas habría podido cambiar radicalmente el sentido repugnante del episodio en que Marta Riquelme lo cuenta».

[...] Lo transcripto por el prologuista –Martínez Estrada– será un relato lacunar donde el autor trata de reconstruir en su memoria la palabra de Marta Riquelme. Palabra vacilante, suspendida en la ambigüedad de una escena incestuosa, siempre a punto de desencadenarse pero que se desplaza hacia la escena del manuscrito perdido, lugar de un deseo, que, de realizarse, se volvería siniestro. (1977b: 71; énfasis del original)

La escena del manuscrito perdido, con el trabajo que operaba allí el olvido, proponía un juego literario: la intervención de Martínez Estrada descansaba sobre esa «palabra vacilante», esa ambigüedad que remitía a un original siempre desplazado, marcado por una ausencia. Traducido a términos más «lacanianos», la operación literaria, la literatura, se encontraba en los rodeos que daba el deseo, en su defensa contra el goce, para no darse de narices con aquello no pudiera articular, aquello cuya visión acabaría con el enigma. Estas eran las palabras, en realidad, con las que Gusman concluía su artículo:

El enigma no se resuelve, el acto incestuoso sólo puede ser realizado en una escena perdida, suspendida, suspenso que es también el de la trama; promesa al lector, seducción ilusoria de que es en el manuscrito perdido donde podrá encontrarse con aquello que el deseo en su insistencia, en su defensa contra el goce, nunca puede articular. (1977b: 73)

Aquí es donde reaparecía, convertida en una teoría de la literatura, la lógica del velo. La trama construida laboriosamente en toda la obra de Gusman –reenvíos, citas, repeticiones, el juego alrededor del género policial, etcétera– seducía al lector, imponía la satisfacción de ser leída, por la promesa de un manuscrito perdido en el que la fragmentación y la dispersión encontraban una linealidad, una «narración». De más está decir que el lugar de este manuscrito –el lugar del sentido– era el lugar de una ausencia, un lugar «prohibido y siempre latente» como rezaba el epígrafe de Blanchot, un «sentido mudo»[20].

---

[20] Por otra parte, de haber un sentido «parlante», de haber un manuscrito, debía haber alguien que velara por él. Y en este caso uno puede preguntarse por la identidad de este supuesto guardián: ¿la vida del autor?, ¿el contexto político?, ¿el psicoanálisis?

Perdido el manuscrito, la literatura que proponían los textos tempranos de Gusman se gestaba como quien dice «a ciegas», en una habitación a oscuras. Así adquiriría uno de sus sentidos el epígrafe de Macedonio Fernández con el que abría *Cuerpo velado*: «He aquí cómo se trabaja largamente a oscuras y se da a nuestro trabajo un nombre que no merece» (1978: 8)[21]. Y perdido el manuscrito, se puede decir que esta literatura, en la medida en que se ofrecía «como un enigma a develar» que no podía ser develado, era presentada como «un objeto sin objeto». Esta literatura enviaba al lector a un sentido olvidado.

Lo que se «amaba» en la literatura era algo que estaba más allá de los propios textos. Pero al mismo tiempo, al igual que el velo era para el hombre más valioso que la realidad, en este modelo de literatura los textos eran más valiosos que aquello que se ocultaba. Los textos eran como el ídolo de la ausencia. La literatura era entendida ya no como sublimación, sino como velo, como fetiche, es decir, como perversión.

Esta manera de pensar la literatura habría de cambiar con los años. La prosa de Gusman, siguiendo los cambios discursivos de su tiempo, ya no estaría atravesada por la fractura del relato ni por la trama de imágenes y referencias que la colocaban en una función comparable a la del velo. Al decir de Giordano, la escritura de Gusman ya no se identificaría con la idea intencional de una literatura transgresiva, ni con una literatura maldita que encontrara su razón de ser en la intencionalidad (Giordano 1999: 81). El propio Gusman, en una lectura retrospectiva, vería en sus obras del período un «exceso de confianza, más en los signos dirigidos al lector que en la literatura» (1999: 10), como lo señalaba a propósito de la primera versión de *En el corazón de junio*. Esos signos –que tejían la trama– habrían de desaparecer. La lógica del velo –y con ella, cierto uso del discurso del psicoanálisis– ya no intervendría con la misma fuerza.

---

[21] El otro sentido, claro, descansaba en la realidad política del país.

La aventura

> Es un oxímoron decir amor fracasado, si hay amor, ¿cómo puede haber fracasado?
>
> Lamborghini

Una serie de cartas, un episodio tardío en la vida de Osvaldo Lamborghini, nos puede servir como puerta de entrada a una lectura sobre la operación que su escritura llevó a cabo alrededor del psicoanálisis. Con este episodio, convertido en aventura, quiero abrir este capítulo. Pero antes de ello, quiero dar un rodeo que justifique el ardid.

En la obra de Germán García me he detenido en la construcción –*en sus textos*– de una vía, un camino dirigido a la colocación del autor en una escena. En la obra de Luis Gusman, por otra parte, he intentado estudiar un juego alrededor de la imagen del velo que –también *en sus textos*– estaba proponiendo un modelo de literatura. ¿Por qué acudir aquí, entonces, en el caso de Lamborghini, a la biografía del autor? ¿A qué viene esta historia de un episodio en la vida?

Adriana Astutti, en su libro *Andares clancos* se detuvo en lo que ella llamó un ejercicio de «fabulación» que, si bien no era exclusivo de Lamborghini, se desplegaba en su obra de una manera, podemos decir, un tanto ejemplar. Este ejercicio, en el corpus lamborghiniano, ponía en juego un «nombre propio» –Lamborghini– que, a través de una ficcionalización del yo, se sustraía a las categorías de verdad y falsedad, de realidad y ficción. Y es en este sentido, en esta problematización de los límites entre vida y obra que llevaba a cabo esta fabulación, que considero que ciertos episodios parecen entrar en su vida, tal vez no como puros ejercicios literarios, pero sí atravesados por algo que podemos denominar «literatura».

La Escuela Fiordiana de Mar del Plata, o la mujer con pene

> Ellos se nombran freudianos. Yo también.
>
> Lamborghini

Recordemos la función de la fábula propuesta por Astutti:

> Esa fábula en el caso de Lamborghini no era sólo una fábula que otros inventaron a modo de explicación. La fabulación estaba antes, cuando el escritor se puso a contarla. Y este relato autorreferencial, en su escritura, se componía de desplazamientos del nombre propio y de posiciones diversas que en cada caso adoptaba un cuerpo.
>
> [...] En todas esas fabulaciones el escritor «siembra la duda» de manera espontánea, sin meta y sin premeditación. No están dentro del régimen de lo verdadero y lo falso sino *al borde* de la fabulación, como el chico que cuenta un sueño ante el que no sabemos si lo cuenta porque lo tuvo o si lo hace porque sabe ya que a través de la relación de los sueños se pueden contar cosas «dudosamente ciertas».
>
> [...] Estilos, gestos, detalles, puerilidades –«maneras de fumar en el salón literario», diría Lamborghini– que siempre creaban una duda: «algo ante lo que era legítimo preguntarse si es realidad o ficción». (Astutti 2001: 20-21)

Esta pregunta «legítima» sobre si ciertas fabulaciones del escritor presentes en sus textos eran realidad o ficción se hacía extensible a ciertos episodios en los que –como el que aquí nos ocupa– estaba en juego precisamente una ficcionalización del yo. De aquí –y del papel central que ocupó el psicoanálisis en este lance– mi interés en él.

Ricardo Strafacce, en su monumental biografía del escritor, lo llamó su «aventura psicoanalítica marplatense» (2008: 519). El término «aventura» entendido como «relación amorosa ocasional» define muy bien el episodio, mejor tal vez que una relación basada en el odio, como la que otros autores han propuesto para leer la participación del psicoanálisis en la vida y en la obra de Lamborghini.

A finales de los años sesenta, Lamborghini había empezado a leer psicoanálisis. Su interés en un principio podía haber sido, como suele suceder, puramente funcional: el psicoanálisis formaba parte de aquellos conocimientos necesarios «para estar a la altura de los debates, o las meras conversaciones, que se sucedían en los ambientes que frecuentaba» (Strafacce 2008: 214). Sin embargo, este interés funcional derivaría en otra cosa. Como ya hemos señalado, al igual que García y Gusman, a mediados de 1969 Lamborghini se acercó a Oscar Masotta. A diferencia de ellos, el resultado no fue un estudio concienzudo: «...aunque intentó estudiar con Oscar Masotta no pudo seguir demasiado, ya que no tenía constancia para un trabajo serio y en serie» (García 2003: 43).

Este estudio, sin constancia y sin seriedad pero a lo largo de años, lo llevaría a dictar, tiempo más tarde, un curso de introducción a Freud. El curso comenzó entre fines de 1976 y comienzos de 1977, y tuvo lugar en la ciudad balnearia de Mar del Plata, una novedad en aquellos tiempos para esta localidad de la costa atlántica argentina. Las derivaciones que tuvo este grupo de estudio darían, retrospectivamente, la medida de la colocación de Lamborghini con respecto al psicoanálisis.

Cuando el curso todavía no llevaba un año, este ya estaba produciendo frutos en la empresa fabuladora del escritor que, por cierto, había comenzado mucho tiempo antes en su escritura.

> El curso de Freud, mientras tanto, seguía a toda marcha. [...] El optimismo de esta nueva etapa vino acompañada por la adopción de un «nombre profesional» (el 10 de octubre de 1977 empezó a firmar «O. V. Lambort-Hartz») y la expansión de sus posibilidades laborales. (Strafacce 2008: 515)

La adopción de este «nombre profesional» no era sino el primer eslabón de una cadena más amplia de «seudónimos» –como en su relato *El fiord*, el nombre sufriría nuevas metamorfosis–, y en una carta del 28 de octubre de 1977, Lamborghini detallaba el personaje que se escondía detrás de esta nueva máscara, O. V. Lambort-Hartz: «He adoptado la máscara humilde de un señor amante de la paz provinciana y muy estudioso» (2008d: 516).

A consecuencia de la buena marcha del curso, el autor decidió contactarse con la Escuela Freudiana de Buenos Aires, la institución psicoanalítica de orientación lacaniana fundada por Masotta como filial de la fundada por Lacan en Paris. Como señala Strafacce: «En esos años de expansión del psicoanálisis en la Argentina esta aventura marplatense, a pesar de sus peculiaridades, no dejaba de despertar interés» (2008: 522).

En una carta a un amigo fechada el último día de 1977 daba cuenta de esta comunicación que había entablado con la institución y especificaba los términos en que concebía este vínculo:

> Establecí contacto con la Escuela Freudiana de Buenos Aires. Me alientan, me aseguran que no estoy solo. Pero agregan que debería viajar a la capital (al castillo)

para proveerme de material, *tan difícil* de hacerlo llegar por correo. Como leí la novela de Kafka, sé que el lugar del agrimensor es la aldea. (2008c: 520)

Esta manera «kafkiana» de presentar su vínculo con la Escuela, que podría responder al ámbito laxo de una correspondencia epistolar de carácter personal, intervendría más tarde en su relación efectiva con la entidad porteña.

Las «peculiaridades» del proyecto a las que se refería Strafacce no tardarían en florecer. En los primeros días de 1978, el Coordinador General de la Escuela en Buenos Aires, Juan Carlos Cosentino, le hacía saber a O. V. Lambort-Hartz que ponía a su disposición los materiales que necesitara.

> El primer pedido –*Inconsciente y repetición*, de Lacan– le fue gentilmente remitido por Cosentino, al igual que los que siguieron, aunque estos últimos ya con alguna preocupación: no caía muy bien en Buenos Aires que el Profesor O. Lamborghini-Hartz firmara, a veces, «K., agrimensor particular», y otras, «M. Bonaparte, la mujer con pene». (Strafacce 2008: 522)

Esta proliferación de nombres que refiere Strafacce –Lambort-Hartz, Lamborghini-Hartz, K., M. Bonaparte…–, además de participar en la empresa fabuladora de Lamborghini, ponía sobre la mesa las grandes incompatibilidades entre la aventura psicoanalítica lamborghiniana y el proyecto institucional ejecutado en Buenos Aires. Sin embargo, Lamborghini no tardaría en anunciar la fundación –en nombre de él y de sus «discípulos»– de la Escuela Freudiana de Mar del Plata, difundiendo en un periódico local no sólo la creación de la entidad sino también su carácter de filial en relación con las escuelas de Buenos Aires y de Paris (Strafacce 2008: 523).

Este acto soberano de fundación tuvo una acogida negativa en Buenos Aires, y no sólo por el hecho de que la nueva escuela se nombrase –sin permiso– continuadora o filial del proyecto que allí se estaba llevando a cabo.

> Cuando en Buenos Aires se recibió la copia del acta de fundación de la Escuela Freudiana de Mar del Plata –manuscrita, repleta de tachaduras y frases inteligibles y, encima, en verso– quedó claro que algo no andaba del todo bien en la Escuela marplatense. (Strafacce 2008: 523)

Más allá de las lógicas resistencias que encontrara en Buenos Aires o de su incapacidad para adaptarse a los modos institucionales, Lamborghini continuó con su aventura psicoanalítica. El personaje del profesor estudioso y amante de la paz provinciana trascendía –acorde con su empresa fabuladora– a todos los ámbitos de su vida. Por esos meses, escribía sus cartas en papel con membrete de la Escuela Freudiana de Mar del Plata y pedía a sus amigos que toda correspondencia le fuera remitida a nombre del Profesor O. Lamborghini-Hartz, nombre que figuraba en el sello de la Escuela, con el que siempre firmaba.

Es evidente que, aunque en el acta de fundación de la nueva escuela figurasen las firmas de varias personas –la mayoría médicos–, las características de este proyecto respondían principalmente a la personalidad de Lamborghini. Él era la escuela. Así es como, enfatizando el carácter personal más que institucional de la entidad y continuando con las derivas del nombre propio, Lamborghini empezó a llamar a la nueva institución –«para perplejidad de sus discípulos»– la Escuela Fiordiana de Mar del Plata (Strafacce 2008: 523). Fue esta la primera y tal vez la única vez –especula Strafacce– que Lamborghini hiciera mención a la relación anagramática entre Freud y Fiord, que más tarde señalara Ludmer en su nota al pie de *El género gauchesco*.

Este personalismo que atravesaba la Escuela, lo manifestaba el propio Lamborghini en una carta del 17 de abril de 1978, en la que se ponía en escena de manera muy gráfica el drama de la legitimidad del saber psicoanalítico:

> Actoralmente, la Escuela Freudiana de Mar del Plata representa el papel de Filial de las de Bs. As. y Paris. Pero yo no le pedí permiso a nadie. Ellos se nombran freudianos. Yo también. El garante es el Otro, Freud. (2008f: 523)

Como era de esperar, esta aventura psicoanalítica pronto fue descalificada –o más bien ignorada– por la Escuela Freudiana de Buenos Aires. Y finalmente, «por mera desidia o lúcido desdén (jamás por "ética profesional" ni, mucho menos, por "diferencias teóricas")», Lamborghini dejaría morir el proyecto. Aquello que había empezado como una posibilidad laboral, se había convertido en el centro de un nuevo acto de fabulación y, agotadas sus posibilidades, el fabulador cambiaba de escena. Entremedias, «sin proponérselo –y quizás sin que le interesara demasiado la cuestión–» había puesto en cuestión las legitimaciones institucionales en el campo del psicoanálisis (Strafacce 2008: 523).

Años más tarde, Germán García leyó en este episodio de la vida de Lamborghini una parodia –«se puso, durante un tiempo, a *parodiar* la posición del analista» (García 2005: 185)–. Yendo más lejos, para este autor la parodia –o la *parodio*, por el componente de odio que había en ella– resumía también la relación del psicoanálisis con su literatura (García 2003: 45). Aunque volveré luego sobre esta interpretación de García, quiero destacar que esta «fabulación» lamborghiniana –como he señalado antes– me parece más cercana a una aventura –a una relación amorosa ocasional– que a un puro sentimiento de odio. Claro que el «noviazgo» habría fracasado estrepitosamente. Como en toda relación estable, la cuestión habría sido «aprender a callarse», cosa que Lamborghini no habría querido o no habría podido. Por lo que la otra parte terminaría por ignorarlo.

Un discurso anómalo

> ¡no eran momentos de andar cuidando el carajo del estilo!
>
> Lamborghini

Siguiendo con la imagen de la relación amorosa, podría decirse que, antes de que Lamborghini se fijase en la teoría psicoanalítica, ella ya se había fijado en él. O en todo caso, que este fijarse había sido mutuo y simultáneo. Este arrimarse del psicoanálisis a las obras de Lamborghini, mediado por la crítica, un arrimarse que respondía principalmente a las características de su escritura, estuvo presente desde el comienzo.

Aunque sus obras contaban por lo general con una anécdota identificable y muchas veces con una referencia al contexto inmediato, la prosa de Lamborghini y su particular estilo –que irrumpía ya con *El fiord* en 1969– colocaban al autor en una clara «tendencia antirrepresentativa» caracterizada por el ensayo de «formas experimentales» y por la transposición y mezcla de lenguajes (Amar Sánchez & Stern & Zubieta: 1982 666-667). Estas formas y estas transposiciones, asociadas a una falta radical de toda piedad y «humanidad» que convocaba –en el decir de Perlongher– la alucinación y volvía su escritura una pesadilla terrorista (Perlongher 1995: 137), hacían de sus obras textos difíciles que estaban llamados a despertar una resistencia en sus lectores. De más está decir que esta resistencia no era exclusiva de su obra, sino que era una característica compartida con otros proyectos estéticos también consagrados a la experimentación formal. Y sin embargo, ciertas obras de Lamborghini como *El fiord* despertaron una resistencia mayor, resistencia o rechazo que terminaría definiendo su recepción más temprana[1]. Para la mirada del crítico, este tipo de reacción le añadió un plus, un valor agregado.

---

[1] Recordemos el comienzo de la reseña de *El fiord* firmada por Oscar Steimberg en *Los Libros*: «¿"Y por qué, si a fin de cuentas" la pornolucidez está presente en la literatura desde

Y lo mismo pasó para la mirada psicoanalítica: esta resistencia se convirtió en uno de los canales privilegiados por los que la obra de Lamborghini entró en contacto con el psicoanálisis.

Si había, desde el vamos, algo «intratable» en la escritura de Lamborghini, esto le permitía encarnar, de forma tal vez ejemplar, un modo de pensar la literatura característico de la época: la literatura como «discurso anómalo». Y aunque este modo de entender la literatura excedía el ámbito estrictamente psicoanalítico –pienso en libros como *La literatura y el mal* de Georges Bataille–, tenía como una de sus consecuencias convertir al texto literario en un objeto idóneo para una lectura desde el psicoanálisis.

Noé Jitrik señaló esta conexión:

> ...la literatura es lo interpretable por excelencia, no es un objeto a examinar sino que, por lo que es, encarna un símil con el discurso anómalo que fue siempre el punto de partida para la gestión psicoanalítica. (1999: 20)

De este modo, al encarnar dicho símil, la resistencia que imponía el texto de Lamborghini convocaba en seguida la gestión psicoanalítica. Y estas lecturas «desde» el psicoanálisis no tardarían en llegar. Ciertos enunciados de la teoría se convirtieron en un dispositivo o una clave de lectura que permitía vencer esa resistencia y conducir una reflexión sobre las obras. A modo de ejemplo, «el terror a la castración» permitía a Steimberg, en su perplejidad ante el texto, «decir algo» sobre *El fiord* (1969: 24). Otros conceptos aparecerían más tarde en la recepción de sus siguientes obras. En cuanto al tipo de acercamiento, se puede decir, como ya se ha dicho, que el psicoanálisis venía por regla general a «tranquilizar» los textos de Lamborghini, ofreciendo un marco de legibilidad a una obra que se caracterizaba, entre otras cosas, por su violencia verbal[2]. En todo caso, y como hemos señalado a propósito de la escritura de Gusman, el psicoanálisis se convirtió rápidamente en un vector de circulación también para las obras de Lamborghini.

Habría, sin embargo, una diferencia en cuanto a la colocación de ambos autores en relación con este vector. Cuando Gusman publicó *El frasquito* –el

---

hace tanto tiempo El Fiord despierta *tanta resistencia* en sus lectores, o les impide reflexionar sobre él?» (Steimberg 1969: 24; énfasis mío).

[2] Sin duda había algo de este efecto «tranquilizador» en estas lecturas, pero no quiero con esto contribuir a ese lugar común según el cual el efecto de la crítica sería siempre el de una «domesticación» de los textos literarios. La lectura de Perlongher sobre *El fiord*, por citar un ejemplo ya citado, da cuenta de que la crítica puede producir otros efectos.

mismo año en que aparecía el primer número de *Literal*–, él ya formaba parte de los círculos en los que se debatía y se enseñaba el psicoanálisis. La procedencia del texto signaba la historia de su lectura. El caso de Lamborghini –como señaló Julio Premat– había sido distinto.

> …repetidos indicios parecen indicar que los primeros textos del autor (sus más conocidos y los que parecen fijar las principales características de su escritura, a saber *El fiord* y *El niño proletario*) habrían sido escritos antes de que Lamborghini entrara en contacto con Masotta y con el psicoanálisis. (Premat 2008: 125)

De acuerdo con esto, la escritura de Lamborghini, en este «momento fundacional» de su literatura, no surgía de un entorno fuertemente marcado por el psicoanálisis –aunque el psicoanálisis, por supuesto, estuviera en el aire y él mismo ya en esa época se psicoanalizara–. Por el contrario, la participación efectiva del discurso psicoanalítico en el sistema textual de Lamborghini vendría tiempo después, pero –como añadía Premat– «con un efecto de singular influencia retrospectiva» que cambiaría el sentido de lo ya escrito. Por tanto, en una primera instancia, el paradigma lacaniano ofreció un modelo que venía a validar «prácticas balbuceantes pero *ya existentes*» en la textualidad lamborghiniana (Premat 2008: 125-126; énfasis mío). En este momento, el psicoanálisis producía lecturas, pero no textos.

Siguiendo la línea abierta por Premat, se puede decir que el primer encuentro entre el psicoanálisis y la escritura de Lamborghini se dio como una operación de lectura. Se trataba específicamente de una lectura de *El fiord*, la cual implicó, a un mismo tiempo, una validación y un uso del texto. Validación, porque se trataba de una lectura elogiosa. Uso, porque esta lectura reportaría beneficios para el «psicoanálisis» –de un orden muy distinto a los beneficios que la literatura había supuesto para las obras de Freud y Lacan (véase el Apéndice).

Por la influencia que tuvo sobre el propio Lamborghini y, en última instancia, sobre su escritura, hay que remitir esta «lectura psicoanalítica» –que sería en realidad la lectura de un grupo– a la persona de Oscar Masotta.

> Compensando de alguna manera ese lugar marginal que *El fiord* tuvo desde el comienzo y, a la vez, ratificándolo, la temprana lectura y el entusiasmado elogio de Oscar Masotta –cuya opinión era entonces consagratoria en esa franja de la actividad artística o intelectual que vagamente podríamos denominar «de vanguardia»– fue una instancia decisiva de su recepción en tanto que instalaba el libro en los reducidos pero influyentes círculos ligados al psicoanálisis, al Instituto Di Tella o los

bares aledaños a la Facultad de Filosofía y Letras de la calle Viamonte y, a la vez, lo marcaba con la impronta de lo extravagante y lo iniciático. (Strafacce 2008: 211)

El «entusiasmado elogio» validaba la obra. Pero como señalaba el mismo Strafacce, esta validación –llevada a cabo por Masotta al hacer circular el texto todavía inédito entre otros intelectuales– respondía también a una estrategia o una maniobra característica de su colocación intelectual. Aquí estaba el uso, el beneficio: «de manera análoga a Germán García había encontrado en el texto una excusa para anunciar [...] que había algo nuevo que se debía leer, algo que él había leído antes que nadie y que ahora mandaba leer». A Masotta, *El fiord* «le servía para ratificar su carismático y seguramente merecido liderazgo» (Strafacce 2008: 211).

El psicoanálisis, entonces, a través de esta lectura, se acercaba a la obra de Lamborghini. Pero justamente que un intelectual como Masotta –que en ese momento se encontraba en pleno proceso de estudio y difusión de la obra de Lacan– se fijara tanto en *El fiord*, insistiera tanto en él, revelaba también que de alguna manera el texto, por su contenido y su forma, se prestaba a ello.

Por lo que vino después, resulta muy difícil hacer hoy una lectura que no esté mediada por la recepción temprana de la obra. Pero resulta incuestionable que ciertas características de *El fiord* –su lengua degradada, su expresión transgresiva, sus juegos de palabras, sus derivas a partir de los nombres propios, su sexualización de la escritura, etcétera– lo convertían, como se dice, en «carne de diván» para un lector lacaniano, en un objeto idóneo para los pavoneos de la teoría, para su deleite.

Si en cierto sentido –o en ciertos círculos– *El fiord* «pedía» una lectura lacaniana, lo mismo sucedería con el «El niño proletario», el otro texto fundacional de Lamborghini. Claro que, en este caso, su publicación en *Sebregondi retrocede* –junto a textos posteriores que efectivamente evocaban la práctica psicoanalítica y daban cuenta de una determinada colocación del autor en la escena intelectual– podía orientar –o al contrario desorientar– dicha lectura.

De todos modos, aun aislándolo del resto de los textos del libro, «El niño proletario», con su brutal escena de violación, parecía «pedir» una lectura desde cierto psicoanálisis. La insistencia, en este breve relato, en torno al «goce» –palabra clave–, la presencia del «falo» –otra palabra clave– podían funcionar como la puerta de entrada. Y a partir de allí, el camino se presentaba allanado[3].

---

[3] «Nosotros quisiéramos morir así, cuando el goce y la venganza se penetran y llegan a su culminación. / Porque el goce llama al goce, llama a la venganza, llama a la culminación.

Una lectura –entre otras– en esta tonalidad aparecía en las páginas de *Literal*. En el número 2/3 de la revista, una reseña sin firma escrita por Germán García, colocaba al texto bajo la égida del psicoanálisis. El pañuelo del relato, por ejemplo, se convertía en fetiche: «mientras el pañuelo fetiche de una augusta madre, en los detalles de su bordado, aparece como el mapa arcaico de la escena imposible» (L2/3: 25). Y más tarde, la reseña terminaba por hacer una interpretación que se confundía con un diagnóstico: «…un niño proletario –¿con prole?– no es el sujeto infantil de una clase social, sino el producto idealizado de una identificación agresiva» (L2/3: 30-31). Y luego: «Se trata de un cuerpo *idealizado*, correlativo de la tensión agresiva –narcisista– surgida de la angustia de un descuartizamiento original» (L2/3: 32). También aquí el texto servía –en una operación esta vez muy freudiana– para deleite y confirmación de la teoría.

El psicoanálisis continuó con los años operando como clave de lectura para la obra de Lamborghini, como un «marco para un discurso fuera de marco» (Premat 2008: 141). Sea por la naturaleza de su escritura, sea por la presencia efectiva de imágenes y conceptos propios del psicoanálisis, o por la misma procedencia teórica de sus lectores, la reflexión abierta por Lacan seguiría asignando sentido a sus textos.

Algunos ejemplos. He mencionado antes la lectura de Josefina Ludmer sobre *El fiord*, en la que cierta «política simbólica de la letra» estaba operando en las derivas de los nombres propios y de las iniciales que recorren el texto. En una lectura más reciente, Delfina Muschietti reenviaba las amputaciones y la violencia de los cuerpos cortados de la obra de Lamborghini a otro momento de la teoría lacaniana. A propósito del poema «Cantar de las gredas en los ojos: de las hiedras en las enredaderas», y retomando su verso «esta mueca y esta intriga que se expande», Muschietti señalaba:

> Es la intriga del sexo y la mueca del dolor que rige la violencia del corte, de la repetición: el encuentro con lo real, dirá Lacan. Como en el médico inglés del ochocientos, personaje del poema que sin más amputa los miembros de sus

---

/ Porque Gustavo parecía, al sol, exhibir una espada espejeante con destellos que también a nosotros venían a herirnos en los ojos y en los órganos del goce. / Porque el goce ya estaba decretado ahí, por decreto, en ese pantaloncito sostenido por un solo tirador de trapo gris, mugriento y desflecado» (1973: 58); «Porque la venganza llama al goce y el goce a la venganza…» (1973: 60); «Empuñé mechones del pelo de ¡Estropeado! y le sacudí la cabeza para acelerar el goce. No podía salir de ahí para entrar al otro acto. Le metí en la boca el punzón para sentir el frío del metal junto a la punta del falo. Hasta que de puro estremecimiento pude gozar» (1973: 62).

pacientes; y como será después en el despiadado relato *El niño proletario*. (Muschietti 2008: 116)

Reenvíos como estos aparecerían en otras lecturas, maneras de anclar el texto en la teoría. Ahora bien, dado este «prestarse» de los textos a la reflexión lacaniana, uno puede preguntarse, ¿escribió Lamborghini para los psicoanalistas –parte, en última instancia, de su «clientela», como la llamaría García–, escribió para ser leído «desde» el psicoanálisis? La respuesta, en todo caso, carece de importancia.

Escribir todo el tiempo

> Escribir psicoanálisis aforísticamente, y en mi estilo.
>
> Lamborghini

El fracaso estrepitoso de la aventura psicoanalítica marplatense consignada al principio de este capítulo, que pudo tener como una de sus causas esa incapacidad de Lamborghini de llevar a cabo un «trabajo serio y en serie», encontraba otro origen en la labor corrosiva de la «fabulación» –su pose de profesor y psicoanalista, ¿era realidad o ficción?–. Si esta fabulación fuera la manera de ocultar esa incapacidad o si, al contrario, esta incapacidad fuera el resultado de esa empresa fabuladora, no viene al caso. Adentrarnos por esta senda nos llevaría a realizar una lectura psicoanalítica del autor, para la cual no estoy capacitado ni resuelto. Lo que me interesa aquí es el modo en que esta «fabulación» establecía otra zona de contacto, otro encuentro –el segundo– entre la escritura de Lamborghini y el psicoanálisis.

La fabulación que el escritor llevó a cabo en sus textos –esos momentos autorreferenciales, esos desplazamientos del nombre propio– se puede concebir como un ejercicio o una estratagema literaria. En este sentido, es posible pensar que ella estaba llamada a operar sobre el corpus de su obra, allí donde el nombre, sus iniciales y sus múltiples derivados adoptaban distintos cuerpos. Sin embargo, hemos visto que esta fabulación –en el episodio de la Escuela Fiordana de Mar del Plata– trascendía el ámbito específico de la literatura. Lo trascendía o, tal vez mejor, lo expandía. Para decirlo brutalmente, la literatura lo invadía todo. Como veremos, la operación que proponía Lamborghini era análoga a la del rey Midas, todo lo que tocaba se tornaba literatura[4].

El psicoanálisis también sería objeto de esta operación, no sólo en la construcción de un personaje que –como hemos visto– venía a «parodiar» la posición del analista, sino también en la conversión de la propia «escena psicoanalítica» en literatura, conversión que, por un lado, colocaba dicha escena fuera del regimen de lo verdadero y lo falso, y por el otro, hacía del psicoanálisis –tanto de su teoría, como de su práctica– un motor para la escritura. Esto es lo que intentaré leer en su obra[5].

Empecemos por uno de sus primeros textos, por el poema «Hoy, relacionarse: y como sea», fechado en 1969. Se puede presumir que este texto no fuera concebido para su publicación: el poema funcionó en 1969 como un «obsequio» de Lamborghini a Paula Wajsman, quien en ese momento fuera su analista, y quien sería más tarde su pareja. La publicación póstuma se basa, de hecho, en la copia conservada por ella. Sin embargo, a pesar de este «origen» extraliterario, el texto se integra muy bien al resto de la obra, e incluso parece guardar en ciertos aspectos un carácter fundacional –recordemos, por otra parte, que de los cuatro tomos de sus obras completas, sólo una porción menor fue publicada en vida por Lamborghini–. Si existe una diferencia entre lo que es literatura y lo que no, «Hoy, relacionarse…» debería indudablemente formar parte del primer grupo.

En el mismo año en el que el psicoanálisis se ponía en contacto con la escritura de Lamborghini –a través de la adopción de *El fiord* por parte de un grupo constituido alrededor de Masotta–, este poema venía a poner en contacto –¿por primera vez?– su escritura con el discurso psicoanalítico. Y es que «Hoy, relacionarse…» no sólo participaba en el análisis al circular entre analizado y analista, sino que se convertía, como señaló Strafacce, en una suerte de «cuaderno de bitácora de ese análisis» (Strafacce 2008: 175). Para ello, el poema tematizaba en sus versos la propia escena psicoanalítica.

Ya en sus primeras líneas, podemos ver que el texto se inscribía en un registro autobiográfico:

---

[4] Esto último, cabe aclarar, no sería un efecto posterior, producto de la consagración y la canonización de su obra. Estaba presente ya en sus reflexiones acerca de su escritura.

[5] Los principales textos de Lamborghini con los que aquí trabajo, aunque no agotan todas las referencias, son: el libro *Sebregondi retrocede* (1973); los poemas «Hoy, relacionarse: y como sea» (1969), «Los Tadeys» (1974) y «Die Verneinung» (1978); el fragmento «Tuché 1» (1981) y el relato «La causa justa» (1986). Con respecto al sistema de citación de este capítulo, continúo como en los capítulos anteriores, sin mencionar al autor cuando se trata, en este caso, de Lamborghini.

TERESA GALEANO, mi madre, nacida el 20 de noviembre de 1900
en un pueblito de la provincia de Buenos Aires –San Antonio de Areco, hija
de un caudillo conservador: yo, su nieto, hijo de esa señora
soy un desgarrado / la historia pasa por mí (2004b: 11)

Más adelante, por la presencia de un vocativo claramente definido a lo largo del poema –«Analista Paula / escuche», «Analista / Analista / Analista / PAULA», «Mire, Paula, si usted en vez de psicoanalista fuera pulpera» (2004b: 16-20)–, este registro se especificaba como ese ejercicio autobiográfico que instauraba precisamente el psicoanálisis.

Esta modulación psicoanalítica de la autobiografía –género literario que todavía no se había «desencadenado» en su obra– estaba enfatizada en el poema por la convergencia de imágenes y conceptos tomados del psicoanálisis y saberes afines, elementos con los que el yo construía un personaje «desgarrado», desencarnado:

DESENCARNADO
mi Edipo encadenado a mi cabeza
ha perdido ya
toda su carne y su sangre
Prometeo se hacía la paja porque lo habían dejado solo
Mi Edipo es un gesto // gestalt //
Mueca vacía
Cultural

Y sin embargo SOY Edipo
Un Edipo que besa los pies de su madre ahorcada
Que se cuelga de sus piernas para detener el bamboleo de ese cuerpo
Que cuelga de una cuerda
Y arrodillado
Lengüetea Lame
Con su única lengua
Lenguaje posible
La vagina todavía tibia de su madre ahorcada:
        en el momento crucial (2004b: 16-17)

Las referencias al saber psicoanalítico continuaban a lo largo del texto, lo que por cierto era de esperar dada su inscripción en una escena de análisis. De todos modos, lo que me interesa aquí de este «relato autobiográfico», que resumía todo el poema y que claramente «respondía» a esa lógica del psicoanálisis –en los múltiples sentidos de este verbo–, es el carácter inaugural que tendría en la escritura de Lamborghini. En sus versos no sólo se construía un yo. Lo que se estaba gestando allí era una figura de autor.

En este sentido, la fabulación del escritor –ausente en textos de esa época como *El fiord* o «El niño proletario»– ya estaba operando allí. El «relato» era escrito, justamente, por alguien que escribía. Como señaló Strafacce, en «Hoy, relacionarse…» la vida del autor aparecía, en gran medida, en términos de bibliografía o de currículum literario: «lo único digno de mención que se había hecho era escribir» (Strafacce 2008: 176).

> Escribí El Fiord
> Escribí El Niño Proletario
> Escribí un libro de poemas: Fetichismo
> Escribí (le) una carta desesperada a Chichita
> MARÍA
> TERESA
> LAMBORGHINI
> mi hermana
> pidiéndole plata y ella no me falló / el fallo de ese oro me fue grato (2004b: 12)

Estos versos nos indican justamente que la primera persona que «fabulaba» este poema «ya» era un escritor, ese escritor que más tarde aparecía repetido en su obra. La participación del psicoanálisis en la escritura de Lamborghini aparecía, por tanto, vinculada sin más a la literatura, a una reflexión del sujeto sobre su propia obra, y a una construcción de autor –en este aspecto, el psicoanálisis brindaba herramientas a la literatura–. Por otra parte, el yo poético parecía decir: «Porque escribo así, ustedes me recomiendan analizarme».

De este poema es posible sacar dos conclusiones. Por un lado, se puede sostener que el marco del psicoanálisis, con su propensión a la autobiografía, tuvo un papel fundacional en una de las peculiaridades de su escritura, su empresa fabuladora. El psicoanálisis, si no era el origen de la fabulación, sin duda la había potenciado. La interrogación psicoanalítica acerca del yo, la puesta en escena –en la teoría y en la sesión– de una primera persona, había puesto en marcha o acentuado esta vertiente de la escritura lamborghiniana. Su experiencia analítica estaba operando sobre su literatura.

Por otro lado, en cambio, se puede concluir algo muy distinto. A través de este poema su literatura estaba operando sobre su experiencia analítica. La fábula lamborghiniana que en su obra ponía en suspenso los criterios de verdad, la *boutade* destructiva que abarcaba toda su escritura, tomaba por asalto la sesión. «Hoy, relacionarse...» convertía, con su sola presencia, la escena psicoanalítica en un salón literario, en el que no circulaban palabras sino poemas. A través de este texto, el paciente no hablaba o, en todo caso, hablaba literatura. Y esto era posible porque yo, el escritor, yo, la literatura, podía hablar todos los lenguajes.

> Puedo hablar incluso un lenguaje que no entiendo
> Esquizofrénico mimético
> GERMÁN y Usted ya hablaron de mí: Lo sé)
> Pareja histórica sin embargo
> Toda época tiene su álbum fotográfico: Carabineros, Estructuralismo //
> En él, Álbum de esta Época, posan fríamente
> Fingiendo no mirarse
> Analista y Analizado
> el
> Analista
> y el
> Analizado
> Y el círculo se cierra como un Ano
> (2004b: 20-21)

El psicoanálisis ofrecía un lenguaje más a la literatura. Un lenguaje, es decir, un espacio, una escena. Y la literatura tenía la capacidad de residir allí, instalarse a sus anchas, pudiendo incluso cercar ese espacio. «Y el círculo se cierra...».

Si partimos de esa tendencia a volverse literatura de toda la escritura de un Lamborghini convertido en rey Midas, veremos que el psicoanálisis volvería a ofrecer años más tarde un nuevo espacio, un nuevo canal, para la producción literaria. Otra vez la escena psicoanalítica se convertía en salón literario.

Entre fines de 1977 y principios de 1978, estando entregado a su aventura marplatense, Lamborghini –o el profesor O. V. Lambort-Hartz– revelaba en algunas cartas su empeño por «imponer una poética del lenguaje analítico que anule la desastrosa jerga» (2008g: 521). En otras palabras, lo que buscaba era hacer pasar la práctica psicoanalítica por el tamiz de *su* estilo. «Escribir psicoanálisis. Una experiencia totalmente inédita para mí. Escribir psicoanálisis aforísticamente, y en *mi* estilo» (2008a: 521; énfasis del original). Esto significaba, en última instancia, volver a hacer del psicoanálisis, literatura, convirtiendo la escritura psicoanalítica en lo que ya era, en escritura.

He convertido los controles y didácticos en actos de escritura. Quiero decirte que no me limito a escuchar, desinterpretar y corregir lo incurablemente incorregible. Les entrego unos papelitos redactados en un estilo más o menos paradojal, siempre en sobre cerrado. Entienden, para mi sorpresa, y piden más. Uno de mis alumnos me ha planteado, muy seriamente, que me dedique a escribir además del psicoanálisis. Sin ironía: tiene razón. Escribir todo el tiempo… todo el tiempo… Tuve ganas de abrazarlo. (2008c: 520)

La carta no lo podía expresar más claramente.

Rondando ciertas palabras

Puedo hablar incluso un lenguaje que no entiendo

Lamborghini

Desde que el Edipo desencarnado apareciera en la escritura de Lamborghini, la jerga y la escena del psicoanálisis volverían a irrumpir en ella en repetidas ocasiones. El psicoanálisis se convirtió en una excelente materia *literaturizable*, aunque no fuera más que una materia entre otras.

En realidad a Lamborghini no le interesaba el psicoanálisis, como no le interesaban la historieta, el periodismo, la política, la publicidad ni, en general, ninguna cosa que no fuera literatura. (Strafacce 2008: 524)

Y aunque no le «interesara» realmente –como lo dejaba claro su aventura institucional–, no por ello dejó el psicoanálisis de producir –como reconocía el mismo Strafacce– una «marca lateral pero significativa» en su obra.

En esta ocasión, el biógrafo se refería al poema «Die Verneinung», que en 1978 perdió su nombre castellano para pasar a llamarse como el famoso artículo de Freud. Sin embargo, las marcas laterales pero significativas iban más allá de este poema. En *Sebregondi retrocede*, en otros poemas de su libro *Poemas*, en textos póstumos, el psicoanálisis volvería a brotar con insistencia.

Allí, los conceptos psicoanalíticos no aparecían aportando un modelo para pensar la literatura –como sucedía con el velo en mi lectura de Gusman–. Sus escenas profundas tampoco aportaban una estructura ni justificaban la obra –como funcionaba el triángulo edípico en algunos textos de García–. En fin, el psicoanálisis y sus conceptos, en las obras de Lamborghini, no producían verdad –aunque en la práctica se convirtieron en un vector de circulación para ellas.

Si se quiere, el acoplamiento se daba en la superficie. Su escritura simplemente «rondaba» ciertas palabras. Incluso la enunciada participación del psicoanálisis en la fabulación del autor –en «Hoy, relacionarse…»– estaba operando en la superficie de los textos: la literatura tomaba un motivo psicoanalítico –la construcción del yo– pero lo vaciaba de su contenido profundo.

En «La intriga», el ya citado artículo que cerraba –sin firma– el primer número de *Literal*, Lamborghini invocaba a Flaubert. A él se le debe, decía, «el método de reproducir, vaciados, los discursos sociales pretendidamente sin rajaduras» (L1: 122). Traigo a colación esta cita porque este «método» puede definir, precisamente, uno de los modos en que el psicoanálisis aparecía en la escritura de Lamborghini. Con un estilo muy diferente al de Flaubert, por supuesto, sus obras reproducían vaciados los discursos de su época, entre los que figuraba, inevitable, el psicoanálisis[6].

Esta operación de vaciado se daba, principalmente, a través del tópico, el lugar común que –leyendo con cierta aversión– podía poner en ridículo el discurso psicoanalítico. Como hemos visto, el Edipo en «Hoy, relacionarse…» aparecía como «Mueca vacía / Cultural». Era el caso también del «Diálogo con un liberal inteligente», incluido en *Sebregondi retrocede*.

Este «Diálogo…» encarnaba una extraña escena de análisis, reconocible por la repetición de determinadas fórmulas –«Ajá», «hum no sé»–, y por la representación de actitudes y gestos típicos del analista –«¿Qué le hace pensar que está *des-garrado*? O tal vez: ¿por qué siente la necesidad de estar *des-garrado*? Porque usted usted *ne-cesita* sentirse mal» (2003c: 33). Y planteada esta escena, la literatura la pervertía al establecer una incomunicación radical entre sus participantes, y al proponer una indeterminación de los roles. En el

---

[6] Se trata de una operación, en todo caso, ya señalada por la crítica. Recordemos esa manera de convocar «los sentidos del mundo a través de una transposición o un cambio de contexto de los lenguajes ya existentes» (Steimberg 1969: 24) que sugería Steimberg en su reseña de *El fiord*, o ese plagio azaroso de voces, ecos y «*restos* (los lugares comunes) de una realidad vivida y acumulada en la experiencia de la cultura» (Fernández 1969: 41) indicado por García en su epílogo. El psicoanálisis formaba parte –aunque todavía de manera no tan explícita en *El fiord*– de estos *restos* vaciados de una época, siendo posiblemente uno de los más visibles. Por ello tal vez «Die Verneinung», un texto en el que se percibía muy bien esa marca «lateral pero significativa» del psicoanálisis, enfatizara tanto su pertenencia a una época, a una generación: «Es muy posible que haya nacido en una generación» (2004a: 82); «En una generación, seguro que nací en una generación» (2004a: 83); «Nací en una generación» (2004a: 98). El psicoanálisis entraba como una pieza de esa generación.

«Diálogo...», ¿quién era el analista y quién el analizado? ¿Quién decía qué[7]? Cito unos pasajes:

> Y las cosas que pasan, *me* pasan. O yo por lo menos lo digo.
> «¿Dificultades expresivas?»
> Y auditivas y olfativas, en la coordinación, en la eyaculación –una pasta verde. Quiero escupir pero la boca se me llena de saliva, más de la necesaria, agria, sí, perfecta. *Pero*. ¡No puedo escupir. Entonces, trago.
> [...]
> «Hum, no sé. A ver. ¿Por qué le gustaría ser una gillette?»
> Y, porque sí. Para estar en frío. Para cortar, claro. A ver. Para cortar definitivamente con cualquier tipo de militancia o para cortar con todo lo que no sea una. Una militancia. Eso, al menos. Eso es lo que digo.
> «¿Cómo son las nalgas de su mujer?»
> Ajá.
> «Cuidado. No se pase. No olvide que, para los vivos, tenemos a los muertos. Todo se equilibra. ¿Cómo son las?»
> [...]
> El campo babea estrangulado agria saliva, algunas: algunas flores son blancas, otras amarillas. Alguna. Alguna pregunta inteligente. ¿Alguna pregunta inteligente?
> «¿Dificultades expresivas?» (Babea).
> Usted usted y yo o yo. Quiero decir, o eso al menos digo: pee. peer, pen, pensere, preiserne, per, pbenser, pbai, senere, persenerai, pbn. (2003c: 34-35; énfasis del original)

A continuación de este «diálogo», el texto siguiente –«Acopiador aviado, perdido»– volvía a tener entre sus materiales ciertos tópicos del psicoanálisis, tomados esta vez ya no de la escena analítica sino de su teoría. «Acopiador aviado...» comenzaba con una variación alrededor del «duelo» y la «pérdida», cuyo efecto era –otra vez, desde la aversión– la percepción del psicoanálisis como una jerga vacía. El que estaba «perdido de pura pérdida» pasaba a estar «tan sólo podrido» –recordemos la acepción coloquial de «podrido»: tener algo en abundancia, estar aburrido de algo.

> Con 300 conchitas en el congelador ya puedo considerarme aviado de conchitas para todo el año, y si no es así estoy perdido. Perdido, operación de duelo y de la

---

[7] Ya en el «obsequio» a su analista, Lamborghini había preguntado: «Hermanita ¿quién de los dos es el Preso?» (2004b: 20).

pérdida. Siempre anda, Uno, rondando ciertas palabras. Hasta que las atrapa. No se atrapa. Nada y jamás.

Sí, estoy perdido sin esas 300 conchitas frescas. Tal es el perdido perdido aplanado de la pérdida. La alusión a la dolorosa, permanente pérdida del mundo, a las. Sucesivas pérdidas. Que estrangulan con un cinturón elástico y utilizan toda clase de instrumentos cortantes.

Por lo tanto, aunque no se infiere, quizá no esté perdido de pura pérdida y sí tan sólo podrido. (2003c: 35)

Este juego alrededor de la pérdida, esa insistencia en torno a ciertos términos, que aferraba al psicoanálisis por su superficie –por lo que hay de jerga en todo saber– volvería a aparecer con insistencia en la obra de Lamborghini[8]. Modo de aparición que se resumía en esa frase de «Acopiador aviado…» –«Siempre anda, Uno, rondando ciertas palabras»–, vertiente lamborghiniana del método flaubertino.

Una especificación de este «merodeo» de la escritura de Lamborghini alrededor de ciertas palabras y escenas del psicoanálisis nos obliga a formular, en primer lugar, una tensión. Podemos decir que se trataba, en este caso, de un deambular que se concretaba en un movimiento de observación y de acecho. La transformación del psicoanálisis en jerga –en discurso vacío– podía revelar una desconfianza –una resistencia, diría el psicoanálisis– por parte de su escritura. Las recreaciones de la escena analítica que hemos mencionado más arriba –«Hoy, relacionarse…» y «Diálogo…»– representaban esa desconfianza. «Hermanita ¿quién de los dos es el Preso?» se preguntaba el analizado. El psicoanálisis era un discurso que no se terminaba de asimilar, o con el que no se lograba comulgar.

La desconfianza, entonces, expresaba una tensión que se puede concebir como una resistencia al análisis –«su lectura de *El Antiedipo*», diría García (García 2003: 47)–. Pero sería, en todo caso, una resistencia que ya no partía del analizado, sino de su escritura. Si en «Hoy, relacionarse…» Lamborghini parecía decir «porque escribo así, me recomiendan analizarme, por ser el autor que soy, entro en sesión», y dada la confusión entre vida y obra que establecía

---

[8] En el poema «Los Tadeys»: «se trata – de un caso / feroz de resistencia» (2004c: 50); «¿Rozamientos múltiples? ¿Prueba de realidad? ¿Letanía o canción masoquista?» (2004c: 64). En «Die Verneinung»: «Y hasta se atreven a amar en sus propias osadías de fracaso. / *Tip*. –El inconsciente, el pequeño objeto a y el ser para la / muerte» (2004a: 83); «Mi hija adolescente, ya, una verdadera bazofia. / Se pica, pero si le impido la droga soy la "represión", / "El castrador en lo real", y si la dejo se vuelve una especie de / "idiota carenciada de afecto" / Y hay que correr a internarla» (2004a: 98-99). En tantos otros textos.

su empresa fabuladora, parece lícito plantear esa resistencia como una tensión, precisamente, entre la misma escritura y el psicoanálisis.

Es fácil imaginar esta tirantez. Por un lado, el psicoanálisis como aquello que quiere «analizar» la literatura, interpretar las obras, encontrar sentidos, una verdad del texto –a la manera de Freud en su libro sobre la *Gradiva*–. «Sería, eh, como alambrar un campo, asegurárselo» (2003c: 34), sugería el «Diálogo…». «Me gustaría saber qué *no* leen los psicoanalistas!» se preguntaría más tarde Lamborghini (2008h: 636)[9]. Por otro lado, la literatura como aquello que desbordaba la empresa analítica, ese alambrado, como aquello que *no* leen los psicoanalistas.

Esta tensión entre dos discursos –que justificaría esa aversión por el psicoanálisis que mencionábamos antes– estaba operando de manera concreta en ciertos pasajes de la obra de Lamborghini –volveré sobre ella–. Justificaría, por otra parte, ese «odio» hacia el psicoanálisis que encontraba García en *Sebregondi retrocede*:

> En algunos años el psicoanálisis fue otro objeto *parodiar* –y creo que la relación entre parodia y odio es algo más que un juego de palabras–.
> Si *El fiord* es parodiar la política, *Sebregondi Retrocede* es parodiar el psicoanálisis (marqués/niño proletario, los términos opuestos de una novela familiar exaltada/degradada). (García 2003: 45)

Sin embargo, dicha tensión no agotaba la presencia del psicoanálisis en la escritura lamborghiniana. Si «Siempre anda, Uno, rondando ciertas palabras», ese rondar no sólo revelaba un gesto de acecho y desconfianza. Todo merodeo implica un interés. Había en él, también, una suerte de cortejo, un coqueteo.

Este «coqueteo» alrededor de ciertas palabras revelaría no aquello que separaba la escritura de Lamborghini del psicoanálisis, sino más bien aquello que la unía a él. Ya habíamos visto una especie de comunión en lo que podía ser una apropiación de la empresa fabuladora del psicoanálisis en pos de una intervención literaria. Habría otra, más adelante, que se jugaría en lo que podemos llamar el plano estilístico –otra vez la superficie.

Mi hipótesis es que de sus lecturas psicoanalíticas –más freudianas, intuyo, que lacanianas–, Lamborghini no sólo recortó un objeto de parodia, sino que también incorporó –amó– un estilo. Fue esa su manera excéntrica de leer psicoanálisis. No el estilo de los controles y los didácticos, no la jerga, sino una

---

[9] Esta última cita pertenece al texto «Freud rememoró…», publicado póstumamente.

suerte de estilo de pensamiento. Una manera de leer –una manera de fumar– que era propia del psicoanálisis: de este saber su escritura no tomó los conceptos, sino su «decir» –en la medida, claro, en que estos pudieran ser separados–; su decir, es decir, lo que de literatura había en el psicoanálisis.

Un texto fechado en 1981 cifraba esta operación. Se trata de un fragmento publicado de manera póstuma en *Novelas y cuentos II*, «Tuché 1». El texto, que se presentaba como una especie de relato –claramente inconcluso– o como un «historial poético», nos colocaba directamente en el ámbito del psicoanálisis.

> Para aclarar desde el comienzo el género al que pertenecerán estas páginas, puede decirse sin mayores precisiones (o solas surgirán) que se trata comedidamente de la presentación de un historial poético, resultado del análisis –del psicoanálisis, en fin– de un joven de veinticuatro años. El tratamiento duró cinco meses. (2003d: 178-179)

El historial era escrito por «nuestro malogrado Martín Pou», un psicoanalista que –un poco en serio, un poco en broma, como siempre– participaba de la fabulación lamborghiniana[10]. Y es que algunos detalles de su persona podían identificarlo con la «biografía» del autor.

El «perdedor» Pou, «que fracasó bestialmente» (2003d: 180) y que tenía un «proveedor de recetas» (2003d: 181), escribía en su historial, refiriéndose a la espera anterior a la primera sesión: «¿Podría pasar cincuenta minutos *seguidos* sin beber? No, ni pensarlo. La sola idea de prescindir del alcohol durante ese tiempo me ponía melancólico y fatuo. ¡Qué gran analista morirá conmigo –pensaba como Bielinsky– cuando yo me cure!» (2003d: 183-184). Estas características acercaban el personaje al autor. Pou-Lamborghini era un fracasado psicoanalista, aficionado al alcohol y a otras sustancias[11]. Y sin embargo, todo la fabulación se volvía fábula: «Pero, estoy mintiendo» escribía al final (2003d: 184).

Lo que me interesa de este texto, de todos modos, no es tanto la participación en la empresa fabuladora, como las prácticas y las teorías de Pou, que revelaban una manera particular de leer el psicoanálisis –una manera de amarlo–.

---

[10] «El analista, o "sujeto-supuesto-saber", barbijo que aún no ha caído en desuso (no demasiado por lo menos), no fue otro que nuestro malogrado Martín Pou» (2003d: 179). Apellido sugerente: ¿Pou/Poe? ¿Fiord/Froid?

[11] Remito, por ejemplo, a esa «jeringa (descartable)» y esa «petaca de alcohol» que invocara el «Osvaldo» de «Las hijas de Hegel» (2003b: 234).

Se puede decir que en este relato inconcluso Pou encontraba lo que había de literatura en el psicoanálisis[12].

En este sentido, ya antes de introducirse el personaje, el epígrafe del texto estaba participando de esta lectura excéntrica. Se trataba de una cita de Freud un tanto curiosa que, por su estilo, se convertía –rey Midas– en una frase lamborghiniana:

> «La escuela secundaria, empero, ha de cumplir algo más que abstenerse simplemente de impulsar a los jóvenes al suicidio.»
>
> Sigmund Freud
> Pág. 469, Tomo III, Obras Completas, Ed. Biblioteca Nueva.
> (Lamborghini 2003d: 178)

Después de esta cita, que por lo que queda del texto no tiene mayor relación con la trama que la de evocar en la escritura de Freud la pluma de Lamborghini[13], el narrador introducía –ya metido en la historia de Pou– dos «detalles». Son estos los que encarnaban de forma mucho más concreta esa lectura excéntrica, esa manera de encontrar literatura en el psicoanálisis. Detalles que en el texto eran mucho más que detalles[14].

El primero de estos detalles era una teoría de Pou que ponía a Freud en serie con autores queridos por Lamborghini, con mayor o menor cercanía a su escritura: Joyce, Proust, Kafka, Beckett, Gombrowicz, Celine, Macedonio y Puig.

> Detalles...
> Uno, que en conversaciones privadas e incluso en algunas intervenciones en congresos –previo acuerdo de que no figuraran en actas ni menos en las desgrabaciones de las cintas– nuestro infalible perdedor Pou insinuó que Freud (*Sigmund Freud*) debería figurar con Joyce, Proust, Kafka, Beckett y (aquí) un etcétera para todos los que, Gombrowicz, nos olvidamos de nombrar: Celine, Macedonio, Puig; Freud –decía Pou– fue en nuestro siglo el inventor de un estilo de relato que salvó, no de la muerte sino del crecimiento, azapallado y cósmico, a esa práctica aberrante llamada novela. Ella fue la heredo-enfermedad mental de nuestros bisabuelos siglo

---

[12] Como mucho tiempo antes Poe lo había hecho a través de Lacan con «La carta robada». ¿O era la operación inversa?

[13] Podría haberla tenido, dado que el paciente tenía veinticuatro años, pero no lo sabemos.

[14] El propio texto anunciaba la importancia del detalle: «Y no importa cansar con detalles ni omitir el clásico (polvoriento)... "para no correr el riesgo de cansar al lector con detalles, diremos..." En efecto: diremos que nos encantan los detalles, y que pretendemos un lector que no *nos* aburra: la aguja de oro en el» (2003d: 179).

diecinueve. Freud, con los arriba mencionados, creó la clínica del historial de la historia capital: mandó al trasto las monerías neuróticas del historialismo, esa homosexualidad sublime (como más adelante se verá). (2003d: 178)

Esta hipótesis de Pou –que debemos leer, otra vez, un poco en serio, un poco en broma– encontraba en el psicoanálisis un aliado para la literatura. Había un estilo en Freud, «un estilo de relato» –la superficie–, que habría salvado a la novela, «esa práctica aberrante», de un crecimiento «azapallado y cósmico», es decir, *nos* habría salvado de ella[15].

Al «inventar» un tipo de relato, lo que aportaría, entonces, el psicoanálisis a la literatura era una manera de fabular. El siguiente «detalle» iba en esta dirección:

Otro detalle, encadenado con el anterior, es la idea Pou de terminar con el recurso de designar a los pacientes sólo por su nombre de pila cuando sus casos expuestos por escrito –notas record– o verbalmente, durante controles etcétera. Ya que había que inventarles un nombre de pila (ocultar la identidad), algún horroroso estúpido «Ricardo», «Graciela», «Jerry», por qué, ¿por qué no?, adentrarse también en una poética legendaria, por qué no atreverse a producir la metáfora heroica de los apellidos sustitutivos. ¿Nombres sin apellidos? ¿Ir al pie, entonces, de la Madre Fálica? ¿De la rosa que engalana y del clavel del aire?

Pou, que fracasó bestialmente, nos ha doné apellidos para sus casos: «Alfredo Santos Reyné» es el que inventó para el historial que nos ocupa. (2003d: 179-180)

Esta práctica de «inventar» nombres para los pacientes sería, entonces, un ejemplo de esa manera de fabular que aportaría Freud, esa manera de ser literatura que tendrían sus escritos. Y la operación que realizaba Pou sobre esa práctica –a estos nombres les agregaba el apellido– era la misma que realizaba la literatura de Lamborghini sobre el psicoanálisis. Al incluirlo

---

[15] Este juicio sobre la novela –del narrador o del psicoanalista– podía identificarse con los pensamientos del «autor». Recordemos que Lamborghini nunca escribiría una «novela» –aunque Cesar Aira o sus editores insinuaran lo contrario al titular, justamente, los dos primeros tomos de sus obras completas, *Novelas y cuentos*–. *Tadeys*, tal vez la narración de más largo aliento de Lamborghini, resulta difícil –aun en su forma inconclusa– de entroncar en dicho género. Se puede, claro, discutir los límites de la forma «novela». Pero no es este el espacio para ello. De cualquier forma, no debe leerse este choque entre Freud y la novela como un enfrentamiento entre el psicoanálisis y la literatura. El psicoanálisis se enfrentaba, en todo caso, a la mala literatura, a aquello que el narrador/Pou/Lamborghini habrían considerado mala literatura, «las monerías neuróticas del historialismo»

entre sus materiales, lo pervertía, lo leía de una manera excéntrica, lo amaba a su manera.

Esta era, finalmente, otra forma de andar «rondando ciertas palabras». En la obra de Lamborghini no sólo se establecía una tensión, una operación de vaciado del discurso psicoanalítico, sino que también había una apropiación de él –otro uso, en última instancia–. Una apropiación que en «Hoy, relacionarse…» ya le permitía a Lamborghini «hablar» efectivamente –y no sólo repetir– un lenguaje que no entendía. De este modo –aventuro– la literatura estaba reclamando lo que era suyo, lo que el psicoanálisis mucho tiempo antes, en otra escena, había tomado de ella.

La aclaración que en «Tuché 1» se realizaba sobre el nombre Freud revelaba la medida de esta operación: «nuestro infalible perdedor Pou insinuó que Freud (*Sigmund Freud*) debería figurar con Joyce, Proust, Kafka…». ¿Qué señalaban este paréntesis y este subrayado? ¿Nos indicaban que no debíamos confundir a Freud –Sigmund Freud– con otro u otra Freud, por ejemplo, Anna? ¿O nos indicaban la existencia de dos Freuds? Me inclino, claro, por lo segundo. En este sentido, había un Freud del psicoanálisis y un *Sigmund Freud* de la literatura, o había dos maneras de leer psicoanálisis –y las dos ya estaban en Freud.

Pero estas maneras, que no eran indiferentes entre sí, no siempre transitaban por espacios separados. Lo que decía Lamborghini, lo que el profesor O. V. Lambort--Hartz decía, no era tanto que el psicoanálisis fuera *plausible* de ser leído literariamente, sino que el psicoanálisis *era* literatura.

Entonces es su madre

«Usted pregunta quién puede ser la persona del sueño. Mi madre no es». Nosotros rectificamos: Entonces es su madre.

Freud

Heredia: *Eso no significa que vaya a chuparle la pija. Eso sería en el caso de que yo fuera puto.*
Tokuro: *Usted es puto.*

Lamborghini

La existencia de dos discursos –la literatura, el psicoanálisis– y la peculiar relación que se establece entre ellos en la escritura de Lamborghini encontraron una suerte de alegoría en su propia obra. Ella estaba narrada en «La causa justa».

Este relato, entregado por Lamborghini a García para su publicación, publicado póstumamente en 1986, no contenía grandes referencias al psicoanálisis[16]. Si me detengo en este texto no es tanto por estas alusiones ocasionales al discurso psicoanalítico, sino porque en él se escenifica una tensión extrema entre dos tipos de discursos, es decir, entre dos maneras de leer. Es como si esta tensión, que constituye el centro del relato, sin la cual no habría relato, fuese de una naturaleza similar a la que se establece, en la obra de Lamborghini, entre literatura y psicoanálisis.

Citaré algunos pasajes para recordar la escena que nos interesa especialmente. Se trata de un episodio que transcurre después de un partido de fútbol, entre compañeros de trabajo de una empresa: «el acontecimiento del año era el partido *Casados vs. Solteros*» (2003a: 17).

> Terminado el partido empezaban, lamentablemente, a «desarrollarse los acontecimientos», las pioladas y las bromas de mal gusto, ese repugnante clima de «formamos todos una gran familia» creado generalmente por los acostumbrados al naranjín, pero que la juegan de campeones del «vinacho» —como dicen ellos, y que a las tres copas ya perdieron, ya están en pleno show, pero manifestando sus preferencias por el género sentimental—: abrazándose con todo el mundo, babeándose y buscando una manera infalible de asegurarle amistad a todos los compañeros. Los más inteligentes y seguros de sí mismos creen, en algún momento, haberla encontrado. Pegándose una fuerte palmada en la frente, empiezan a llevarse a sus colegas aparte, uno por uno, para decirles en plan confesional:
> —Mirá, hermano, yo te quiero tanto, que te lo juro por mi madre te chuparía la pija si fuera puto, sí, te lo juro, y vos sabés que yo no soy puto. (2003a: 19-20)

Esta última declaración de amor fraternal llega a oídos de «un fanático de la verdad», el japonés Tokuro, el ingeniero electrónico de la empresa, «*demasiado impasible*» (2003a: 21). Tokuro, al escuchar estas promesas y ver que las mismas no se pasan al acto, entiende que se está faltando a la palabra empeñada,

---

[16] Sólo unas pocas palabras que lo colocaban como un discurso normativo, llamado a diagnosticar. En el momento de la muerte de uno de los personajes al borde su última herejía: «porque así mueren los histéricos, antes llamados posesos» (2003a: 9). En la referencia a la figura de ese «*nalgueador compulsivo*» que daría caza a otros de los personajes (2003a: 15). En la interpretación «tachada» de la culpa de este último personaje: «...como si él tuviera la culpa de ser culón (aunque es él mismo quien se siente culpable y se atormenta): tachar la estupidez psicoanalfabeta del paréntesis último» (2003a: 14).

y sentencia: «El que falta a la palabra falta al honor. El que hoy falta al honor traiciona al amigo, es capaz de traicionar Patria y Emperador» (2003a: 21). La palabra incumplida se convierte en una amenaza.

Luego, el mismo Tokuro saca conclusiones sobre la orientación sexual de Heredia, el autor de aquellas palabras, como se aprecia en el siguiente diálogo entre ambos:

> *Tokuro*: Para la conversación exacta, las mismas palabras. Ya mismo pido disculpas por grosería que tendré yo, Tokuro, es decir. Usted le dijo señor Heredia al señor Mancini que le chuparía la pija tanto le quería. Yo no lo he visto. Ahora ofensa grave: dijo «puto» a Emperador Japón.
> Heredia empezó a aporteñarse otra vez:
> –Pero avivesé, Tokuro, yo le dije que se la chuparía si fuera puto. Hasta se lo juré por mi vieja, y le aviso, ¿eh?, le aviso, yo con esas cosas no juego.
> *Tokuro*: Pero ¿usted quiere a señor Mancini?
> *Heredia*: Eso no significa que vaya a chuparle la pija. Eso sería en el caso de que yo fuera puto.
> *Tokuro*: Usted es puto.
> *Heredia*: Mire, Tokuro, debe ser un lío que usted se hizo con el idioma.
> *Tokuro*: No, ningún lío con el idioma. *Usted es puto.* (2003a: 22; énfasis del original)

Tokuro, «*demasiado* impasible», exige el cumplimiento de la palabra. Y con un muerto de por medio –«su amigo Jansky», que intentara disuadirlo–, termina obligando por la fuerza a los dos implicados a la realización del acto.

Este curioso altercado ponía en escena una tensión entre dos interpretaciones de las mismas palabras, entre dos maneras de concebir el lenguaje, entre dos estilos –tensión que la crítica señalara en repetidas ocasiones.

Carlos Belvedere, en su libro *Los Lamborghini, ni atípicos ni excéntricos*, proponía una lectura en esta línea. Para este autor, Tokuro –en su condición de estereotipo, de «objetivación de la visión argentina del japonés» (Belvedere 2000: 126)– se tomaba el lenguaje de manera *literal*. No podía comprender el sentido figurado, los dobles sentidos, los chistes, las ironías. El relato trazaba así una frontera imaginaria que dividía Japón y Argentina, «cuya aduana es el lenguaje: de un lado, la literalidad y el cumplimiento de la palabra empeñada; del otro, el chiste, la metonimia, y la informalidad» (Belvedere 2000: 90). La Argentina de «La causa justa» –la *Gran Llanura de los Chistes*, como la llamaba el propio texto– se convertía, en la lectura de Belvedere, en el país del *doble sentido*, del chiste, de la simulación (Belvedere 2000: 90), lo que trazaba una suerte de complicidad «nacional» entre autor y lector.

Efectivamente, es muy posible que el relato de Lamborghini, a través de la puesta en escena de esta tensión, comportase una reflexión sobre lo nacional, sobre una manera «argentina» de comprender el lenguaje. Sin embargo, lo que me interesa aquí –para no abrirme demasiado– es especificar esta reflexión, esta tensión, en el marco de la escena que me ocupa, que está definida por la relación entre literatura y psicoanálisis, y que puede estar operando de manera productiva en este texto.

En este sentido, resulta fácil –tal vez demasiado fácil– «traducir» este conflicto de interpretaciones entre Tokuro y la Argentina a aquel otro conflicto de interpretaciones que el psicoanálisis ponía en escena en la relación entre analista y paciente. Permítaseme una digresión en esta línea. En un texto de Freud –curiosamente, «La negación»– el analista sacaba conclusiones en un estilo similar al de Tokuro.

> El modo en que nuestros pacientes producen sus ocurrencias durante el trabajo analítico nos da ocasión de hacer algunas interesantes observaciones. «Ahora usted pensará que quiero decir algo ofensivo, pero realmente no tengo ese propósito». Lo comprendemos: es el rechazo, por proyección, de una ocurrencia que acaba de aflorar. O bien: «Usted pregunta quién puede ser la persona del sueño. Mi madre no es». Nosotros rectificamos: Entonces es su madre. (Freud 1979: 249)

Como lo haría el analista de Freud, Tokuro también hacía «algunas interesantes observaciones». Diríamos –freudianamente– que la declaración de amor fraternal de Heredia escondía «una ocurrencia que acaba de aflorar» y que el uso de la forma condicional –«si fuera puto»– no era otra cosa que el rechazo de dicha ocurrencia –«y vos sabés que yo no soy puto» o, como diría el paciente de Freud, «Mi madre no es»–. Tokuro descubría así la verdad que había detrás de las palabras –un deseo homosexual– y quería que se manifestase. Si el «paciente» no se daba cuenta, él impondría su interpretación por la fuerza. Quería que la palabra plena –como diría Lacan en «Función y campo de la palabra»– se realizara. Quería que Heredia y, por extensión, los argentinos –los «*llanuros*», como lo llamaba el texto– no cedieran en su deseo –como diría Lacan en *La ética del psicoanálisis*–. En fin, para Tokuro, Freud tenía razón: era su madre.

Pues bien, nada de esto está «dicho» en el texto. Psicoanálisis aparte, lo que sí estaba en juego en «La causa justa» era esa tensión que se establecía entre dos maneras, radicalmente opuestas, de leer y de entender el lenguaje.

Lo que me interesa aquí no es tanto la diferencia teórica que se establecía entre estos dos modos de pensar la lengua, como la tirantez que surgía entre ellos. En definitiva, no era una cuestión de entender las palabras de manera *literal* o no –¿qué significaba, en última instancia, entender de manera *literal?*–. Tampoco era una cuestión de fronteras puesto que Tokuro, en su manera de leer, era tan argentino como Heredia –hasta se alistó para la guerra de Malvinas–. En este sentido, «La causa justa» no comportaba una «peculiar lectura» de Oriente, como sostenía Belvedere (Belvedere 2000: 83). Lo que confería interés narrativo al relato de Lamborghini era más bien esa lucha –inevitable– de sentidos que imponía el lenguaje, esa prepotencia de querer imponer por la fuerza la interpretación propia, la misma lucha que sugería «Hoy, relacionarse…» entre el analista y el analizado –«Hermanita ¿quién de los dos es el Preso?»–, o entre la literatura y el psicoanálisis.

Y en este sentido, sí se puede decir que el drama de Tokuro fue inventado por Freud. Pero si Freud lo inventó, Lamborghini metió mano. Al pasarlo por su pluma, se apropió de él. El drama de la escena analítica –¿o era el drama de la crítica?– se convertía nuevamente en materia literaturizable. Apoderarse de dicha escena era también operar sobre ella.

La literatura, al pasarla por su tamiz, dislocaba y desencadenaba los monstruos que habitaban en esta lucha por el sentido que había abierto, en una escena determinada –¿la Argentina de los años setenta?–, el psicoanálisis. Porque si en un momento, para Freud la literatura había sido una garantía moral que podía de alguna manera refrenar los desvíos de la teoría (véase el Apéndice), en la obra de Lamborghini la literatura cumplía la función opuesta: evocaba una escena en la que un saber de la revelación, un saber de la verdad, engendraba violencia y conducía, entre otras cosas, a la muerte; un saber que se podía identificar con la función que el psicoanálisis operaba en algunos pasajes de su escritura. Ya que si Tokuro era un fanático de la verdad, Freud se presentaba de la misma manera. Si Tokuro leía *literalmente*, lo mismo hacía Freud. En un texto como «La negación», que daría título al poema de Lamborghini, el analista –al atender a un sentido oculto– no hacía otra cosa que anular el juego significante del doble sentido, convirtiendo aquello que se negaba –«Mi madre no es»– en una verdad.

Por otra parte, no se trataba únicamente de oponer, a este saber de la verdad, una concepción del lenguaje más distendida, más plural, más abierta, por llamarla de alguna manera, una concepción del lenguaje que podía identificarse con determinado uso que hiciera de él la literatura, y que por respetar el juego del significante fuera, en última instancia, más «verdadera».

Si es cierto que se podía leer en el lenguaje de los *llanuros*, tan propensos a la simulación y el doble sentido, una característica de la escritura de Lamborghini, no es menos cierto que la literatura –al enmarcar la escena de esa tensión– desbordaba esa manera de pensar el lenguaje que sería propio de la *Gran Llanura de los Chistes*. En este sentido, «La causa justa» ponía por momentos en evidencia la impostura de un pensamiento que estaría del lado de la lógica del significante, del lado de esos «acostumbrados al naranjín, pero que la juegan de campeones del "vinacho"», y que descansaría en una suerte de oscilación que vendría a promover el chiste.

–Bueno, amigo Sullo, silencio. Usted tiene razón, el chiste es largo, o tal vez nunca hubo uno tan breve como el de llamarle *chiste* a lo que impone cambiar la eternidad, estilos. (2003a: 11)[17]

Por último, para cerrar esta lectura de «La causa justa», se puede argumentar que la escritura literaria escenificaba en el relato una tensión de la cual no

---

[17] Si bien coincido con varias hipótesis vertidas por Belvedere en su libro, discrepo en su lectura particular de «La causa justa». En primer lugar, se puede plantear que Tokuro no leía de manera *literal*, como sugería Belvedere. Tokuro, o no entendía nada, o leía en todo caso otra cosa. Leer de manera *literal* implicaba respetar la modulación que introducía el condicional –«*si fuera* puto»–, cosa que Tokuro no hacía. En este sentido, Heredia en su frase no *simulaba* ser puto. Al contrario, estaba *afirmando* que no lo era. «¡*Complicadísimo!*». Por otra parte, creo que Belvedere encuentra una versión conciliadora, demasiado alegre, de la Argentina en el texto de Lamborghini, y que esa versión es el punto de partida de su lectura. La Argentina, dice Belvedere, «aparece como un determinado uso del lenguaje», o «como una particular flexión del lenguaje», enfrentado a lo japonés como estereotipo (Belvedere 2000:, 84-87). Yo diría que, si la Argentina aparece, lo hace como determinados uso*s*, particulares flexione*s* –en plural– del lenguaje. La Argentina de «La causa justa» no es sólo la del doble sentido, la del chiste que experimenta con el lenguaje y permite gozar con él. Es también la del anclaje o la imposición del sentido: como la imposición que realizaba Tokuro –equivocado o no en su lectura–, como la imposición que se inscribía en el cuerpo de Nal (el chico culón sobre el que caían todos los chistes), como la imposición que convertía al propio Tokuro en «tintorero». O dicho de otro modo, si la Argentina es la tierra del chiste, la *Gran Llanura de los Chistes* –«En todos lados se hacen chistes, pero sólo en Argentina todo se convierte en chiste» (Belvedere 2000: 95)–, el chiste de la «La causa justa» no es sólo, como lo describe el autor, «la tensión entre lo culto y lo popular», «la exaltación de las formas», «la incorporación de elementos diversos reunidos para producir el goce de la palabra» (Belvedere 2000: 94). Es también la imposición, si se quiere, autoritaria –pero no habría otra forma– de un sentido. Como sugería más arriba, el «chiste» de Heredia –«te chuparía la pija si fuera puto»– no juega con el doble sentido ni con la simulación, sino que impone su sentido en la exclusión de la homosexualidad de las posibilidades de relación en ese ámbito masculino –«y vos sabés que yo no soy puto»–. Es decir, no es que el chiste «puede derivar lisa y llanamente en tragedia» (Belvedere 2000: 98), por ejemplo,

renegaba, en la medida en que estaba implicada en ella. La propia literatura –o la escena literaria– se volvía materia literaturizable.

> El hombre que nace *culón*, el hombre que nace *nalgudo*, durante toda su vida arrastra ambos motes a la vez: *culón, nalgudo*. La gente tiene preocupaciones graves como para entrar en estas diferenciaciones aparentemente sutiles. También los literatos las tenemos, pero, es nuestro oficio: nos gustó meternos con esto de las palabras y ahora sobran las quejas: diferenciar el sentido de *culón* respecto al del *nalgudo*, de pronto (cuando nosotros también quisiéramos opinar sobre el *hombre en general*) se convierte en nuestra preocupación ineludible y más urgente: –Mirá que escribías mal, Sullo (*subrayo*). (2003a: 13; énfasis del original)

Y «esto de las palabras», como decía el texto, estos juegos literarios, esto que definiría –o que en algún momento habría definido– a la literatura, todo esto se convertía en una nueva máscara. La literatura pasaba a ser otra de las figuras que operaba la fabulación –como siempre, por otra parte, lo había sido–. Detrás del profesor O. V. Lambort-Hartz estaba Osvaldo Lamborghini, el autor de *El fiord*, de *Sebregondi retrocede* y de unos cuantos poemas. Detrás de Osvaldo Lamborghini no había nada. Como diría Gusman, su literatura era «una manera más de fumar y *esfumarse* en el salón literario» (Gusman 2008: 45; énfasis mío).

Sin una posición fija, la literatura en la obra de Lamborghini no podía más que responder a los caprichos de un «demente sórdido y tenaz», ese sabio loco que «En la causa justa» a los personajes del relato programaba de manera arbitraria y extravagante, «por pura maldad, porque rompía la monotonía» (2003a: 14). La literatura, en estos términos, no podía tener otra lógica que la del azar, o la del don –«el presente como un regalo» (2003a: 9).

El pasaje de una carta de Lamborghini, que encuentro sincero y coherente con su escritura, definía esta forma de pensar el hecho literario:

> Otro descubrimiento: de pura suerte, en mis libros se han deslizado algunas frases bien hechas. Lo que me separa de Medina, Asís, García y Cía. es eso solamente: mi buena suerte. (2008b: 522)

---

por la mala lectura de Tokuro, o por una violencia que sería externa al lenguaje. El chiste, en Argentina, comportaría lisa y llanamente esa tragedia. O en otras palabras, no es que el «uso fija el sentido» (Belvedere 2000: 92) a posteriori del chiste –un chiste que estaría en un limbo regido por un significante que no se ancla–. En «La causa justa» el chiste es el uso. «La ironía de Buenos Aires supera a Buenos Aires» (2003a: 11).

Un amor fracasado

> la aventura de tenerlo a Lacan en el cuarto contiguo
>
> Lamborghini

Unas pocas palabras para terminar, para retomar algunos de los hilos que han sido tendidos en este recuento de ciertos textos y ciertos episodios en la vida de Lamborghini.

Germán García cifraba –ya lo hemos mencionado– la relación de Lamborghini con el psicoanálisis en términos de *parodio*. Vida y obra del autor confluían en una operación paródica que escondía, o que revelaba –puesto que ya estaba incluido en su nombre–, un fuerte componente de odio.

Permítaseme citar lo citado, añadiendo un párrafo, para trazar la lectura completa que realizaba García:

> En algunos años el psicoanálisis fue otro objeto *parodiar* –y creo que la relación entre la parodia y el odio es algo más que un juego de palabras–.
>
> Si *El fiord* es parodiar la política, *Sebregondi retrocede* es parodiar el psicoanálisis (marqués/niño proletario, los términos opuestos de una novela familiar exaltada/degradada).
>
> ¿Por qué cierto *sector* intelectual aceptó este odio? Por el mismo odio, puesto que no existe transmisión del odio, sino encuentro. Algunos se encontraron *parodiar* lo mismo: la política que los aterraba y el psicoanálisis que les revelaba que al fin los neuróticos piden prestados sus fantasmas a los perversos. (García 2003: 45)

Con la última frase, García anclaba su lectura, su lugar de enunciación. El odio de Lamborghini o de sus textos no era otra cosa que la resistencia al análisis. Autor y obra se convertían en pacientes que no querían ver aquello que el psicoanálisis les revelaba, que vivían de prestado, como los neuróticos que piden prestado sus fantasmas a los perversos –¿pero en qué consiste la fabulación si no es precisamente en eso, en vivir de prestado?

Considerando la matriz psicoanalítica del planteo, era posible pensar que el odio era instaurado precisamente por el propio analista que no toleraba no ser escuchado. No por ello, sin embargo, el lector estaba condenado a no llevar una parte de razón. Esta lectura del odio encontraba, evidentemente, posibles avales en la escritura de Lamborghini. La tensión que se establecía en ella entre la literatura y el psicoanálisis, el vaciado de la retórica psicoanalítica convertida en jerga, incluso la representación de ese «señor amante de la paz provinciana y muy estudioso», todos estos componentes de su escritura podían esconder, a través de la parodia, un sentimiento de odio hacia el psicoanálisis, sus instituciones, sus fieles.

De hecho, una carta tardía, muy posterior en todo caso a los años de *Sebregondi retrocede*, ponía en escena, de manera cuanto menos clara y precisa, el estado de ese odio en 1978:

> Tendría que contarte mi (perdoname) «paulatino» derrumbe porteño, mi exilio en Mar del Plata, mi última mascarada: psicoanalista «didacta» y fundador –sin pedirle permiso a nadie: vos me conocés– de la Escuela Freudiana de Mar del Plata. En momentos en que / odio el psicoanálisis / odio especialmente a la Escuela Freudiana y a todo lo que huela a lacanismo. Todo esto lo atribuyo a un verso premonitorio que escribí. Decía: «Ya no soporto la idea de morir / sin haber cometido un error irreparable». Bueno, ya lo cometí. Pero («¡si seré animal!»), resulta que el error irreparable es la vida misma, ese acting out biológico que nos impide ver que el estanque es un estanque, completamente alejado de las trapisondas de Narciso. (2008e: 525)

El odio no se podía enunciar con más énfasis. Y sin embargo, había allí algo más. Esta carta, pero también su obra, revelaba que el odio no podía agotar la relación que la operación lamborghiniana instauraba con el psicoanálisis.

Julio Premat ha enunciado ya las limitaciones del término «parodia» para pensar la relación entre el psicoanálisis y la obra de Lamborghini. La parodia no agotaba esta compleja relación. En primer lugar, el discurso psicoanalítico estaba aportando un código de representación de lo pulsional, que intervenía en el proceso de producción y que establecía una cercanía incompatible con el vínculo paródico. La parodia, aunque pertinente, no alcanzaba para mostrar la amplitud del fenómeno (Premat 2008: 134).

En segundo término, la parodia tampoco podía dar cuenta de la participación del discurso psicoanalítico en la recepción de la escritura lamborghiniana –participación que hemos abordado más arriba: con la lectura de Masotta del *El fiord*, con la lectura de García de «El niño proletario», etcétera–. Si la obra de Lamborghini parodiaba el psicoanálisis, este a cambio ofrecía un vector de circulación a sus textos.

> …habría una ambivalencia: por un lado, los textos desvían el sentido y los objetos de una teoría, pero sin ella, sin la clave, si es una clave, de lectura lacaniana, los textos de Lamborghini habrían permanecido, quizás, en el limbo de una ilegibilidad radical: no se publicarían ni leerían como literatura. Por un lado pervierten la teoría, mostrándola en tanto que obscenidad; por el otro, la teoría

justifica y, aunque sea lateralmente, ennoblece una textualidad perversa. (Premat 2008: 140-141)

Se pervertía aquello que, por otro lado, se necesitaba. La parodia no desaparecía, pero el objeto parodiado, al ofrecer legibilidad al texto, instalaba una ambigüedad irreductible en su estatuto al interior de la obra.

Indudablemente, Premat complejizaba el gesto paródico que escondían los textos de Lamborghini, enmarcándolo en un vínculo que iba más allá de la parodia lisa y llana que proponía García. Para uno y para otro, sin embargo, la parodia estaba ahí, era parte constitutiva de la lectura que Lamborghini hacía del psicoanálisis: para García, escondía un odio; para Premat, una perversión.

Pues bien, partiendo de ambas lecturas, quiero modular esta noción de parodia. Ella supone, por un lado, un lugar de enunciación de cierta firmeza y, por el otro, una distancia o una separación de aquello que se parodia. Estos aspectos –considero– no estaban del todo presentes en la posición que adoptaba la escritura de Lamborghini con respecto al psicoanálisis. Había una relación de otra naturaleza detrás de ese gesto paródico: una relación más cercana y sobre todo más inconstante. Podemos decir que para Lamborghini lo que la «parodia» escondía era una historia de amor.

¿Cómo leer ese «dramatismo» que ponía en su relación con la Escuela Freudiana y con el lacanismo en la última carta citada si no es a través de la retórica propia del discurso amoroso? ¿Hablaba Lamborghini allí de un saber, de una institución o de un amante? Lamborghini escribía: «Todo esto [el odio al psicoanálisis, el fracaso de su última mascarada] lo atribuyo a un verso premonitorio que escribí. Decía: "Ya no soporto la idea de morir / sin haber cometido un error irreparable". Bueno, ya lo cometí». ¿Cuál era ese error que anunciaba el verso premonitorio? ¿Haber arruinado su «relación» con el psicoanálisis? ¿O estaba relacionado con la destinataria de la carta, Paula Wajsman, quien fuera su pareja y ya no lo era? El desengaño, en todo caso, rondaba la escena.

Dos años después, en una entrevista publicada en el primer número de la revista *Lecturas críticas*, en diciembre de 1980, Lamborghini parecía estar especificando el tono de esa carta, sobre todo en su relación con el psicoanálisis, ese objeto de supuesta parodia. Al ser preguntado justamente por la naturaleza de la parodia, Lamborghini respondía:

¿La parodia es un homenaje o una violencia?
En la parodia siempre entra el odio y el amor. El odio al semejante implica también amor. La parodia sería como un amor fracasado si no fuera abyecto decir

que el amor fracasa. Es un oxímoron decir amor fracasado, si hay amor, ¿cómo puede haber fracasado? No se puede mimar un objeto sin amarlo. (Lamborghini & Lecturas críticas 2008: 624)

O para utilizar la expresión de «Acopiador aviado…», no se puede andar «rondando ciertas palabras» sin amarlas.

En definitiva, la relación de la escritura de Lamborghini con el psicoanálisis podía resumirse en ese oxímoron que el autor encontraba en la expresión «un amor fracasado». Esto implicaba, por supuesto, una dosis de odio y perversión, o de resentimiento. Pero también había allí una parte de afecto. Podemos decir, algo del orden del deseo, si no fuera porque esta palabra complicaría las cosas[18].

¿Pero cómo definir una historia de amor entre una escritura y un saber, entre una obra como la de Lamborghini y el psicoanálisis? ¿En qué términos hablar de ella? ¿Cómo hablar aquí de una relación amorosa?

Encuentro dos modos –que en última instancia ya habrían sido enunciados y que no harían sino desplazar el problema–. De un lado, estaba el uso. Un uso que al mismo tiempo era intelectual y físico. Un acoplamiento que comportaba una voluntad de someter –como en el amor–, pero que estaba signado por una fragilidad y una inestabilidad amenazantes, como esos cuerpos reversibles que aparecían en la prosa de Lamborghini, como esas posiciones del analista y el analizado. ¿Quién hace uso de quién? ¿O qué importaba qué?

Se trataba, entonces, de un uso reversible que escondía una voluntad de sometimiento. Pero también había allí un deseo de apropiación, de incorporación de aquello que se usa. Como esos indios que se comieron al fogonero del barco de carga en el momento en que estaba por hacer uso de la india, o como lo ponía Lamborghini en «Die Verneinung»:

> Como si al mismo tiempo quisiera adorarlo sin testigos,
> Creérmelo y comérmelo solo, la aventura de tenerlo a Lacan en
> el cuarto contiguo. (2004a: 82)

Del otro lado, por fin, estaba la fábula. La historia de amor como una puesta en escena, una construcción imaginaria detrás de la cual –como sucedía con el profesor O. V. Lambort-Hartz– o no había nada, o sólo había literatura. Una historia de amor fracasado, entonces, como un episodio más en la construcción de un autor, como otra de las máscaras que levantaba la escritura. Después

---

[18] Por cierto, al proponer una ambivalencia en la relación entre la escritura de Lamborghini y el psicoanálisis, la lectura de Premat es solidaria con esta figura del oxímoron.

de todo, detrás de esta «relación» con el psicoanálisis que había conducido al naufragio, no estaba sino ese verso premonitorio que escribió un día: «Ya no soporto la idea de morir / sin haber cometido un error irreparable».

En la misma entrevista de *Lecturas críticas*, le preguntaban a Lamborghini por la relación con ese objeto parodiado al que, a un tiempo, se amaba y odiaba.

¿Pero también se lo pervierte, se lo degrada?
Se lo degrada, pero es una creación imaginaria, nadie degrada a nadie; es la creencia del sujeto que está degradando algo, no degrada nada; ni siquiera logra degradarse él mismo. (Lamborghini & Lecturas críticas 2008: 624)

Por debajo de esta creencia del sujeto discurría el amor, la literatura.

Apéndice

La literatura en el psicoanálisis

> We would like to suggest that, in the same way that psychoanalysis points to the unconscious of literature, *literature, in its turn, is the unconscious of psychoanalysis*; that the unthought-out shadow in psychoanalytical theory is precisely its own involvement with literature; that literature in psychoanalysis functions precisely as its «unthought»: as the condition of possibility and the self-subversive blind spot of psychoanalytical thought.
>
> Felman

En este apéndice narraré dos historias, dos encuentros, que bien podrían funcionar como la prehistoria –o la precuela, por utilizar un término más actual– de aquellos sucesos consignados en el resto del libro. Si en los capítulos anteriores intenté describir, con más o menos suerte, el papel que el psicoanálisis jugara en la literatura o en la reflexión literaria de un conjunto de autores de la Argentina de los años setenta, en este momento intentaré realizar la operación inversa. ¿Cuál fue el lugar que ocupó la literatura en el psicoanálisis, en su origen y en su desarrollo? ¿Cuáles fueron los usos que el psicoanálisis hizo de ella? ¿Terminó, en algún punto, el psicoanálisis «siendo usado» por la literatura? ¿Cuál fue el resultado de esta implicación o participación –*involvement*– que el psicoanálisis tuvo desde sus orígenes con ciertos textos literarios? ¿Podemos hablar –como lo sugiere Felman– de la literatura como el inconsciente del psicoanálisis? En estas páginas intentaré plantear –si no de manera exhaustiva, al menos ejemplar– algunos de los modos en que la literatura ingresó en las obras que, desde hace un siglo, han determinado la travesía y los desvíos de la teoría psicoanalítica. Me centraré para esto en aquellos dos autores que han resultado más influyentes entre los escritores de los que me ocupé a lo largo del libro. Me refiero, por supuesto, a Sigmund Freud y Jacques Lacan. Rastrear estos usos nos permitirá ver hasta qué punto la literatura y el psicoanálisis pudieron llegar a estar –como propone Felman– envueltos, abrazados –*enfolded*– entre sí, y hasta qué punto podemos decir incluso que no existen límites «naturales» entre ambos, que claramente los definan y distingan (Felman 1982: 9). Esto complejiza, por supuesto, la relación de uso que la literatura pudiera haber hecho del psicoanálisis. Veremos que ciertas imágenes, ciertos rasgos de la escritura, ciertos usos, circularán en ambas direcciones.

«Los poetas y los filósofos han descubierto el inconsciente antes que yo» apuntó Freud en 1926 al cumplir los setenta años, en respuesta a un orador que lo saludaba precisamente como el descubridor del inconsciente (Starobinski 1969: 48). Casi tres décadas más tarde, en 1953, Lacan establecía, en su tan comentado discurso de Roma, una cierta dependencia de la técnica psicoanalítica en relación con el lenguaje poético, al sostener que el psicoanálisis como técnica requería una asimilación de los recursos de la lengua, especialmente de aquellos que se realizan en sus textos poéticos (Lacan 2002c: 284). Estos dos enunciados, junto a las extensas páginas dedicadas a la literatura en sus respectivas obras, nos dan una idea del lugar que otorgaron a la poesía o la creación literaria ambos autores.

Estos dos homenajes o reconocimientos de la importancia que tuvo la literatura en el entramado teórico del psicoanálisis ubicaron –cada uno a su manera– el texto literario en el horizonte de este saber. Como veremos, esta ubicación ha sido compleja. La literatura, como suponen ambos enunciados, pudo estar antes. Pero también pudo estar después, como material donde el psicoanalista podía confirmar o reconocer el valor de sus teorías. Antes y después del psicoanálisis, lo que también se puede entender en términos espaciales como dentro y fuera de la teoría. De hecho, con respecto a la participación del texto literario en la producción teórica de Freud y Lacan, podemos decir con Malcolm Bowie que la literatura está «à la fois à l'intérieur et à l'extérieur du domaine de la science» (Bowie 1988: 179)[1].

Según Bowie, la experiencia de la literatura incitó en repetidas oportunidades a la teorización científica tanto de Freud como de Lacan, dejando entrever en sus reflexiones –las de la literatura– aquello que podría ser una

---

[1] La metáfora espacial ya había sido sugerida por Felman: «Since literature and psychoanalysis are *different* from each other, but, at the same time, they are also "enfolded within" each other, since they are, as it were, at the same time outside and inside each other, we might say that they compromise, each in its turn, the interiority of the other» (Felman 1982: 9). Esta metáfora es distinta a la del uso, y permitiría leer también la participación del psicoanálisis en la literatura argentina de los años setenta. No obstante, en la medida en que la relación se plantea como algo dado, se podría convertir en una limitación para comprender la operación

teoría coherente. Más aún, ciertas obras literarias aparecieron en los escritos de estos psicoanalistas ya no como una mera incitación o una invitación a la producción teórica, ya no como algo que se entrevé, sino como verdaderas teorías del espíritu en sí mismas. Esta diferencia en el uso podía derivar de las propias obras literarias, pero también de la manera de leerlas, de la manera de introducirlas en el desarrollo argumentativo. Esto es lo que me interesa. Para pensar la relación que los aparatos teóricos de Freud y Lacan establecieron con la literatura, debemos atender, por un lado, a la forma en que ambos manipularon sus materiales literarios y, por el otro, a las nociones teóricas que nos permiten ver la manera en que estos materiales pudieron tanto ayudar como incluso dar forma a la investigación científica. Este es el objetivo de este apéndice.

El linaje literario de Freud

> For many years I have taught that Freud is essentially prosified Shakespeare
>
> Bloom

Por sencilla, la citada frase que Freud pronunció hacia el final de su carrera no deja de ser reveladora de la relación que su obra desde siempre mantuvo con la literatura: «Los poetas y los filósofos han descubierto el inconsciente antes que yo». Lo que la sentencia establecía, primero, era una relación temporal. Filósofos y poetas descubrieron *antes* que el propio Freud nada menos que uno de los conceptos fundacionales del psicoanálisis, se anticiparon a Freud. Esto se podía leer ya en sus primeros escritos, sobre todo en su correspondencia. Pero lo que también se podía leer allí, tanto en su intervención tardía como en sus primeras formulaciones, era la voluntad de señalar la gran distancia que lo separaba de aquellos. Si de hecho los poetas y los filósofos se le adelantaron, subrayaba en seguida el psicoanalista, lo hicieron de manera intuitiva, sin el complejo aparato teórico, sin la observación metódica que el padre del

---

de los autores tratados en el libro como una intervención específica y particular de la escena literaria de aquellos años.

psicoanálisis llevaría a cabo a lo largo de su vida. La frase completa de Freud consignada por Starobinski[2] es la siguiente:

> Los poetas y los filósofos han descubierto el inconsciente antes que yo; lo que yo he descubierto es el método científico que permite estudiar el inconsciente.

Esta diferencia –temporal por un lado, formal o estratégica por el otro, casi una diferencia de lenguaje– entre el descubrimiento de poetas y filósofos y el descubrimiento del psicoanalista nos plantea una escena de traducción. Si, como señala Starobinski, en los escritos de Freud el poeta aparecía como «una suerte de mediador entre la oscuridad del impulso y la claridad del saber sistemático y racional» (Starobinski 1969: 49), a esta mediación le faltaría siempre –para sacar de ella un resultado inteligible– un segundo mediador, el psicoanálisis. El psicoanálisis se presentaba entonces como la traducción científica de ese acercamiento intuitivo de filósofos y poetas al inconsciente, a aquel inconsciente que ellos habían descubierto *antes* que Freud.

Esta metáfora de la traducción nos permite pensar en la presencia de dos lenguajes, o de dos caminos: uno, instintivo y confuso; el otro, claro y distinto. Si el psicoanálisis, en su aspecto más formal o más esquemático, parecía desechar uno de ellos –el primero, es decir, el intuitivo, el camino no científico y no metódico–, en realidad los dos lenguajes se encontraban en la génesis de sus principales conceptos. De hecho, el reconocimiento mismo de una vía a través de la poesía o de la especulación filosófica –vía que, como veremos pronto, no sería exclusiva de estos dos discursos– podía revelarnos algo importante sobre la naturaleza del inconsciente psicoanalítico y sobre el lugar y el rol que el psicoanálisis asignaría a dicha noción en el individuo y en la cultura. De cualquier modo, estos dos lenguajes –el intuitivo y el metódico– formarían parte del pensamiento freudiano, lo constituirían al punto de que no podría prescindir de ninguno de ellos. En este sentido se puede pensar que este pensamiento –el psicoanálisis– es en buena medida el resultado de una traducción.

Ahora, veamos cómo se han formalizado en diferentes lecturas estas dos sendas. Aunque no se les haya otorgado habitualmente el estatuto de «lenguaje», sí se ha señalado en la obra de Freud la presencia de dos «tradiciones», no necesariamente contrarias, sino más bien solidarias, en cuyo encuentro se podría enmarcar la peculiaridad de su pensamiento. Por un lado, cierta tradi-

---

[2] Tomada por él del ensayo «Freud and Litertaure», del libro *The liberal imagination* de Lionel Trilling.

ción romántica, que encontraba sus obras cumbres en la literatura o la filosofía. Por el otro, un incipiente positivismo, un acervo científico que partiría de la observación del mundo natural.

Con respecto a la primera de estas dos tradiciones, a la impronta que el romanticismo había dejado en el pensamiento de Freud, el mismo Starobinski sostuvo que llevaban razón aquellos que presentaron el psicoanálisis como «uno de los pináculos de la literatura romántica del siglo XIX» (Starobinski 1969: 45). Las teorías de Freud estaban impregnadas de la cultura germánica de la época, y en especial de la literatura, lo cual se expresaba en la lectura y la admiración profesada por Freud hacia autores como Goethe, Schelling y Schiller. En relación con esta impregnación, el psiquiatra e historiador de la medicina H. F. Ellenberger señaló en *El descubrimiento del inconsciente* que una serie de conceptos clave que desarrollaría Freud en sus obras aparecían ya prefigurados en textos como el *Fausto* de Goethe: el inconsciente, la fuerza simbólica del pene o la libido como fuente de todas las cosas. En este mismo texto llegó a asegurar, en lo referente a la relevancia del pensamiento romántico –no sólo el literario, sino también el filosófico y el científico– en el desarrollo del psicoanálisis, que «no hay prácticamente un solo concepto de Freud o Jung que no fuera anticipado por la filosofía de la naturaleza y la medicina románticas» (Ellenberger 1976: 241).

En esta línea, Freud no estaba dispensado de la influencia del espíritu de su época. El elemento irracionalista propio de la tradición romántica se hacía presente en el hecho de que el psicoanálisis hubiera enfatizado precisamente el aspecto irracional del comportamiento humano, proponiendo el inconsciente como motor y eje de la conducta humana. En lo que respecta específicamente a la literatura, el mismo Ellenberger sugirió una analogía entre el psicoanálisis y ciertos autores y tendencias literarias contemporáneas –no sólo románticas– en su forma de desenmascarar lazos convencionales (1976: 628)[3].

Frente a una tradición que insistía en el componente irracional del hombre –en la cual había que inscribir no sólo al romanticismo sino también a filósofos como Schopenhauer, Nietzsche y von Hartmann–, podemos contraponer aquel cariz estrictamente científico que presentaba el acercamiento psicoanalítico al inconsciente. El romanticismo de Freud estaba constreñido, según Starobinski, por «la sólida coraza del racionalismo positivista» (1969: 45), el cual estaba cifrado en la influencia que tuvo sobre él en sus primeros años el

---

[3] El autor, por ejemplo, compara este aspecto de la obra de Freud con el teatro de Ibsen.

médico Ernst W. Von Brücke, para quien las leyes físico-químicas regían al hombre exactamente igual que al mundo natural.

Este paralelismo entre el hombre y el mundo natural implicaba, sobre la base de un supuesto dominio intelectual de este último, la posibilidad de vislumbrar el entramado de las leyes que gobernaban al hombre. Esto es lo que Starobinski ha denominado, en la obra de Freud, un «optimismo epistemológico» que se resumía en la frase «las ciencias progresan, nuestros conocimientos aumentan». Pero este optimismo, he aquí la dualidad del pensamiento freudiano, estaba acompañado por una «metafísica pesimista», que apuntaba precisamente al aspecto irracional del hombre antes señalado: «las fuerzas primitivas que nos mueven son oscuras, ciegas, bárbaras, violentas, insaciables» (Starobinski 1969: 45).

Esta tensión, esta visión del mundo que era propia del positivismo postromántico de la segunda mitad del siglo XIX, este «estilo intelectual», caracterizado por «un desgarramiento entre el vivaz imperativo del conocimiento y la negra evidencia del instinto» (Starobinski 1969: 46), entre la fe puesta en la ciencia y el saber y el reconocimiento de una potente fuerza primitiva de carácter irracional, nos sirve como un lente eficaz para pensar no sólo aquella reflexión de Freud sobre los primeros descubridores del inconsciente –los filósofos, los poetas–, sino también para entender la relación de Freud con la literatura. Por un lado, la fascinación de Freud ante el instinto, y por el otro, la intención de doblegarlo o de comprenderlo –otra forma del sometimiento–. Ambas reacciones estaban presentes en su acercamiento a la literatura, en las contorsiones que realizaba la teoría al enfrentarse con la obra literaria. No es que la literatura, para Freud, fuera equiparable al instinto. No es el objeto lo que se repetía, sino la estrategia, las maniobras del psicoanalista. Por un lado, como señala Neil Hertz, el psicoanálisis freudiano se enfrentaba, en sus textos dedicados al arte, con el poder «paralizador» de la obra, el cual afectaba no sólo al público de a pie sino también al psicoanalista, y por el otro, el mismo psicoanálisis revelaba su voluntad de descubrir el modo de funcionamiento de dicha obra, convertida así en objeto para la teoría. La obra de arte –al igual que el instinto– se presentaba entonces como un *misterio*, un misterio que paralizaba al individuo y que sólo el psicoanalista estaba capacitado para resolver (Hertz 1997: xiii-xx).

Ahora bien, si intentamos dar cuenta del modo en concreto en que Freud –en sus escritos– leyó la literatura, si queremos precisar el modo en que hizo uso de ella, nos encontramos, tal vez producto de aquella tensión, con una multiplicidad de operaciones, con una proliferación de usos. En su obra, la relación de la teoría con la literatura, lejos de ser constante, es cambiante e inestable.

La primera forma que adoptaba la lectura podía ser la *admiración*. Desde los comienzos de su elaboración teórica, Freud profesó –como ya he señalado– una fuerte estima hacia los grandes escritores. Para ilustrar esta admiración, que se remontaba a los primeros años del psicoanálisis, se han citado en numerosas ocasiones las referencias literarias que aparecen en las cartas dirigidas a Wilhelm Fliess a finales del siglo XIX, especialmente las del año 1897, en el mismo momento en que Freud se encontraba elaborando su teoría sobre el complejo de Edipo, considerado uno de los conceptos claves y fundacionales del discurso psicoanalítico[4]. Si bien existen numerosas referencias y artículos enteros de Freud dedicados a la literatura, esta correspondencia se considera especial por su carácter inaugural, por pertenecer a la génesis de la teoría.

En estas cartas Freud revelaba su admiración destacando, en escritores como Shakespeare, el poder de plasmar en su escritura las profundidades del espíritu humano, la capacidad de representar aquellas conductas que más tarde el psicoanálisis desvelaría con su técnica. Este poder propio de todos los artistas –ya que no estaría limitado a los escritores– venía dado por una percepción especial, intuitiva, esa «sensibilidad de poeta» que años más tarde, en «El tabú de la virginidad» (1918), encontraría Freud en el dramaturgo Hebbel, sensibilidad que daría al poeta una visión más penetrante sobre la cultura, una suerte de iluminación[5]. Hacia los artistas se mantenía así, por regla general, una admiración por su pericia en la captación del inconsciente de sus personajes. Esta pericia era la que otorgaba a la obra literaria su poder: un poder que para Freud era identificatorio y que, en el caso de la tragedia, remedaba la teoría aristotélica de la *catarsis*[6]. Para decirlo con Starobinski: «Freud atribuye el efecto cautivador de la tragedia a la representación exacta de la pasión» (Starobinski 1974: 226).

Así es como el *Edipo Rey* de Sófocles y el *Hamlet* de Shakespeare –pero también más tarde las novelas de Dostoievski, la *Gradiva* de Jensen, los relatos de Hoffmann– aparecían en el corpus freudiano, acompañados de una admi-

---

[4] Véase especialmente el ensayo «Hamlet y Edipo» de Jean Starobinski, compilado en *La relación crítica (Psicoanálisis y literatura)*.

[5] En este texto, Freud comentaba la tragedia *Judith und Holofernes*, comparando la trayectoria de la protagonista con la del personaje bíblico homónimo: el poeta, gracias a su sensibilidad, había registrado un antiquísimo motivo inserto en el relato bíblico, lo que le había permitido devolver al material su contenido primigenio (Freud 1981c: 2452-2453).

[6] Starobinski recuerda que precisamente en 1897 Freud «junto a Breuer, acababa de proponer un método *catártico* para el tratamiento de la histeria», por lo que «no podía desconocer la teoría aristotélica de la *catarsis*» (Starobinski 1974: 226).

ración por su capacidad de representar las vicisitudes del inconsciente. Y lo hacían tanto en el margen, confirmando simplemente lo aprendido en la clínica, como en el centro de la teoría. De hecho, algunas obras son tan centrales que se puede decir que ellas cristalizan los modelos teóricos. Como señala Starobinski en su comentario sobre aquella correspondencia con Fliess, fue en el momento en el que Freud relacionó la historia de su deseo personal –en su trabajo de autoanálisis– con la tragedia de Sófocles y con el mito de Edipo que la teoría psicológica adquirió la organización que buscaba (Starobinski 1974: 226), la cual más tarde se expresaría de manera acabada en el complejo de Edipo.

De la misma forma, *Hamlet* –tragedia citada por Freud siempre en relación con el Edipo– aparecía ya no como un simple ejemplo o como una actualización más de dicho mito, sino que se volvía constitutiva del propio pensamiento analítico en la medida en que ofrecía «el modelo anticipado, la maqueta provisional, el ensayo simbólico, de todas las interpretaciones que la "ley" edípica iba a permitir operar en curas reales, no sobre personajes dramáticos, sino sobre enfermos perfectamente vivos» (Starobinski 1974: 248)[7]. Por otra parte, la frecuencia con la que la obra de Shakespeare fue y sigue siendo abordada en la bibliografía psicoanalítica, desde sus inicios hasta el presente, puede ser un indicio de este lugar constitutivo en el saber del psicoanálisis. Allá queda la polémica frase de Harold Bloom que funciona como epígrafe de este apartado.

Ahora, si la *admiración* de Freud ante la labor realizada por poetas y artistas pudo conducir a la incorporación de algunas figuras literarias como modelos teóricos, si la obra literaria pudo servir –sobre todo en los comienzos de la teoría– como fuente de inspiración para el analista, no por ello debemos concluir que el psicoanálisis freudiano descuidaba allí su matriz científica. El propio Freud se ocupó de señalar los límites que separaban el campo del saber del ámbito del arte. Si los artistas podían experimentar y manifestar con fuerza las profundidades del inconsciente, era la ciencia –volviendo a las declaraciones con las que abrí este apartado– la que debían interpretarlas en su lenguaje específico. Era el psicoanálisis el que podía descifrar el sentido del deseo. En una carta tardía, de 1930, y a propósito también de la obra de Shakespeare, Freud volvía a trazar esta distancia entre literatura

---

[7] Hamlet, a diferencia de Edipo, no actúa y –de acuerdo a la lectura de Freud– vive en su interior el drama edípico, puesto que de hecho no mata a su padre ni se acuesta con su madre. Este descubrimiento, que Freud comunica a Fliess en su correspondencia, es lo que le permitió articular el mito con su propia experiencia y con la de sus pacientes.

y psicoanálisis, colocando a la primera «en su lugar», es decir, del lado de la psiquiatría popular.

> …no hay derecho a esperar de un poeta la explicación clínica correcta de una enfermedad mental. Basta con que nuestro sentimiento no se vea lastimado de ninguna manera, y eso, que recibe el nombre de psiquiatría popular, nos permita seguir, en todos sus vericuetos, a la persona descrita como anormal. (Freud 1974: 250)

Este interés por conservar los límites –que en buena medida buscaba otorgar al psicoanálisis una verosimilitud que hiciera frente a las importantes críticas que cuestionaban su estatuto científico– estaba asociado a un modo de aproximación a la literatura muy distinto a la admiración. Me refiero al empleo de la obra literaria como *ejemplo*, o como prueba de validez de la teoría, operación que siempre se llevaría a cabo mediante una explicación psicoanalítica de la obra. La admiración era un efecto de aquel poder «paralizador» del arte sobre el analista –y sobre el público en general– que señalaba Hertz. La explicación de la obra, al contrario, buscaba controlar ese poder, vencerlo, someterlo, y convertir al psicoanálisis en una máquina interpretativa de mayor alcance. La literatura –ahora domesticada– ofrecía una confirmación suplementaria para la teoría, y demostraba el valor operativo del psicoanálisis en un ámbito muy alejado de la clínica. Esto suponía ubicar al psicoanálisis en una posición clave desde la cual este podía realizar una interpretación general de todos los aspectos de la cultura, incluida entre ellos la literatura. Esta posición ha sido señalada por Starobinski:

> Ninguna actividad humana, ninguna institución, ningún producto de la imaginación, debía escapar, por principio, de un saber que se remonta hasta las fuentes de la conducta, a las primeras determinaciones, y que cree conocer acabadamente lo que, en el hombre, hace actuar al hombre. (Starobinski 1969: 43)

Siguiendo en esta línea, la explicación de la literatura, la literatura como ejemplo, podía aparecer en la obra de Freud como un intento de someter o de sacar provecho de las obras literarias. Un caso claro de este procedimiento es su libro sobre la *Gradiva* de Wilhelm Jensen. Publicado en 1907, el texto de Freud presentaba una lectura de la obra del escritor alemán que venía a confirmar ciertos elementos de su teoría que había dado a conocer poco tiempo antes. Precisamente, lo que le interesaba a Freud era la forma en que el autor había representado los sueños de su personaje, forma que parecía seguir los principios revelados por él mismo en *La interpretación de los sueños* (1900). Acerca de esta coincidencia entre escritor y psicoanalista, hacia el final del estudio sobre la *Gradiva*, Freud sostenía:

> …la conclusión es innegable: o ambos, el poeta y el médico, han interpretado con igual error lo inconsciente, o ambos lo han comprendido con igual acierto. *Esta conclusión es en extremo valiosa para nosotros*; y sólo por llegar a ella valía la pena de investigar con los métodos del psicoanálisis médico, tanto los sueños incluidos en la obra de Jensen como la exposición que en la misma se hace de la génesis y la curación de un delirio. (Freud 1981a: 1335; énfasis mío)

Esta conclusión «en extremo valiosa» para Freud, esta explicación de la obra por medio de los métodos del psicoanálisis, convertía al escritor, lo quisiera o no, en un gran aliado para el investigador. Aunque la literatura ya no ocupaba aquí ese lugar central que podía cristalizar los modelos teóricos, no por ello dejaba de cumplir un papel importante, el de ilustrar la teoría con sus ficciones. Y tanto más importante era este papel cuanto que lo que podía aportar un escritor no se presentaba para Freud como un testimonio más. Debido a su «sensibilidad de poeta» sus contribuciones ocupaban un lugar privilegiado. En el mismo texto sobre la *Gradiva*, Freud señalaba:

> …los poetas son valiosísimos aliados, cuyo testimonio debe estimarse en alto grado, pues suelen conocer muchas cosas existentes entre el cielo y la tierra y que ni siquiera sospecha nuestra filosofía. Y en la Psicología, sobre todo, se hallan muy encima de nosotros los hombres vulgares, pues beben en fuentes que no hemos logrado aún hacer accesibles a la ciencia. (Freud 1981a: 1286)[8]

Es este saber «que ni siquiera sospecha nuestra filosofía» –que por cierto nunca terminaría de delimitarse ni de explicarse– el que convertiría a la literatura en un referente, en la autoridad necesaria para la incursión del psicoanálisis

---

[8] Ya aparecía aquí ese anticiparse de la literatura a los descubrimientos del psicoanálisis que Freud reconocería en su septuagésimo cumpleaños. Pero en este caso, para dar cuenta de ello y del saber al que tenían acceso los poetas, Freud tomaba prestadas –como señala el traductor– las expresiones de la misma literatura, al parafrasear las palabras de Hamlet: «There are more things in heaven and earth, Horatio, / Than are dreamt of in your philosophy» (*Hamlet*, acto I, escena 5). Este uso espontáneo de las metáforas de la literatura puede cifrar, precisamente, la permeabilidad del discurso «científico» frente a las figuras retóricas y las imágenes literarias –permeabilidad que en determinados momentos había sido clave para la formulación de nuevos conceptos, como hemos visto en el caso del complejo de Edipo.

en la cultura. Pero antes, aquí, la literatura, si bien funcionaba como fuente de validez, no dejaba de estar al servicio de la teoría, no dejaba de ser explicada por ella, interpretada. Los poetas se habían adelantado, pero el trabajo científico de a poco iría abriéndose paso hacia esas fuentes que por un momento le habían sido vedadas al médico. Esta lectura de la *Gradiva* era un paso en esa dirección. Podemos afirmar, por tanto, que en este modo de acercarse a sus obras la literatura funcionaba como un suplemento para la clínica. Esta misma articulación entre uno y otra la encontramos a lo largo de la obra de Freud en otros tantos textos clásicos: «El creador literario y el fantaseo» (1908), «El motivo de la elección del cofre» (1913), «Lo siniestro» (1919), etcétera La literatura se convertía así en una suerte de archivo de «casos» que, por distintas vías, venían a validar la teoría.

Ahora bien, cabe aclarar –siguiendo a Hertz– que aquí la interpretación de las obras por medio del psicoanálisis no consistía tanto en asignar uno o varios sentidos al texto, tarea reservada para el filólogo, sino más bien en encontrar –como ya he señalado– una confirmación para la teoría y, por otra parte, vislumbrar las causas por las cuales el lector o el espectador se veían afectados por la obra de arte. Esta capacidad de afectar, precisamente, era posible por la pericia del artista, por el acceso a esas fuentes todavía cerradas para la ciencia. En cierta forma, la interpretación apuntaba principalmente a aquellas vías por las cuales, a través de procedimientos estéticos específicos –sólo accesibles a los poetas, pero que el psicoanálisis ya empezaba a comprender–, la obra de arte se comunicaba con la experiencia mundana. El valor de la obra de Jensen estaba, por ejemplo, en la representación exacta de ciertos fenómenos inconscientes. Pero lo fundamental aquí es que sería el psicoanálisis el encargado de determinar el grado de esa exactitud.

Esta comunicación del arte con la experiencia mundana, es decir, esta capacidad del artista de representar a través de sus obras aquello que otros sólo podían experimentar en su interior –por lo general, de manera inconsciente– es lo que otorgaba al arte un valor añadido cuando se trataba de dar validez a la teoría. Según Hertz:

> Interpretations of works of art, then, like those of neurotic symptoms or dreams or slips of the tongue, are bound to reveal unconscious operations that are not peculiar to artists. Among other things, this meant that Freud's essays on art could serve as convenient and engaging illustrations of his theories. (Hertz 1997: xi)

Pero, por la misma razón, esta comunicación con la experiencia mundana era la que ponía al arte en serie con otros fenómenos, y hacía que ese lugar privilegiado estuviera lejos de ser exclusivo. Los síntomas neuróticos, los sueños, los lapsus son estos otros fenómenos que permitían al analista, en el trato con sus pacientes, acceder a las operaciones inconscientes. Pues bien, al pensarlo en esta serie vemos como se relativizaba el lugar aventajado que pudiera tener el arte en el entramado teórico del psicoanálisis freudiano y nos acercamos a lo que Malcolm Bowie vería como su derrota, su domesticación (Bowie 1988: 180-183)[9].

Otro aspecto importante de la relación entre la obra de Freud y la literatura aparece cuando prestamos atención a aquellos textos en los que el psicoanálisis freudiano intentaba ir más allá de la clínica, aquellos textos en los que el psicoanálisis parecía querer trascender el individuo y decir algo acerca de la cultura. ¿Conservaba la literatura esa posición suplementaria, esa función de ejemplo y confirmación de la teoría? ¿Qué pasaba, por otra parte, con la clínica? ¿Y qué papel pasaba a ocupar la creación literaria en relación con ella?

David Carroll aborda este aspecto en su artículo «Institutional authority vs. critical power, or the uneasy relations of psychoanalysis and literature». En un pasaje de su artículo, Carroll realiza un análisis de *El malestar en la cultura* (1930), una obra tardía en la producción de Freud y uno de sus textos «sociológicos» o «culturales» más conocidos y discutidos. El texto, marcado por un profundo pesimismo, abordaba la irremediable disparidad entre las exigencias pulsionales y las restricciones impuestas por la cultura. Esta tensión reflejaba las contradicciones internas que el médico encontraba en sus pacientes y en sí mismo. Por otra parte, el texto trazaba de manera explícita un paralelismo entre el individuo y el grupo y llegaba incluso al diagnóstico de la sociedad como «neurótica». Freud, constituido ya el psicoanálisis como saber en el tratamiento de individuos, emprendía así un estudio de la sociedad.

Sin embargo, en el mismo texto el propio Freud reconocía lo problemático que resultaba este pasaje de un sujeto individual a un sujeto grupal. En el caso del individuo, el médico contaba con el entorno, aceptado como «normal», para establecer el contraste que le servía de punto de apoyo. ¿Pero qué pasaba con un grupo, con una sociedad que se consideraba enferma? «Este telón de fondo no existe en una masa uniformemente afectada, de modo que deberíamos buscarlo por otro lado» (Freud 1981b: 3067). Freud no especificaba dónde, y en lugar de resolver este interrogante, añadía otro:

---

[9] Es importante destacar que Bowie se refiere estrictamente a la poesía y a lo que habría de específico en el lenguaje poético, más que al arte en general.

En cuanto a la aplicación terapéutica de nuestros conocimientos, ¿de qué serviría el análisis más penetrante de las neurosis sociales si nadie posee la autoridad necesaria para imponer a las masas la terapia correspondiente? (1981b: 3067)

La autoridad, aquí, podía ser el poder, la fuerza necesaria para imponer una terapia, pero también la legitimidad, la potestad para decidir un hipotético tratamiento. Si el mismo «médico» formaba parte de la sociedad que estaba siendo analizada y que se diagnosticaba como enferma, cómo podía imponer –en nombre de quién– su diagnóstico y su cura. Tal como enuncia Carroll:

One of the problems with society, then, is the lack of legitimate authority; no institution, no political system, no political party, and certainly no public figure seems to possess it. How could such authority be possessed if society itself is «diseased» and inclined to reject such authority? (1988: 113)

Después de formular esta pregunta, Carroll repasa el modo en que Freud impugnaba los dos principales sistemas políticos de su tiempo como posibles detentadores de esa legítima autoridad. Para Freud, ni el comunismo ni el modelo capitalista norteamericano podían arrogarse dicho privilegio. Sin embargo –y aquí volvemos a la lectura o los usos de la literatura por parte del psicoanálisis– esta búsqueda de una autoridad no sería abandonada por completo. Carroll propone, en cambio, un volverse hacia los «poetas» de parte de Freud:

Freud, however, is not willing to give up the search for legitimate authority, and one of the places to which he frequently turns, when society itself comes up short, is to the «poets», as if psychoanalysis could use their authority in matters where its own and that of society as a whole were both suspect. (1988: 114)

Hemos visto la admiración de Freud por cierta literatura, el papel inspirador de ciertas obras, y el uso de textos literarios como verificación adicional para la teoría. En el caso de *El malestar en la cultura*, se trata de otra cosa. La literatura allí ofrecía una *autoridad*, que se suponía reconocida; se presentaba como una fuente de legitimidad en el preciso momento en el que el psicoanálisis, o la institución psicoanalítica compitiendo con otros saberes, con otros discursos, encontraba sus límites. Lo que Carroll intenta seguir en su artículo es, justamente, la confianza que Freud depositaba en la autoridad de cierta literatura para afrontar el problema de las limitaciones institucionales del psicoanálisis, es decir, para intentar resolver el problema que suponía abordar la cultura con un saber centrado en el individuo.

En este aspecto, la figura que destaca Carroll es la de Romain Rolland, que en el texto de Freud aparecía como un ejemplo de rectitud. Al de Rolland se sumaban otros nombres, otras referencias literarias –algunas filosóficas–, que iban construyendo los cimientos sobre los que se levantaban las especulaciones de Freud: Fontane, Voltaire, Rabelais, Heine, Platón, Twain, Shakespeare, Goethe, Rousseau, Schiller. A lo largo del texto, estas apariciones iban haciendo de la literatura el telos del psicoanálisis, su destino.

Ahora bien, tal vez por ser ella la garante del psicoanálisis, en *El malestar en la cultura* Freud no estudió ni puso en duda su autoridad, la de la literatura, la cual aparecía siempre en este texto como algo dado y cuyo origen no necesitaba explicación. Y tal vez por ello, en lo relativo a la cultura, el psicoanálisis freudiano nunca llegara a destino, y permaneciera, en lo relativo a la cultura, en una actitud especulativa, tentativa, no «científica»: la autoridad que emanaba de la literatura era de un orden distinto al de la razón psicoanalítica.

Recapitulando, podemos identificar al menos tres modos en los que la literatura participó en el corpus freudiano. En primer lugar, la literatura aparecía como objeto de *admiración*, como fuente inspiradora (*Edipo Rey*, *Hamlet*). En segundo lugar, ciertos textos servían de *ejemplo*, estaban allí para ser explicados, interpretados, y para aportar con ello nuevas pruebas de validez a la teoría (*Gradiva*, Hoffmann, Shakespeare). Finalmente, la literatura ofrecía también la *autoridad* necesaria cuando la teoría abordaba asuntos que escapaban a los límites de su dominio (Rolland, Goethe). Estos tres modos, que en ningún caso deben ser pensados como excluyentes entre sí, no pretenden agotar los usos o las formas que ha adoptado la literatura en la obra de Freud. Son sólo algunas posibles conexiones que nos sirven para volver a pensar aquellos vínculos que, en otros tiempos y en otras circunstancias, se establecieron entre psicoanálisis y literatura.

A estos tres modos, y ya para terminar, podríamos sumar un cuarto –si no fuera porque, en cierta forma, ya está comprendido en los otros tres–. Me refiero al uso de la literatura como familia, como *linaje*, es decir, a la inclusión de la literatura en el pensamiento freudiano a través de una relación filial y de parentesco, tal como fuera sugerido por Jacques Derrida en «My chances/*Mes chances:* A rendezvous with some epicurean stereophonies»:

> Freud often said that poets and artists –although he attempted to include their lives and oeuvres within the horizon of psychoanalytic knowledge (to make them lie down horizontally in the clinic)– had always anticipated and indeed overwhelmed the discourse of psychoanalysis. In the sense of filiation as well as authority, literature would be ascendant akin to a house, a family, or a linage. (1988: 17)

¿Qué supondría para el psicoanálisis esta relación filial con la literatura? ¿Qué consecuencias tendría, por ejemplo, para su estatuto «científico»? ¿Qué participación tendría en las múltiples idas y vueltas de la literatura y el psicoanálisis? El artículo de Derrida no respondía de manera directa a estas preguntas.

Lacan y las flores de la retórica

> Que la historia de la lengua y de las instituciones y las resonancias, atestiguadas o no en la memoria, de la literatura y de las significaciones implicadas en las obras de arte, sean necesarias para la inteligencia del texto de nuestra experiencia, es uno hecho del que Freud, por haber tomado él mismo allí su inspiración, sus procedimientos de pensamiento y sus armas técnicas, da testimonio tan abrumadoramente que se lo puede palpar con sólo hojear las páginas de su obra. Pero no juzgo superfluo poner esa condición a toda institución de una enseñanza del psicoanálisis.
>
> Lacan

Las obras literarias que aparecen en los escritos como en los seminarios de Lacan –nombradas, citadas, analizadas, homenajeadas– esconden un gesto de persuasión tan complejo como el de Freud.

En primer lugar, podemos suponer que en sus múltiples referencias a la literatura, Lacan mostraba, al igual que Freud, que era una persona seria, educada, dotada de una gran ambición cultural, un verdadero «hombre de letras». Como es habitual –no sólo en el ámbito psicoanalítico– el conocimiento de la tradición literaria, así como de la tradición filosófica, era parte importante de la posición de autoridad que construía en torno a su figura. Si embargo, la literatura no estaba allí para poner erecta una talla intelectual, o no únicamente para ello –no era una impostura–. En los escritos y en las clases de Lacan, la literatura participaba, como también sucedía en algunos textos de Freud, en la elaboración teórica y en el trabajo psicoanalítico. Recordemos aquel imperativo lacaniano que exigía al psicoanalista un importante manejo de la función poética del lenguaje y la consiguiente asimilación de la tradición literaria:

Esta técnica [el psicoanálisis] exigiría, para enseñarse como para aprenderse, una asimilación profunda de los recursos de una lengua, y especialmente de los que se realizan concretamente en sus textos poéticos. (Lacan 2002c: 284)

¿Y qué mejor que recurrir a la literatura para ello?

Ahora bien, a pesar de una coincidencia general, el modo en que la literatura entraba en la teoría de Lacan era un tanto distinto al uso freudiano. Si para Freud la literatura ofrecía básicamente un «objeto» (de admiración, de interpretación, de autoridad)[10], se puede decir que en los textos de Lacan el discurso literario tuvo un rol más activo, al estar más íntimamente entreverado con la producción de sus conceptos teóricos. La afirmación de Lacan según la cual Freud tomaba su inspiración, su manera de pensar y sus armas técnicas de la literatura y de las significaciones implicadas en las obras de arte (Lacan 2002d: 417) se nos presenta, en este sentido, más como una reflexión indirecta sobre su propia obra que como una descripción del pensamiento de su maestro.

En las páginas siguientes abordaremos esto: veremos cómo el texto literario, considerado inagotablemente ambiguo y plural, se convirtió dentro de la reflexión de Lacan en un verdadero *modelo* para la teoría, y seguramente en el modelo extracientífico más utilizado, siendo también en apariencia el más apreciado si se juzga por los homenajes del que fuera objeto (Bowie 1988: 179).

En relación con el lugar que ocupó la literatura en la teoría lacaniana, y discutiendo con ciertas hipótesis de Derrida, Jean-Michel Rabaté ha señalado en su libro *Lacan literario* la centralidad que para nuestro autor tenían la letra y la literatura dentro del psicoanálisis, centralidad que tendría como correlato sus implacables ataques sobre cualquier tipo de psicoanálisis aplicado, en especial el aplicado a la literatura, ya que este supondría colocar a la literatura en un lugar, si no marginal, al menos subordinado (Rabaté 2007: 13). Para Rabaté, la literatura era determinante en la teoría de Lacan.

> La literatura habita la teoría desde el comienzo, y la hace temblar, vacilar con respecto a su propio estatuto, arruina el milagro de una teoría limpia y pura claramente opuesta a un puñado de «ejemplos» bien escogidos. (2007: 19)

---

[10] Incluso cuando la literatura –*Edipo Rey*, *Hamlet*– pudo cristalizar conceptos claves como el complejo de Edipo, en la pluma de Freud ella no dejaba de aparecer como un «objeto». La literatura ofrecía un modelo, pero la teoría rápidamente se apropiaba de él y borraba los rastros de esa deuda, para luego convertir a la misma literatura en una confirmación de sus formulaciones.

Esta capacidad que se le otorgaba a la literatura de hacer temblar el edificio teórico marcaba ya una diferencia con respecto a los atributos que le ofrecía el corpus freudiano y representaba una de las originalidades del psicoanálisis de Lacan. Desde el comienzo se le colocaba a la literatura en un lugar distinto. ¿Por qué se llevaba a cabo este desplazamiento? ¿Qué otros cambios se habían operado en el psicoanálisis que permitieran dentro de él un nuevo uso de la literatura, esta posibilidad de entrelazarse con la teoría que encontramos en algunos pasajes de la obra de Lacan? Y finalmente, ¿cuáles habrían sido esos nuevos usos?

Sin duda, en su lectura de Freud, en su original «retorno» a Freud, Lacan operó un cambio en la relación del psicoanálisis con los otros discursos, saberes y disciplinas de la época, no sólo con la literatura. En este sentido, la obra de Lacan estableció una ruptura con el sistema de acogida propio del pensamiento freudiano, ruptura a la que Jean-Luc Nancy y Philippe Lacoue-Labarthe han hecho referencia en *El título de la letra*.

> Hasta él [Lacan], efectivamente, se sabe (aunque es menester decir que en gran parte le debemos tal saber...) que la ciencia y la filosofía –o las autoridades constituidas con tales denominaciones– han compartido su «acogida» al psicoanálisis entre algunas de las actitudes clásicas del silencio (desconocimiento o negación), la hostilidad declarada, la anexión, la confiscación o la consagración de los fines, inmutables, de tal o cual aparato teórico.
>
> [...] El mismo Freud, pese a sus declaraciones acerca del carácter revolucionario del análisis, ha sostenido esta afirmación, en lo esencial, en el nivel de una ciencia regional, sumisa, aun cuando sólo fuese por anticipación, a otras jurisdicciones teóricas. (Nancy & Lacoue-Labarthe 1981: 10-11)

Según los autores, la ruptura con este sistema de acogida le permitió a Lacan establecer un nuevo estatuto teórico para el psicoanálisis, abandonando el nivel de «ciencia regional», es decir, le permitió «hacer intervenir, precisamente, el psicoanálisis mismo en un campo teórico, hasta llegar a proponer un nuevo trazado de la entera configuración del uno y el otro, y de uno en el otro» (1981: 11). En algún punto, como veremos, esta misma ruptura se convertiría en la condición para otorgar al texto literario un estatuto diferente dentro de la teoría.

Para Lacan –siguiendo a Nancy y Lacoue-Labarthe– la verdad de Freud exigía el recurso a otras ciencias, diferentes de aquellas que parecían delimitar su campo original –la biología y la psicología–, y por ello se le presentaba como necesario, para articular de nuevo el discurso psicoanalítico, construir todo un sistema de préstamos de otros saberes como la lingüística, la etnología estructural y la lógica combinatoria (1981: 12). El medio positivista post-romántico de la Viena finisecular de Freud había sido remplazado por el clima estructuralista y existencialista del Paris de Lacan de los años cincuenta. Bajo la luz que irradiaba esta diferencia, el deber que Lacan imponía al analista de asimilar de manera profunda los recursos de la lengua poética adquiría otro alcance. En la medida en que la literatura y el lenguaje en general pasaron a ocupar otro lugar dentro de la teoría y el pensamiento de la época, dicho deber alcanzaba no sólo al clínico, sino también al teórico[11].

En este diálogo del psicoanálisis con otros discursos, la literatura adquiría una nueva circulación, comparable –aunque diferente– a la que adquiría, en esa misma época, en otras disciplinas como la filosofía[12]. No se trata, no obstante, de justificar este nuevo lugar del texto literario en el entramado teórico del psicoanálisis simplemente por medio de un cambio en el contexto cultural. También debemos atender a la operación propia de Lacan, a aquellos elementos inherentes a su obra, y así dar cuenta de algunos de los usos específicos que la literatura tuvo en ella.

Para estudiar los modos en que Lacan acude a la literatura y las diferencias que esos modos pueden tener con respecto a los señalados en la obra de Freud, podemos observar, para empezar, los usos que ambos autores han hecho de la cita literaria, tan recurrente en sus obras. Malcolm Bowie se ha detenido sobre este asunto, y ha señalado a partir de él una diferencia importante entre la escritura de Freud y la de Lacan. Para sostener su lectura, el crítico ha tomado el ejemplo de *Hamlet*, y ha señalado los modos diferentes en que la obra de Shakespeare apareció citada, por un lado, en *La interpretación de los sueños* (1900), y por el otro, en «Acerca de la causalidad psíquica» (1946), de Freud y Lacan respectivamente.

Siguiendo a Bowie, se puede afirmar que, por regla general, Freud citaba con aprobación. En sus textos, él subrayaba en cada cita la cordura y la verdad

---

[11] Esta atmósfera existencialista y estructuralista se trasladaría –adaptada a un contexto cultural y político diferente– a Buenos Aires, y su nueva articulación de los saberes afectaría tanto al lugar otorgado al psicoanálisis como a su relación con otros discursos. Durante los años sesenta y setenta se extenderían estas transformaciones, y los usos del psicoanálisis hechos desde la literatura serían deudores de estos cambios.

[12] La bibliografía es vasta, pero pienso fundamentalmente en los aportes y los argumentos de Jacques Derrida. Véase «Edmond Jabès et la question du livre» (1964), «La parole soufflée» (1965), «Le théâtre de la cruauté et la clôture de la représentation» (1966), «La mytologhie blanche. La métaphore dans le texte philosophique» (1971), «Qual quelle. Les sources de Valéry» (1971), etcétera

que en ella se escondían, las cuales habitualmente confirmaban –como hemos enunciado antes– sus propias formulaciones teóricas. ¿No eran los sueños más delirantes –el objeto de la investigación– como el príncipe en su aparente locura? ¿No escondía –los sueños, la locura de Hamlet– bajo su manto de sinsentido una verdad escondida?

> Le texte de Shakespeare, comme celui de Heine et tant d'autres cités dans *L'interprétation des rêves*, nous ramène vers le monde sémantique stable que sa surface volatile semble d'abord vouloir à tout prix nous cacher. (Bowie 1988: 183)

Si escuchamos atentamente el discurso delirante de Hamlet –parece decirnos Freud en esta lectura de Bowie– podemos percibir la sensatez que esconde por detrás.
El caso de Lacan era distinto.

> L'ambition de Lacan, au contraire, est d'être fou avec Hamlet et d'opter délibérément pour le pluriel dans son écriture, qu'elle imite ou qu'elle défie les textes littéraires cités. Tandis que Freud exerce un contrôle rigoureux sur la puissance textuelle de ses citations, l'enseignement de Lacan vise avant tout à libérer à nouveau cette puissance, et cela afin de se conformer au plus strict des principes psychanalytiques. (Bowie 1988: 183)

Si Freud, al enfrentarnos con una cita literaria, nos conducía –a través de su superficie fluctuante y ambigua– hacia un mundo semántico estable, Lacan parecía, por el contrario, querer retener esa inestabilidad para su propio discurso. Esta solidaridad del texto receptor con la cita literaria, propia de la obra de Lacan, ha sido señalada por Bowie en un pasaje de «Acerca de la causalidad psíquica». Allí, el discurso del analista se superponía por un instante con la obra de Shakespeare, llegando a poner en su boca la voz de la locura del príncipe. Esto sucedía precisamente en el momento en que, a través de la anáfora, la prosa de Lacan parecía cambiar el registro habitual del discurso científico y romper con el orden de la argumentación lógica[13].

Esta forma de citar, tan distinta a la que podíamos encontrar en Freud, es muy característica del texto lacaniano y nos sirve para introducir aquí algunos de los modos en que la literatura ingresó en él, modos que –para los fines de este apéndice– he agrupado en tres. Se puede decir que el texto literario, en

---

[13] Véase el párrafo dedicado a la palabra *rideau* (telón) en el segundo apartado del texto (Lacan 2002a: 157).

este caso *Hamlet*, ofrecía al analista, en este caso Lacan, un *archivo* –utilizado para configurar un estilo–, una *crítica* y un *lente*.

Cuando hablo de *archivo* me refiero a un archivo distinto de aquel que podíamos encontrar en la obra de Freud. Si para éste los textos literarios –y el arte en general– ofrecían en gran medida un archivo de «casos» en los cuales confirmar o poner a prueba su teoría, para Lacan, en cambio, la literatura aportaba de manera permanente un completo archivo de metáforas, imágenes, efectos glosolálicos y escenas memorables, puestos a disposición del analista, en tanto escritor u orador (Bowie 1988: 185). Se trataba, en definitiva, de un archivo del cual se podía extraer, como un tesoro, la ambigüedad propia del lenguaje poético, una determinada ambigüedad que para Lacan parecía seguir siendo un atributo de la literatura. La referencia a Hamlet a la que hemos aludido, en la que la voz del príncipe «enloquecía» a un discurso «científico» impulsado por la anáfora, ofrecía un uso temprano –1946– de la literatura como archivo de imágenes y figuras retóricas. Desde entonces, la literatura aparecería como ese tesoro al que Lacan habría de volver en varias oportunidades para modular el registro de su voz y de su enseñanza.

Una de las instancias en las que apareció mejor expresado este uso es un pequeño escrito de 1971, «Lituraterre», publicado en la revista *Littérature* de la Université Paris VIII y leído en su seminario ese mismo año (Lacan 1971). En este texto Lacan abordaba una vez más la problemática relación entre el sentido y lo real, y lo hacía de una manera muy personal, poniendo sobre la mesa las armas retóricas que había ido adoptando a lo largo de su producción teórica. El mismo título del texto surgía de un recurso de la lengua popular que llegaría a la lengua culta a través de la literatura –a través de autores como Rabelais, que el mismo Lacan invocaba en su artículo–. Me refiero al *contrepet*, un juego de palabras que –invirtiendo los sonidos– le permitía pasar de «littérature» a «lituraterre» y llevar su argumentación –por vía de la etimología– al desplazamiento que propusiera Joyce entre «a letter» y «a litter». Lacan se deleitaba allí en las posibilidades que cierto uso literario del lenguaje ofrecía a la elaboración de su propuesta teórica –«On ne s'étonnera pas de m'y voir procéder d'une démonstration littéraire puisque c'est là marcher du pas dont la question se produit» (Lacan 1971: 6)– y releía –en función de aquel desplazamiento joyceano– uno de los textos centrales de su producción, «El seminario sobre La carta robada».

Este uso repetido de la literatura como archivo retórico tuvo como consecuencia la construcción de un estilo. Desde la cita de Buffon que abría los

Écrits, el estilo de Lacan ha sido objeto de estudio de la mayoría de los críticos que se acercaron a su obra. No es gratuito este interés puesto que el estilo –ya se tratase del estilo de su pensamiento, el de su prosa o el de su enseñanza– estuvo siempre fuertemente articulado con su teoría, con sus conceptos y con los modos en que estos se han relacionado. No abordaré aquí las múltiples reflexiones que este estilo ha provocado tanto en el propio Lacan como en sus lectores[14]. Lo que me interesa son más bien aquellas características de su estilo que dan cuenta de un nuevo estatuto de la literatura en su teoría.

Estos tres términos –estilo, literatura y teoría– han estado siempre muy interrelacionados en la obra de Lacan. Si por un lado ha sido su particular estilo el que ha permitido o vehiculizado un nuevo régimen para la literatura en la teoría, por el otro ha sido la literatura la que, en gran medida, ha moldeado dicho estilo y –a través de él– intervenido en la teoría. En este sentido, podemos decir con Bowie que la escritura de Lacan intentó parecerse a aquellas que observaba, y que –como se aprecia en el pequeño texto «Liturattere»– Lacan «[tenta] de voir fleurir ses tropes en contemplant les fleurs de rhétorique des autres écrivains» (1988: 187).

En definitiva, las figuras retóricas que utilizaba Lacan en sus textos –como aquella anáfora que en 1946 sustraía el pasaje de un discurso de la dimensión temporal de una argumentación lógica– tenían su origen en la literatura. A través de ellas, su escritura adquiría un peso literario poco habitual.

Así como la literatura en tanto *archivo* estaba vinculada en la prosa de Lacan a un estilo –la literatura como fuente inagotable de estilo–, este modo de participación del texto literario en la escritura lacaniana no puede pensarse separado de un segundo uso, la literatura como *crítica*. Jean-Michel Rabaté se ha detenido en este punto, el cual estaría vinculado con la radicalidad del pensamiento lacaniano, con la ruptura del sistema de *acogida* que ya señalaban Nancy y Lacoue-Labarthe, y con la ubicación institucional que la intervención lacaniana llevaría a cabo.

En primer lugar, debemos precisar que la crítica que vehiculizaba este uso de la literatura era, ante todo, una crítica discursiva cuyo objeto era el modelo de la ciencia. El texto literario entraba –en la medida en que moldeaba el estilo de escritura de Lacan y lo complejizaba– como crítica de la presunta transparencia del discurso científico. La recurrencia a figuras retóricas «literarias», ajenas a la argumentación científica –la cual utilizaba, por cierto, otras figuras–, alcanzaba así su verdadera significación.

---

[14] Véase «Lacan sur le style, sur le style de Lacan» de Michel Arrivé.

> La complejidad superficial de la obra de Lacan adopta su verdadera significación, cuando fuerza a los lectores a cuestionar la presunta transparencia del discurso científico y les obliga a tornarse conscientes del papel productivo de la equivocación, de la dislocación sintáctica, del juego de palabras, en resumen, a experimentar el lenguaje no meramente como un medio de comunicación, sino como un mediador que posibilita el pensamiento. (Rabaté 2007: 9)

No podemos negar que esta percepción del lenguaje como un mediador que no sólo transmite sino que posibilita el pensamiento no fuera ajena a las primeras formulaciones del psicoanálisis. Este papel productivo del lenguaje, que estaba relacionado con su materialidad, ya lo encontraba Freud en el discurso de sus pacientes. El propio Lacan nos lo ha recordado con insistencia, como en este pasaje de «La instancia de la letra en el inconsciente o la razón desde Freud»:

> Así es como en *La interpretación de los sueños* no se trata en todas las páginas sino de lo que llamamos la letra del discurso, en su textura, en sus empleos, en su inmanencia a la materia en cuestión. Pues ese trabajo abre con la obra su camino real hacia el inconsciente. (Lacan 2002e: 489)

Sin embargo, no fue hasta Lacan que el valor productivo del lenguaje adquirió todo su alcance en cuestiones como la transmisión y la producción teórica del psicoanálisis.

Este rol crítico de un lenguaje emparentado con la literatura lo podemos ver en aquel uso de determinadas figuras retóricas en «Acerca de la causalidad psíquica». Allí, estas figuras extrañas al discurso de la ciencia –como ya hemos sugerido– discutían por su sola presencia con el carácter transparente de un lenguaje científico cuya inocencia se había vuelto imposible. Pero más aún, la crítica que el estilo transmitía venía unida a una dura crítica conceptual enfocada en un determinado modelo teórico. Tal como Lacan mismo lo explicitaba en sus primeras líneas, este texto representaba un ataque a la teoría organicista de la locura que el autor centralizaba en la figura de Henri Ey. Y es dicho ataque el que se realizaba por medio de una escritura y una exposición novedosas, formas que en 1946 no podían sino resultar enigmáticas o incluso escandalosas para un público originalmente compuesto, en su mayoría, por psiquiatras. Ambos niveles –el de una crítica teórica o conceptual y el de una crítica discursiva o estilística–, niveles que aquí como en gran parte de la obra lacaniana no pueden pensarse de manera independiente, daban al texto, junto con su novedoso tratamiento de la locura, todo su alcance. De hecho, las consecuencias políticas en el ámbito institucional que este texto pudo tener, y que habrían revelado por parte de Lacan la búsqueda de un lugar o una voz propia dentro del psicoanálisis, deben vincularse con ambos niveles de intervención.

En la medida en que, de acuerdo a Lacan, «el fenómeno de la locura no es separable del problema de la significación para el ser en general, es decir, del lenguaje para el hombre» (Lacan 2002a: 156), el gran error de los organicistas había sido ignorar justamente aquellos procesos mentales propios de la locura que la convertían en un modo de significación. Como ha señalado Malcolm Bowie:

> Contre ceux qui désireraient marginaliser les processus mentaux de la «folie» et qui utilisent des notions étroites de la «vérité» afin de condamner les esprits fous à l'erreur, Lacan réaffirme la dignité de ces processus en tant que thème d'investigation scientifique, et leur capacité de révéler à un niveau de complexité approprié la structure de l'appareil psychique en général – fou ou sain d'esprit, normal ou pathologique. (Bowie 1988: 184)

Se trataba, entonces, de rechazar las nociones estrechas de la verdad que utilizaban los organicistas cuando se abocaban al estudio de la locura y de investigar, en su lugar, el problema de la significación. Para ambas tareas, que partían de una noción de la palabra ya no como signo sino como «nudo de significación», Lacan parecía formular la pertinencia de la literatura. Justo después de discutir el problema de la verdad –no hay ningún metalenguaje; la verdad no puede nunca ser dicha en un discurso filosófico o científico hecho de definiciones preliminares, conceptos básicos, axiomas fundamentales; todos estamos sumergidos en un mundo de efectos lingüísticos, incluso antes de nuestro nacimiento–, el texto introducía un párrafo plagado de referencias a la literatura. A través de menciones directas y a través del estilo, de sus figuras retóricas, el autor parecía querer invocar lo que Bowie llama el «monde luxuriant de la signification littéraire», restituyendo así a su discurso la sobredeterminación que era su condición ineluctable.

De esta forma, la literatura adquiría en la prosa de Lacan su capacidad crítica, la cual era posible puesto que ella, la literatura, en palabras de Bowie, «exhibe et dramatise le moyen de communication linguistique dans lequel s'effectue toute production de sens» (Bowie 1988: 185)[15].

---

[15] Como sucede con todo uso, esta función crítica que tiene la literatura en la reflexión psicoanalítica depende en gran parte de su contexto de enunciación. No tenía la misma función

Este valor crítico que se le asignaba a la literatura, a partir del cual podemos ver con claridad la necesidad que enunciaba Lacan de una asimilación de los recursos de una lengua y de sus textos poéticos, estaba asimismo emparentado con un tercer uso. Decíamos que el texto literario ingresaba en la obra de Lacan no sólo como archivo y crítica, sino también como *lente*, como un cristal a través del cual el analista podía comprender algo nuevo de la estructura del sujeto. Este uso, el lente, no estaba, separado de los otros dos.

Una idea como ésta –la literatura como lente que permite comprender algo nuevo de la estructura del sujeto–, por supuesto, debe ser matizada. En primer lugar, debemos decir que en esta búsqueda Lacan nunca olvidó que su aproximación se basaba en una «experiencia», la experiencia psicoanalítica –su obra no se inscribía, por ejemplo, en la filosofía, aunque por momentos sus intervenciones reenviaran los argumentos a este campo–. Por otra parte, debemos precisar que en la reflexión psicoanalítica este rol de *lente* no era exclusivo de la literatura. Autores como Platón, Hegel o Heidegger, por mencionar sólo algunos, aparecían habitualmente en sus textos, brindando también distintos modos de comprensión de los fenómenos psíquicos.

Más allá de esto, es innegable que la literatura –como sostiene Rabaté– le proporcionaba a Lacan «modelos incomparablemente significativos que permiten tanto al psicoanalista como a los pacientes comprender nuevas configuraciones en sueños, síntomas, actos fallidos» (Rabaté 2007: 15). Conceptos cruciales de la teoría lacaniana –la «letra», el «síntoma», el «goce»– se levantaron sobre distintos aspectos de la literatura, o sobre la textualidad de determinadas obras. Rabaté, por ejemplo, ha señalado cómo el concepto de «deseo» manejado por Lacan resultaba indisociable del concepto de tragedia que él mismo rastreó en Sófocles, Shakespeare y Claudel, y cómo su noción cómica del *falo* estaba íntimamente ligada al género de la comedia, que indagó en Aristófanes, Molière y Jean Genet (Rabaté 2007: 24).

En estos casos, las obras y los géneros literarios se convertían en una suerte de instrumento óptico, en una herramienta de comprensión, que no podía ser reducido a la mera ejemplaridad. El propio Hamlet, del cual en 1946 había tomado prestada su locura, le sirvió a fines de los años cincuenta como lente

---

en 1946 que en 1971, cuando el aporte teórico, la enseñanza y el particular estilo de Lacan ya estaban, indudablemente, más afianzados. No tendría hoy, por ejemplo, la misma función en un congreso de psiquiatría que en uno de literatura comparada.

para releer −y criticar− la teoría del Edipo de Freud, al tiempo que enunciaba una nueva dialéctica del deseo (Rabaté 2007: 29)[16].

No intentaré agotar aquí la participación de la literatura como *lente* en la reflexión lacaniana, puesto que esto demandaría un libro en sí mismo. Me centraré, en cambio, en un caso que nos puede dar la medida de esta participación. Para ello quiero detenerme en un pasaje de la enseñanza de Lacan de los años 1959 y 1960, volcada en el libro siete de su seminario, *La ética del psicoanálisis*. La lectura que Lacan hacía allí de la tragedia *Antígona* de Sófocles y el camino que encontraba en ella para la articulación de proposiciones claves de su teoría −tales como «el deseo es el deseo del Otro»− puede considerarse paradigmática de este «uso» de la literatura.

Lacan atribuía un papel determinante a la tragedia −como género− en la experiencia psicoanalítica. En algún punto, ella era constitutiva del psicoanálisis: «...la tragedia está presente en el primer plano de nuestra experiencia, en tanto que psicoanalistas» (Lacan 2003: 294). Este primer plano lo manifestaban −decía Lacan− las múltiples referencias que Freud había hecho al Edipo y a otras tragedias. Pero en este caso, él se centraba en Antígona, ya que «*Antígona*, en efecto, permite ver el punto de mira que define el deseo» (Lacan 2003: 298).

Esta mira, este propósito u objetivo, estaba definido en parte por la historia, por el mito, en la medida que apuntaba hacia el personaje, hacia esa imagen que detenta un misterio inarticulable, la imagen fascinante de Antígona misma, esa víctima terriblemente voluntaria[17]. Pero el interés y la reflexión de Lacan se centraban más bien en el mismo texto de Sófocles, en su textualidad. Es este interés el que colocaba en su lectura la obra por delante del mito −en una operación distinta a la de Freud−, y el que le permitía sostener que «este *texto* merece desempeñar un papel para nosotros» (Lacan 2003: 308; énfasis mío). Lacan estaba, en efecto, muy atento a las incidencias del propio texto, y eso lo llevaba a concentrarse en él:

---

[16] Véase «Desire and the interpretation of desire in *Hamlet*», donde Lacan recoge las enseñanzas de su seminario de 1958-59 (Lacan 1977a).

[17] Recordemos someramente. La tragedia de Sófocles comenzaba con un diálogo entre Antígona y su hermana Ismene acerca de un edicto pronunciado por Creonte, rey de Tebas, mediante el cual prohibía hacer ritos funerarios y dar sepultura al cuerpo de Polinices, hermano de ambas. Antígona se negaba a aceptar este edicto y actuaba en consecuencia. Por desobedecer la ley de Creonte, Antígona era condenada a muerte. Lejos de arrepentirse, Antígona aceptaba la muerte prematura como una ganancia.

Quisiera simplemente, para introducirla [a Antígona, el personaje], hacer algunos comentarios y para ir directo a la meta, decirles el término en el que se centra el drama de Antígona, término repetido veinte veces, lo cual en un texto tan breve resuena por cuarenta, lo cual no impide que también pueda no leérselo –*Ate*. (Lacan 2003: 314)[18]

Partiendo de la insistencia del texto, Lacan hacía gravitar su reflexión alrededor de este término griego. «Esta palabra es irremplazable. Designa el límite que la vida humana no podría atravesar mucho tiempo» (Lacan 2003: 315). La fatalidad hacia la que Antígona se dirigía voluntariamente y que la hacía salir de los límites humanos –como lo planteaba el coro– estaba definida por él. «Que Antígona salga así de los límites humanos, ¿qué quiere decir para nosotros? –sino que su deseo apunta muy precisamente a lo siguiente –al más allá de la *Ate*» (Lacan 2003: 316).

Este compromiso de Lacan con el texto lo llevaba a encontrar, precisamente en los desvíos de esta palabra, las características de ese deseo. Ese acercarse a la fatalidad que realizaba Antígona estaba determinado por la naturaleza de una palabra que se vinculaba no sólo con un deseo hasta cierto punto personal sino también con un linaje.

Uno se acerca o no a *Ate* y cuando uno se acerca a ella eso se debe a algo que, en este caso, está vinculado con un comienzo y con una cadena, la de la desgracia de la familia de los Labdácidas. Cuando uno comenzó a acercarse a ella, las cosas se encadenan en cascada y lo que se encuentra en el fondo de lo que sucede en todos los niveles de este linaje es, nos dice el texto, un *mérimna*, que es casi la misma palabra que mneme [memoria en griego], con el acento de *resentimiento*. Pero es harto falaz traducirlo así, pues el resentimiento es una noción psicológica, mientras que *mérimna* es una de esas palabras ambiguas entre lo subjetivo y lo objetivo, que nos brindan, hablando estrictamente, los términos de la articulación significante. El *mérimna* de los Labdácidas empuja a Antígona hacia las fronteras de *Ate*. (2003: 316)

Este *mérimna*, palabra ambigua, «entre lo subjetivo y lo objetivo», es lo que en la lectura de Lacan impedía a Antígona actuar de otro modo.

Igualmente, cuando Electra dice– ¿Por qué remueves, te metes sin cesar en la *Ate* de tu casa, por qué te obstinas en despertar sin cesar ante Egisto y tu madre

---

[18] *Ate*, en griego, significa extravío, calamidad, ruina, fatalidad, y nombra a la diosa correspondiente, personificación de los actos irreflexivos y sus consecuencias funestas.

el asesinato fatal? ¿No eres tú la que atrae todos los males resultantes sobre tu cabeza? A lo cual el otro responde —Estoy muy de acuerdo, pero no puedo hacer otra cosa. (2003: 332)

Y es allí, en la presencia de este *mérimna* familiar, donde Lacan encontraba la diferencia entre Antígona y Creonte —que también con su acción provocaba su propia desgracia—[19]. El de Antígona no era un error propio, como en el caso de Creonte, cuya acción estaba designada por la *hamartía*, el error, el atolondramiento. El deseo de Antígona, por el contrario, estaba determinado por esa fuerza ambigua «entre lo subjetivo y lo objetivo», y su lugar estaba definido por la *allotria ate*: «la Ate que depende del Otro, del campo del Otro, no le pertenece a Creonte, es en cambio el lugar donde se sitúa Antígona» (2003: 333). El deseo de Antígona, en este sentido, se podía enunciar como el deseo del Otro.

Esta lectura de la *Antígona* de Sófocles le permitía formular a Lacan, a través del derrotero del personaje y de la textualidad de la propia obra, su célebre aforismo «el deseo es el deseo del Otro». Y las derivaciones de esta proposición repercutían en la teoría, tanto en la estructura del sujeto como en las consideraciones sobre la práctica psicoanalítica.

> Lo que el sujeto conquista en el análisis, no es solamente este acceso, incluso, una vez repetido, siempre abierto en la transferencia a algo de otro que da a todo lo que vive su forma —es su propia ley cuyo escrutinio verifica el sujeto, si me permiten la expresión. Esa ley es en primer término algo que comenzó a articularse antes que él, en las generaciones precedentes y que es hablando estrictamente la *Ate*. Esa *Ate*, aunque no siempre alcance lo trágico de la *Ate* de Antígona, no por ello deja de ser pariente de la infelicidad. (Lacan 2003: 358)

Era esa ley que comienza siempre a articularse antes que el sujeto y la cual éste desconoce, esa ley que en buena medida la literatura ha permitido formular y precisar en sus términos, la que definía la estructura del deseo en ese momento de la enseñanza de Lacan. Como él mismo proponía, «…aquello sobre lo que se es más ignorante es sobre las leyes en tanto que ellas vienen del cielo, las mismas leyes que las de Antígona. […] Las leyes del cielo en cuestión son efectivamente las leyes del deseo» (2003: 386). La literatura, en este pasaje,

---

[19] Al encontrar a Antígona ahorcada en el sepulcro donde había sido encerrada viva, Hemón, hijo de Creonte y prometido de aquella, se suicidaba. Eurídice, madre de Hemón y esposa de Creonte, al conocer la noticia hacía lo mismo.

funcionaba como *lente*. No sólo brindaba una posible definición de la estructura del deseo, sino que permitía al psicoanalista recordarnos el valor productivo que el lenguaje poético tenía en la teoría.

Archivo, crítica y lente, la literatura resultó inseparable de la evolución del discurso lacaniano. De alguna manera, la literatura se convirtió en la *Ate* del psicoanálisis, es decir, en su fatalidad, su extravío. Un extravío que fue también una apertura. Como decía Lacan: uno se acerca o no a su *Ate*, pero si se acerca, eso supone el comienzo de algo nuevo.

Bibliografía

AA.Vv. (1973): *Literal* 1.
AA.Vv. (1975): *Literal* 2/3.
AA.Vv. (1977): *Literal* 4/5.
AA.Vv. (1977): *Cuadernos Sigmund Freud* 5/6, julio.
ALTAMIRANO, Carlos & SARLO, Beatriz (1983): *Literatura/Sociedad*. Buenos Aires: Hachette.
AMAR SÁNCHEZ, Ana María & STERN, Mirta & ZUBIETA, Ana María (1982): «La narrativa entre 1960 y 1970. Saer, Puig y las últimas promociones». En Zanetti, Susana (dir.): *Historia de la literatura argentina. Volumen 5: Los contemporáneos.* Buenos Aires: Centro Editor de América Latina, 649-672.
ANGUITA, Eduardo & CAPARRÓS, Martín (1997): *La Voluntad. Tomo I.* Buenos aires: Grupo Editorial Norma.
ARRIVÉ, Michel (1994): «Lacan sur le style, sur le style de Lacan». En Molinié, Georges & Cahné, Pierre (eds.), *Qu'est-ce que le style?* Paris: PU de France, 45-61.
ASTUTTI, Adriana (2001): *Andares clancos. Fábulas del menor en Osvaldo Lamborghini, J.C. Onetti, Rubén Darío, J.L. Borges, Silvina Ocampo y Manuel Puig.* Buenos Aires: Beatriz Viterbo.
BALDERSTON, Daniel (2004): «El significado latente en *En el corazón de junio* de Luis Gusmán y *Respiración artificial* de Ricardo Piglia». En Aa.Vv.: *Escrito por los otros. Ensayos sobre los libros de Luis Gusmán.* Buenos Aires: Grupo Editorial Norma, 103-122.
BARCO, Oscar del (1968): *Memoria de aventura metafísica.* Córdoba: Eudecor.
BARTHES, Roland (1996): *El placer del texto y lección inaugural.* México: Siglo XXI.
BELVEDERE, Carlos (2000): *Los Lamborghini, ni atípicos ni excéntricos.* Buenos Aires: Colihue.
BLOOM, Harold (1994): *The western canon: the books and school of the ages.* New York: Harcourt Brace & Company.
BONASSO, Miguel (2002): *El presidente que no fue. Los archivos ocultos del peronismo.* Buenos Aires: Planeta.
BOSTEELS, Wouter & RODRÍGUEZ CARRANZA, Luz (1995): «El objeto Sade. Genealogía de un discurso crítico: de *Babel, revista de libros* (1989-1991) a *Los Libros*

(1969-1971)». En Spiller, Roland (ed.): *Culturas del Río de la Plata (1973-1995). Trangresión e intercambio*. Frankfurt am Main: Vervuert Verlag, 313-338.

BOWIE, Malcolm (1988): *Freud, Proust et Lacan. La théorie comme fiction*. Paris: Éditions Denoël.

BRAUNSTEIN, Néstor (1990): *Goce*. México: Siglo XXI.

— (2003): «Desire and jouissance in the teachings of Lacan». En Rabaté, Jean-Michel (ed.): *The Cambridge Companion to Lacan*. Cambridge: Cambridge University Press, 102-115.

CARROLL, David (1988): «Institutional authority vs. critical power, or the uneasy relations of psychoanalysis and literature». En Smith, Joseph & Kerrigan, William (eds.): *Taking chances: Derrida, psychoanalysis and literature*. Baltimore: Johns Hopkins University Press, 107-134.

CATELLI, Nora (1983): «Construir la novela». En *Punto de Vista* 19, 46-47.

COSSE, Isabella (2003): «Germán Leopoldo García y *Nanina*: claves de lectura para una novela de los 60». En *Hispamérica* 96, 103-114.

CUADERNOS SIGMUND FREUD (2005): En García, Germán: *El psicoanálisis y los debates culturales. Ejemplos argentinos*. Buenos Aires: Paidós.

DELEUZE, Gilles (2005): «Cinco propuestas sobre el psicoanálisis». En *La isla desierta y otros textos. Textos y entrevistas (1953-1974)*. Valencia: Pre-Textos, 347-354.

DELEUZE, Gilles & GUATTARI, Félix (1985): *El Anti-Edipo. Capitalismo y esquizofrenia*. Barcelona: Paidós.

DERRIDA, Jacques (1988): «My chances/*Mes chances:* A rendezvous with some epicurean stereophonies». En Smith, Joseph & Kerrigan, William (eds.): *Taking chances: Derrida, psychoanalysis and literature*. Baltimore: Johns Hopkins University Press, 1-32.

ELLENBERGER, Henri (1976): *El descubrimiento del inconsciente. Historia y evolución de la psiquiatría dinámica*. Madrid: Editorial Gredos.

FELMAN, Shoshana (1982): «To open the question». En Felman, Shosana (ed.), *Psychoanalysis and literature. The question of reading: otherwise*. Baltimore: The Johns Hopkins University Press, 5-10.

FERNÁNDEZ, Leopoldo (1969): «Los nombres de la negación». En Lamborghini, Osvaldo: *El fiord*. Buenos Aires: Ediciones Chinatown, 29-48.

FOUCAULT, Michel (1996): *Las palabras y las cosas. Una arqueología de las ciencias humanas*. México: Siglo XXI.

FREUD, Sigmund (1974): «Carta al traductor». En Starobinski, Jean: *La relación crítica. (Psicoanálisis y literatura)*. Madrid: Taurus Ediciones.

— (1979): «La negación». En *Obras completas. Tomo XIX*. Buenos Aires: Amorrortu, 249-257.

— (1981a): *El delirio y los sueños en la «Gradiva» de W. Jensen*. En *Obras completas. Tomo II*. Madrid: Biblioteca Nueva, 1285-1336.

— (1981b): *El malestar en la cultura*. En *Obras completas. Tomo III*. Madrid: Biblioteca Nueva, 3017-3067.
— (1981c): «El tabú de la virginidad». En *Obras completas. Tomo III*. Madrid: Biblioteca Nueva, 2444-2453.
— (1981d): *Totem y tabú. Algunos aspectos comunes entre la vida mental del hombre primitivo y los neuróticos*. En *Obras completas. Tomo II*. Madrid: Biblioteca Nueva, 1745-1850.
García, Germán Leopoldo (1968): *Nanina*. Buenos Aires: Editorial Jorge Álvarez.
— (1969): *Cancha rayada*. Buenos Aires: Editorial Jorge Álvarez.
— (1975a): *La vía regia*. Buenos Aires: Ediciones Corregidor.
— (1975b): *Macedonio Fernández: la escritura en objeto*. Buenos Aires: Siglo XXI.
— (1975c): S/T, Texto de contratapa. En Luis Gusman, *Brillos*. Buenos Aires: Sudamericana.
— (1992): *Oscar Masotta. Los ecos de un nombre*. Barcelona: Ediciones Eolia.
— (1995): «Y cada tanto, sade». En Bosteels, Wouter & Rodríguez Carranza, Luz: «El objeto Sade. Genealogía de un discurso crítico: de *Babel, revista de libros* (1989-1991) a *Los Libros* (1969-1971)». En Spiller, Roland (ed.): *Culturas del Río de la Plata (1973-1995). Trangresión e intercambio*. Frankfurt am Main: Vervuert Verlag.
— (2003): «La intriga en Osvaldo Lamborghini». En *Fuego amigo. Cuando escribí sobre Osvaldo Lamborghini*. Buenos Aires: Grama Ediciones, 43-49.
— (2005): *El psicoanálisis y los debates culturales. Ejemplos argentinos*. Buenos Aires: Paidós.
García, Germán & Costa, Flavia (2002): «Las cajas chinas de un escritor. Entrevista con Germán García». En *Clarín*, 20 de febrero.
García, Germán & González, Horacio & Rinesi, Eduardo (1994): «La cultura como violación. Entrevista con Germán L. García». En *El ojo mocho* 5, 25-49.
Gasparini, Juan (1999): *Montoneros. Final de cuentas*. La Plata: De la Campana.
Gilman, Claudia (2003): *Entre la pluma y el fusil. Debates y dilemas del escritor revolucionario en América Latina*. Buenos Aires: Siglo XXI.
Giordano, Alberto (1990): «Elogio de la polémica (a propósito de los ensayos literarios de Oscar Masotta)». En *Punto de Vista* 38, 24-27.
— (1999): «*Literal* y *El frasquito*: las contradicciones de la vanguardia». En *Razones de la crítica. Sobre literatura, ética y política*. Buenos Aires: Colihue.
Gusman, Luis (1973a): *El frasquito*. Buenos Aires: Ediciones Noé.
— (1973b): «Aparecer». En *Literal* 1, 83-88.
— (1975a): *Brillos*. Buenos Aires: Sudamericana.
— (1975b): «Poses». En *Literal* 2/3, 81-82.
— (1977a): «El rostro del ausente». En *Literal* 4/5, 119-127.
— (1977b): «Martínez Estrada: El olvido y el incesto». En *Literal* 4/5, 67-73.
— (1978): *Cuerpo velado*. Buenos Aires: Corregidor.
— (1983): *En el corazón de junio*. Buenos Aires: Sudamericana.

— (1999): «Nota de autor». En *En el corazón de junio*. Buenos Aires: Grupo Editorial Norma.
— (2008): «Sebregondi no retrocede». En Dabove, Juan Pablo & Brizuela, Natalia (eds.): *Y todo el resto es literatura: ensayos sobre Osvaldo Lamborghini*. Buenos Aires: Interzona Editora, 33-54.

HERTZ, Neil (1997): «Foreword». En Freud, Sigmund: *Writings on Art and Literature*. Stanford: Stanford University Press, *ix-xx*.

JINKIS, Jorge (2004): «El cuerpo desvelado de la estatua». En Aa.Vv.: *Escrito por los otros. Ensayos sobre los libros de Luis Gusmán*. Buenos Aires: Grupo Editorial Norma, 51-61.

JITRIK, Noé (1999): «Las marcas del deseo y el modelo psicoanalítico». En Jitrik, Noé (ed.): *Historia crítica de la literatura argentina. Volumen 10: La irrupción de la crítica*. Buenos Aires: Emecé, 19-32.

LACAN, Jacques (1971): «Lituraterre». En *Littérature* 3, 3-10.
— (1977a): «Desire and the interpretation of desire in *Hamlet*». En *Yale French Studies* 55/56, 11-52.
— (1977b). «Sobre el barroco». *Literal* 4/5, 39-53.
— (1994). «La función del velo». En *El seminario de Jacques Lacan. Libro 4: La relación de objeto. 1956-1957*. Barcelona: Ediciones Paidós, 153-166.
— (2002a): «Acerca de la causalidad psíquica». En *Escritos 1*. Buenos Aires: Siglo XXI, 142-183.
— (2002b): «El seminario sobre La carta robada». En *Escritos 1*. Buenos Aires: Siglo XXI, 5-55.
— (2002c): «Función y campo de la palabra y del lenguaje en psicoanálisis». En *Escritos 1*. Buenos Aires: Siglo XXI, 227-310.
— (2002d): «La cosa freudiana o sentido del retorno a Freud en psicoanálisis». En *Escritos 1*. Buenos Aires: Siglo XXI, 384-418.
— (2002e): «La instancia de la letra en el inconsciente o la razón desde Freud». En *Escritos 1*. Buenos Aires: Siglo XXI, 473-509.
— (2003): *El seminario de Jacques Lacan. Libro 7: La ética del psicoanálisis. 1959-1960*. Buenos Aires: Paidós.

LAMBORGHINI, Osvaldo (1969): *El fiord*. Buenos Aires: Ediciones Chinatown.
— (1975): «Cantar de las gredas en los ojos: de las hiedras en las enredaderas». En *Literal* 2/3, 139-144.
— (2003a): «La causa justa». En *Novelas y cuentos II*. Buenos Aires: Sudamericana, 7-48.
— (2003b): «Las hijas de Hegel». En *Novelas y cuentos I*. Buenos Aires: Sudamericana, 203-256.
— (2003c): *Sebregondi retrocede*. En *Novelas y cuentos I*. Buenos Aires: Sudamericana, 27-74.

— (2003d): «Tuché 1». En *Novelas y cuentos II*. Buenos Aires: Sudamericana, 178-184.
— (2004a): «Die Verneinung». En *Poemas 1969-1985*. Buenos Aires: Sudamericana, 74-103.
— (2004b): «Hoy, relacionarse: y como sea». En *Poemas 1969-1985*. Buenos Aires: Sudamericana, 11-23.
— (2004c): «Los Tadeys». En *Poemas 1969-1985*. Buenos Aires: Sudamericana, 48-67.
— (2008a): «Carta a César Aira de la primera semana de enero de 1978». En Strafacce, Ricardo: *Osvaldo Lamborghini, una biografía*. Buenos Aires: Mansalva.
— (2008b): «Carta a César Aira del 28 de enero de 1978». En Strafacce, Ricardo: *Osvaldo Lamborghini, una biografía*. Buenos Aires: Mansalva.
— (2008c): «Carta a César Aira del 31 de diciembre de 1977». En Strafacce, Ricardo: *Osvaldo Lamborghini, una biografía*. Buenos Aires: Mansalva.
— (2008d): «Carta a Héctor Libertella del 28 de octubre de 1977». En Strafacce, Ricardo: *Osvaldo Lamborghini, una biografía*. Buenos Aires: Mansalva.
— (2008e): «Carta a Paula Wajsman del 25 de abril de 1978». En Strafacce, Ricardo: *Osvaldo Lamborghini, una biografía*. Buenos Aires: Mansalva.
— (2008f): «Carta a Tamara Kamenszain y Héctor Libertella del 17 de abril de 1978». En Strafacce, Ricardo: *Osvaldo Lamborghini, una biografía*. Buenos Aires: Mansalva.
— (2008g): «Carta a Tamara Kamenszain y Héctor Libertella del 26 de diciembre de 1977». En Strafacce, Ricardo: *Osvaldo Lamborghini, una biografía*. Buenos Aires: Mansalva.
— (2008h): «Freud rememoró». En Strafacce, Ricardo: *Osvaldo Lamborghini, una biografía*. Buenos Aires: Mansalva.
LAMBORGHINI, Osvaldo & Lecturas críticas (2008): «El lugar del artista». En Strafacce, Ricardo: *Osvaldo Lamborghini, una biografía*. Buenos Aires: Mansalva.
LINK, Daniel (1994): «Sobre Gusmán, la realidad y sus parientes». En *La chancha con cadenas*. Buenos Aires: Ediciones del Eclipse, 60-67.
LONGONI, Ana (2004): «Vanguardia y revolución en los sesenta», Estudio preliminar. En Oscar Masotta, *Revolución en el arte: pop art, happenings y arte de los medios en la década del sesenta*. Buenos Aires: Edhasa.
LUDMER, Josefina (2000): *El género gauchesco*. Buenos Aires: Perfil Libros.
MASOTTA, Oscar (1974): *Introducción a la lectura de Jacques Lacan*. Buenos Aires: Ediciones Corregidor.
— (1977): «Del lenguaje y el goce». En *Literal* 4/5, 19-38.
— (1990): *Conciencia y estructura*. Buenos Aires: Ediciones Corregidor.
— (1996a): «Comentario para la École freudienne de París sobre la fundación de la Escuela freudiana de Buenos Aires». En *Ensayos lacanianos*. Barcelona: Editorial Anagrama, 239-252.
— (1996b): «Edipo, castración, perversión». En *Ensayos lacanianos*. Barcelona: Editorial Anagrama, 157-191.

— (1996c): «Jacques Lacan o el inconsciente en los fundamentos de la filosofía». En *Ensayos lacanianos*. Barcelona: Anagrama, 19-46.
— (1996d): «Prólogo a "Las formaciones del inconsciente"». En *Ensayos lacanianos*. Barcelona: Anagrama, 63-78.
— (2000): «Prólogo». En Oscar Steimberg, *Cuerpo sin armazón*. Buenos Aires: Adriana Hidalgo, 5-15.
— (2004): «Exabrupto y castración». En Aa.Vv.: *Escrito por los otros. Ensayos sobre los libros de Luis Gusmán*. Buenos Aires: Grupo Editorial Norma, 41-50.
MORENO, María (2004): «Prólogo». En Aa.Vv.: *Escrito por los otros. Ensayos sobre los libros de Luis Gusmán*. Buenos Aires: Grupo Editorial Norma, 9-20.
MUSCHIETTI, Delfina (2008): «Ni siquiera la llanura llana». En Dabove, Juan Pablo & Brizuela, Natalia (eds.): *Y todo el resto es literatura: ensayos sobre Osvaldo Lamborghini*. Buenos Aires: Interzona, 107-118.
NANCY, Jean-Luc & LACOUE-LABARTHE, Philippe (1981): *El título de la letra (una lectura de Lacan)*. Barcelona: Ediciones Buenos Aires.
OVIEDO, Antonio (1999): «Una vanguardia intempestiva: Córdoba». En Jitrik, Noé (ed.): *Historia crítica de la literatura argentina. Volumen 10: La irrupción de la crítica*. Buenos Aires: Emecé, 403-419.
PANESI, Jorge (2000a): «La crítica argentina y el discurso de la dependencia». En *Críticas*. Buenos Aires: Grupo Editorial Norma, 17-48.
— (2000b): «Política y ficción o acerca del volverse literatura de cierta sociología argentina». En *Críticas*. Buenos Aires: Grupo Editorial Norma, 65-76.
PERLONGHER, Néstor (1995): «Ondas en *El fiord*. Barrocco y corporalidad en Osvaldo Lamborghini». En Spiller, Roland (ed.): *Culturas del Río de la Plata (1973-1995). Trangresión e intercambio*. Frankfurt am Main: Vervuert Verlag, 131-140.
PESCE, Víctor (1994): «Una tenaz controversia. Acerca de *Literal* (2)». En *El ojo mocho* 5, 46.
PIGLIA, Ricardo (1973): «El relato fuera de la ley». En Gusman, Luis: *El frasquito*. Buenos Aires: Ediciones Noé, 7-23.
PLOTKIN, Mariano (2003): *Freud en las pampas. Orígenes y desarrollo de una cultura psicoanalítica en la Argentina (1910-1983)*. Buenos Aires: Sudamericana.
PREMAT, Julio (2008): «Lacan con Macedonio». En Dabove, Juan Pablo & Brizuela, Natalia (eds.): *Y todo el resto es literatura: ensayos sobre Osvaldo Lamborghini*. Buenos Aires: Interzona, 121-154.
— (2009): «El escritor es una pasión del Otro. Osvaldo Lamborghini y el psicoanálisis». En *Página/12*, 5 de marzo.
QUIROGA, Jorge (1994): «Una tenaz controversia. Acerca de *Literal* (1)». En *El ojo mocho* 5, 40.
RABATÉ, Jean-Michel (2007): *Lacan literario. La experiencia de la letra*. México: Siglo XXI.

REQUEJO, Héctor Pedro (1968): Contratapa. En García, Germán: *Nanina*. Buenos Aires: Editorial Jorge Álvarez.
RESSEL, Edmundo & RODRÍGUEZ, Silvia (1972): «La enfermedad es el capitalismo». En *Primera Plana*, 30 de mayo.
ROSA, Nicolás (1982): «La crítica literaria contemporánea». En Zanetti, Susana (dir.): *Historia de la literatura argentina. Volumen 5: Los contemporáneos*. Buenos Aires: Centro Editor de América Latina, 385-408.
ROSANO, Susana (2008): «El arte como crueldad». En Dabove, Juan Pablo & Brizuela, Natalia (eds.): *Y todo el resto es literatura: ensayos sobre Osvaldo Lamborghini*. Buenos Aires: Interzona Editora, 201-214.
ROUQUIÉ, Alain (1987): *Introducción a la Argentina*. Buenos Aires: Emecé Editores.
S/F (1970): «Tres preguntas sobre Jacques Lacan». En *Los Libros* 9, 10.
S/F (1972): «Los pupilos del satánico Dr. Freud». En *Primera Plana*, 11 de abril.
STAROBINSKI, Jean (1969): «Psicoanálisis y crítica literaria». En *Sur* 318, 43-60.
— (1974): *La relación crítica. (Psicoanálisis y literatura)*. Madrid: Taurus Ediciones.
STEIMBERG, Oscar (1969): «Osvaldo Lamborghini: El fiord». En *Los Libros* 5, 24.
— (1973): «Cuerpo sin armazón». En *Literal* 1, 105-106.
— (2000): *Cuerpo sin armazón*. Buenos Aires: Adriana Hidalgo editora.
— (2004): «Pretencioso como Juan Moreira». En Aa.Vv.: *Escrito por los otros. Ensayos sobre los libros de Luis Gusmán*. Buenos Aires: Grupo Editorial Norma, 27-34.
— (1999): «Massota/Verón en 1970: Una escena polémica entre psicoanálisis y semiótica». En Jitrik, Noé (ed.), *Historia crítica de la literatura argentina. Volumen 10: La irrupción de la crítica*. Buenos Aires: Emecé, 63-79.
STRAFACCE, Ricardo (2008): *Osvaldo Lamborghini, una biografía*. Buenos Aires: Mansalva.
TERÁN, Oscar (1991): *Nuestros años sesenta*. Buenos Aires: Puntosur.
TODOROV, Tzvetan (1971): «Typologie du roman policier». En *Poétique de la prose*. Paris: Éditions du Seuil, 55-65.
WILLIAMS, Raymond (2005): «The Bloomsbury fraction». En *Culture and materialism*. London: Verso, 148-169.

www.ingramcontent.com/pod-product-compliance
Lightning Source LLC
Chambersburg PA
CBHW020612300426
44113CB00007B/611